DAS BUCH Von Barbara Schöneberger, Iris Berben und Christian Berkel über Ursula von der Leyen und Ole von Beust bis hin zu Thomas Quasthoff oder Cornelia Funke – Jörg Thadeusz hat so ziemlich alle Politiker, Schauspieler, Sportler, Musiker und Autoren als Gäste in seiner Gesprächssendung »Thadeusz« begrüßt, die im deutschsprachigen Raum Rang und Namen haben. Sein charmanter Plauderton und die akribische Vorbereitung locken die Interviewten regelmäßig aus der Reserve, und es entstehen ehrliche, sehr persönliche und immer äußerst unterhaltsame Gespräche. Höhepunkt einer jeden Sendung sind »Die Fiesen Sieben«, Fragen, die den Gast immer komplett unvorbereitet treffen. Manchmal sind sie unverschämt, immer sind sie völlig überraschend. Dieser Band versammelt die besten, witzigsten und interessantesten Interviews aus 400 Sendungen.

DIE AUTOREN **Jörg Thadeusz,** geboren 1968, Journalist, Moderator und Autor. Für seine Außenreportagen bei »Zimmer frei« erhielt er den Grimme-Preis. Er moderiert die Gesprächssendung »Thadeusz« sowie »Thadeusz und die Beobachter« im rbb Fernsehen und mehrere Sendungen im Radio. Bei Kiepenheuer & Witsch erschienen von ihm: »Rette mich ein bisschen«, 2003; »Alles schön«, 2004; »Aufforderung zum Tanz« (gemeinsam mit Christine Westermann), 2008; »Die Sopranistin«, 2011 sowie »Die vereinigten Zutaten von Amerika«, 2012 (gemeinsam mit Anna Engelke).
Stefan Frohloff, geboren 1965, ist Geschäftsführer, Produzent und Redaktionsleiter der Räuberleiter GmbH und unter anderem verantwortlich für die Sendungen »Thadeusz« und »Thadeusz und die Beobachter«.

1463

INHALT

Wer zu Thadeusz geht, weiß, was er tut. Aber nicht, was dann passiert.

400 Frauen und Männer sind diesen Weg gegangen. Um zu verstehen, was in dieser Sendung geschieht, betrachten wir die Sache einfach mal so, wie Herr Thadeusz es zu tun pflegt:

DIE AKTE THADEUSZ

46 Jahre alt, meist gut gekleidet, groß gewachsen, Jogger, Buchautor, Moderator im rbb Fernsehen, bei radioeins vom rbb und zahlreichen Veranstaltungen, Galas, Preisverleihungen vom »taz Panther« bis zum »Henri«.

WAS ZU SEINEN GUNSTEN VORLIEGT:

Seine Sendung ist keine Show, sondern ein Gespräch.
Seine Gäste haben mehr zu bieten als einneuesAlbumeinneuesBucheinenneuenFilm.
Seine Fragen sind Fragen und keine Startrampen für Plattitüden.
Er interessiert sich für seine Gäste mehr als für sich selbst.
Er ist von altmodischer, ehrlicher Höflichkeit.

Er ist hartnäckig, aber nicht penetrant.

Er zeigt Haltung, keinen missionarischen Eifer.

WAS ZU SEINEN UNGUNSTEN VORLIEGT:

Manchmal ist er groß kariert (genau genommen: sein Anzug).

Lust, diesen Mann kennenzulernen? Fünfzig Überlebende seiner Interviews geben in diesem Buch Auskunft. Sie waren bei Thadeusz. Das nachzulesen, macht Spaß.

FRAGEN

Jeder von uns muss Fragen fragen.
Sonst tut sich nichts im Leben. Zu keinem Zeitpunkt, in keinem Alter.

- Kann ich mehr Taschengeld (haben)?
- Möchtest du mit mir gehen?
- Möchtest du mich heiraten?
- Ist das dein Ernst? (Kind kommt)
- Warum hast du nicht angerufen?
  (Kind kam nicht rechtzeitig)
- Wie lange noch, Herr Doktor?

Damit dieses Buch für Sie einen unmittelbaren praktischen Nutzen hat und wir es womöglich sogar in das »Lebenshilfe«-Regal schaffen: Fragen halten jung.
Gleichgültig, aus welchem hautstraffenden Grünzeug Sie sich womöglich Ihren Smoothie mixen: Wer keine Fragen mehr hat, sieht schnell alt aus.

Wenn Ihnen eine ältere Frau mit grimmigen Gesichtszügen im Zug gegenübersitzt, dann fragen Sie sie, was für ein Wetter herrschte, als sie ihren späteren Mann zum ersten Mal traf. Nach meiner Erfahrung hellen sich dann nicht nur die Gesichtszüge auf. Die Frau wird auch größer. Eine Frau mit einer persönlichen Geschichte. Die Sie vorher nicht kannten.

Die »Nicht-Frager« sind sicher, dass sie im Bilde sind:
Alte Frau im Zug, womöglich ein dickes Buch und mürrischer Ausdruck. Pensionierte Deutschlehrerin, Exbeamtin, wahrscheinlich Witwe, womöglich jammerparat. Lieber nicht ansprechen.

Die Bescheidwisser können auch Auskunft zu der Sendung geben, die wir im Programm des rbb zum mittlerweile 400. Mal produzieren.
Generell wissen die, dass Sendungen, die keinen Erfolg haben, unmittelbar abgesetzt werden. Denn, so sehen das die Bescheidwisser: Heute gibt es für nichts mehr Geduld.

Unsere Sendung war anfangs sehr erfolglos.
Aber Dagmar Reim, die Intendantin des rbb, wollte diese Sendung unbedingt und hatte viel Geduld. Sie wollte gute Gespräche, sie wollte Fragen und Antworten. Ich zögerte anfangs, denn ich wollte lieber etwas anderes machen. Was Cooles. Wo ich nicht nur beweise, wie gut ich mich mit eigentlich allem auskenne. Sondern mich auch noch über die lustig machen kann, die nicht so gut Bescheid wissen. Satire eben.

»Es gibt für einen Journalisten keine schönere Aufgabe«, hat Dagmar Reim damals gesagt. Damit hatte sie nicht nur recht. Aus heutiger Sicht würde ich sagen, man sollte eine Variante dieses Satzes auf die Rückseite von Weißweinflaschen schreiben. Medienleute lieben Weißwein. »Frag mal wieder was«, könnte da stehen. Je mehr sich die Flasche leert, desto deutlicher müsste der Schriftzug zu lesen sein.

Über unsere Sendung haben hin und wieder Kollegen geschrieben. Meistens hatten sie keine Fragen, sondern nur die Antworten. Es sei eben ein weiteres Gequassel.

Mitunter haben mir die Zuschreibungen gefallen. So beschrieb mich der Autor eines Szenemagazins als »Milupa-Gesicht«. Darauf verlasse ich mich heute, wenn ich eine Frage im Schilde führe, die sich eigentlich nicht gehört. Einem Babyface kann niemand wirklich gram sein.

Zum Kern der Sache machte sich niemand auf den Weg.
Zwei Menschen unterhalten sich. Das kann das beste Entertainment sein, das jemals erfunden wurde.
»Das hier ist ja auch ein Spiel«, hat Heike Makatsch mit einem Glucksen gesagt. Stimmt. Für beide Beteiligten gibt es die unterschiedlichsten Rollen. Ich war schon Kläffer und Schleimer, berührt und verärgert. Wolfgang Schäuble war entspannt, Barbara Sukowa amüsiert-hinterlistig und der Mann von der Mordkommission, Josef Wilfling, Respekt einflößend.
Manche Fragen sind wie ein Kitzeln unter der Achsel des anderen. Ungehörig, grenzverletzend, aber in der Lage, einen besonderen Moment zu schaffen.
Beinahe hätte ich es mich nicht getraut. Dann fragte ich den ehemaligen BDI-Vorsitzenden Hans-Olaf Henkel aber doch plump und kurz: »Wie viel Geld haben Sie?«
Dieser um kein Wort verlegene Mann war für einen ausführlichen Augenblick sprachlos. Wie wunderbar, ein Henkel-Tabu. Oder ein allgemeines. Und wenn ja, warum eigentlich?

Wie viel Angst haben Sie davor, sich noch einmal neu zu verlieben? Die Frage ging an den Präsidenten des Europäischen Parlaments, Martin Schulz.

Der hatte vorher locker aufgespielt. Ließ die Anekdoten aus seiner Zeit als Bürgermeister von Würselen schnurren. Die vielen Termine, die vielen Sprachen in Brüssel und Straßburg. Liebe gehört da selbstverständlich nirgendwohin.

Der Präsident geriet in Anstrengung, schob sich die große Brille auf der Nase zurecht. »Wenn Sie mich so fragen«, seufzte er, »dann fällt mir auf, wie sehr ich meine Frau liebe.«

Diese Antwort kam so aufrichtig und so wahrhaftig, dass es mir kurzfristig die Sprache verschlug.

Wie viele andere war auch diese Antwort ein Geschenk. Der Frager räumt mit seiner Frage ein, dass er etwas nicht weiß. Deswegen fragt er. Der Beantwortende kann die Frage wegwischen. Oder, wie die meisten unserer Gäste, großzügig sein. Sich um die Antwort bemühen und die dann auch hergeben. Auch wenn mancher Gast dabei das Gefühl hatte, dass das hier jetzt überhaupt nicht hingehört.

In diesem Buch wird häufiger von »wir« und »unserer« Sendung die Rede sein. Aber wir sind wirklich viele.

Eine Persönlichkeit möchte ich hervorheben.

Als die Sendung startete, saß ich zwischenzeitlich mit einem sehr jungen Studiogast auf dem Boden zwischen Schallplatten. Zwischendurch kam dann eine Stewardess mit einem Getränketrolley herein. Unser damaliger Unterhaltungschef

Helmut Lehnert hat zwar gesehen, dass wir viel Unfug treiben. Aber er hat es nicht nur gesagt, sondern er hat uns spüren lassen, dass er an die Sache glaubt.

Jörg Thadeusz

GÄSTE

Wir stellten Weihnachtsbäume um einen Gast herum, weil die Sendung kurz vor Weihnachten ausgestrahlt wurde. Wir nötigten eine Schauspielerin, mit dem Moderator einen Dialog aus »Romeo und Julia« zu lesen, denn das entsprach unserer Vorstellung davon, was Schauspielerinnen, die auch am Theater spielen, den ganzen Tag lang machen. Eine Schriftstellerin sollte mit Barbie & Ken eine Liebesszene nachstellen. Als Schocktherapie, weil es in ihren Büchern selten Liebesszenen gibt. Ein Fußballkommentator musste Tipp-Kick gegen den Moderator spielen. Weil ein Mensch, der Fußballspiele kommentiert, das zu können hat. Ganz toll fanden wir auch die Idee, nach fünfzehn Minuten Getränke zu servieren – ein Purser rollte einen Trolley herein, fragte nach Getränkewünschen und schenkte umständlich ein. Weil wir einen Gag in der Mitte haben wollten.

Am Schreibtisch ersonnen, entpuppten sich diese »Redakteursideen« in der Sendung vor allem als: störend. Jedes Gespräch wurde zuverlässig durch unsere Lustigkeitsversuche geschreddert. Manche Gäste wähnten sich auf einem Kindergeburtstag. Was sicherlich schön gewesen wäre, wenn wir die Party dann auch konsequent gefeiert hätten.

Aber es sollte auch darum gehen, mit dem Gast ein irgendwie »tief gehendes Gespräch« zu führen. Oder ihn »aus dem

Konzept zu bringen«, ihn »zu knacken«. In unserer Sendung sollten Gäste so zu erleben sein, wie sie noch keiner erlebt hatte. Sie sollten unerhörte Dinge sagen, Geheimnisse preisgeben und dabei auch noch lustig sein.

Auch bei der Frage, wen wir in die Sendung einladen, blieb nichts dem Zufall überlassen. Noch vor der ersten Sendung begannen wir, mögliche Gäste in allerlei Kategorien einzuteilen: Politiker, Schauspieler, Sportler, Wissenschaftler, Autoren, Musiker – jeder mögliche Gast wurde verschlagwortet. Wir erstellten lange Listen mit Namen, die Diskussionen darüber, wer eingeladen wird, waren hitzig, die Argumente für oder gegen einen Gast fast immer schwach. Mal sollten Gäste prominent sein, dann wurden Neuentdeckungen favorisiert. Sie sollten aus Berlin kommen. Aus Brandenburg. International bekannt sein und regional bedeutend. Mehr Frauen, weniger Männer, weniger Schauspieler, mehr Wissenschaftler. Bald schon erfanden wir Unterkategorien: Als ein Skispringer zu Gast war, schauten sehr viele Menschen zu, wir bildeten sogleich die Kategorie »Wintersportler« und wollten von nun an viele Menschen einladen, die im Schnee ihrem Beruf nachgingen. Ein Gespräch mit einem Kabarettisten fanden weniger Menschen sehenswert, wir beschlossen, nicht mehr so viele Menschen einzuladen, die im Humorhandwerk tätig sind.

Es ging um eine »ausgewogene Mischung«, wir hatten den Ehrgeiz, Gäste aus allen gesellschaftlichen Gruppierungen in der Sendung zu haben. Bald war die Kategorie wichtiger als der Gast selbst. Hatten wir den Eindruck, erst mal genug Schauspieler eingeladen zu haben, musste ein Politiker her, Schriftsteller sollten sich mit Wissenschaftlern abwechseln.

Hinter all diesen Verrenkungen stand eine diffuse Vorstellung davon, wen und was der Zuschauer wohl gerne sehen würde. Und zuverlässig enttäuschten die Zuschauer unsere Erwartungen. Und wir die Erwartungen der Zuschauer.

Die Redakteursideen und Kategorien der Anfangszeit hätten wir vermeiden können, wenn wir uns nicht selbst misstraut hätten.

Denn auf dem Zettel, den wir vollmundig als »Formatbeschreibung« betitelt und als Konzept für »Thadeusz« beim rbb eingereicht hatten, stand ganz oben:

»Die Gäste sind spannend und fähig, über sich zu sprechen.« Diesen Satz (und sonst nichts) hatten wir unter dem Stichpunkt »Die Gäste« notiert. Und unter der Überschrift »Die Sendung« hatten wir uns überlegt: »Die Sendung ist 30 Minuten lang, Gast und Gastgeber sitzen sich an einem Tisch gegenüber und unterhalten sich.«
Hätten wir uns von Anfang an daran gehalten, wären einigen Gästen Unannehmlichkeiten erspart geblieben. Und die Schubladen, in die wir unsere Gäste anfangs schubsten, wären gar nicht erst aufgegangen.
Gott sei Dank haben wir unser ursprüngliches Konzept wieder hervorgekramt. Und vertrauen darauf, dass nahezu jeder Mensch etwas Spannendes zu erzählen hat. Denn ein gutes Gespräch hängt nicht von der Prominenz oder Profession eines Gastes ab. Sondern vor allem davon, ob es gelingt,

eine angenehme Gesprächsatmosphäre zu schaffen. Die den Gast in eine Stimmung versetzt, in der Momente der Wahrhaftigkeit sichtbar werden.

In 400 Sendungen ist das einige Male gelungen.

Stefan Frohloff

DANIEL *Ich hätte ihn auch in einer Fahrradrikscha*
BARENBOIM *durch Berlin gefahren. Oder ihn über*
(2011) *den Schlachtensee gerudert. Daniel Baren-*
boims Wunsch war viel leichter zu erfüllen. Er wollte gerne
während des Gesprächs eine Zigarre rauchen. Na klar.
Aber sicher. Er käme sich vor wie ein »Miniatur-Helmut-
Schmidt«, sagte er und paffte mit Wonne.
Es war nicht kokett gemeint. Nur ist Daniel Barenboim alles
andere als eine Miniatur. Im Alter von acht Jahren das erste
Konzert. Er ist zwölf, als Wilhelm Furtwängler anbietet, er

*möge doch zum Klavierspielen nach Berlin kommen. Es ist
das Jahr 1954. Nach Meinung des Vaters noch zu früh, um
einen jüdischen Jungen nach Deutschland zu schicken.*

*Während des Gesprächs denke ich an Freunde, die durch
Yoga oder lange Wanderungen versuchen, »mittiger« zu
werden. Sie wollen mit sich »ins Reine« kommen. Was
würden sie darum geben, wenn sie so entspannt dasitzen
könnten wie der Generalmusikdirektor der Staatsoper.
Zwischendurch umschließt er die dicke Zigarre mit dem
Mund so komplett, als wäre der Stumpen ein köstlicher
Lutscher. Jemand, der unbedingt gefallen möchte, macht so
was nicht. Schon überhaupt nicht im Fernsehen.*

*Es könne ihm nicht darum gehen, dass ihn alle gernhaben.
Für jemanden, der ein Orchester leitet, sei das undenkbar.
Allerdings hat ihn sein Orchester zum Chef auf Lebenszeit gewählt. Auch die, denen er unsympathisch ist, haben
für ihn die Hand gehoben. Denn die Wahl war einstimmig.
Besser und größer geht es nicht, findet Barenboim. Denn in
dieser Wahl drückt sich für ihn das Maximalmögliche aus:
musikalisches Vertrauen.*

*»Ich bin einer der besten Musiker unserer Zeit«, liest er
widerwillig aus der Akte vor. Anschließend guckt er nur. Wie
ein verstimmter Rabe. Augenblicklich komme ich mir vor wie
ein Hornist, der danebengetutet hat: »Und diesen Ton wollen*

Sie mir allen Ernstes anbieten?«, scheint sein Starren sagen zu wollen.

Wie ist das, wenn man in der Royal Albert Hall vor einem Orchester steht und die große Musik von Beethovens Neunter entstehen lässt, Herr Barenboim?

»Es ist das Schönste, was man haben kann«, antwortet er überzeugt und überzeugend. Da dieser Superlativ ohnehin nicht zu überbieten ist, sagt er nur diesen Satz.

Am Ende des Gesprächs blendet er mich dann aus, wie es nie vorher und nie nachher geschah: Im Qualm seiner Zigarre bin ich schlicht nicht mehr zu sehen.

DIE AKTE BARENBOIM

Also. Mein Name ist Daniel Barenboim. *Das stimmt. Ich habe auch einen Mittelnamen – Moses –, aber damit müssen wir uns nicht beschäftigen.* Der Name ist jüdisch und bedeutet »Birnenbaum«. Ich bin noch – *nicht mehr lange* – 69 Jahre alt, in zweiter Ehe verheiratet und Vater von zwei erwachsenen – *na ja* – Söhnen. *Hm. Natürlich sind die … die waren schon erwachsen, als sie noch klein waren. Das habe ich sehr schnell gelernt, wahrscheinlich, weil ich meine Kinder relativ spät im Leben bekam. Ich war vierzig, als mein älterer Sohn geboren wurde. Und irgendwie habe ich die Intuition gehabt, dass man es sowieso nicht richtig machen kann mit den Kindern. Man macht es immer falsch. Entweder man behan-*

delt sie viel zu lang als kleine Babys – »komm, mein Schatz, mach das, und willst du nicht …«* – oder man versucht zu früh, ihnen Verantwortung zu geben und sie anspruchsvoller zu machen. Und ich habe mich ganz bewusst für die zweite Variante entschieden. Ich habe schon sehr früh angefangen, sie in diese Richtung, nicht als Erwachsene, aber … wahrscheinlich zu früh, zu erziehen. Ich bin jetzt sehr froh darüber. Die waren sehr reif, viel reifer als ihre Freunde von der Schule, geschweige vom Kindergarten.*

Geboren wurde ich in Buenos Aires. Meine Eltern waren beide Klavierlehrer. Bereits als Siebenjähriger spielte ich vor Publikum Beethovens Sonaten. *Nicht ganz richtig, ich habe Klavier gespielt, da war kein Beethoven. Aber klingt schön, nicht wahr? Wie ein Weihekuss … Der elfjährige Liszt, sagt man, hätte einen Weihekuss von Beethoven bekommen, als er in Wien gespielt hat, aber ich habe keinen Beethoven gespielt.* Mit neun gab ich ein Konzert im Salzburger Mozarteum und spielte sogar auf Mozarts Spinett. Als ich zehn Jahre alt war, zogen meine Eltern mit mir nach Israel. Seit ich als Dirigent 1967 in London debütierte, bin ich überall auf der Welt gefragt. *Na ja, gefragt … na ja.*

Seit 1992 arbeite ich für die Staatsoper Unter den Linden. Im Jahr 2000 wurde ich von der Staatskapelle Berlin zum Chefdirigenten auf Lebenszeit gewählt. *Das ist natürlich die größte Ehre, die man haben kann, als Dirigent. Wissen Sie, wenn man Dirigent sein will, muss man aufhören, geliebt sein zu wollen. Man kann geschätzt sein, kritisiert, alles, aber das ist nicht … Das liegt daran, dass der Beruf verbunden ist mit einer gewissen Autorität, die natürlich nicht allen gefällt. Aber ein Orchester kann einem Dirigenten eigentlich das schönste Geschenk geben, das ist musikalisches Vertrauen. Das heißt, wenn die Kapelle mich 2000 als Chefdirigent gewählt hat, war das eine Aussage musikalischen Vertrauens. Nicht unbedingt menschlich, ich bin sicher, es gibt Menschen in der Kapelle, die mich nicht unbedingt mögen. Das ist ja auch okay. Das ist nicht wichtig, aber wenn ein Orchester einstimmig einen Dirigenten auf Lebenszeit wählt, sagen sie: »Wir vertrauen ihm musikalisch.« Das ist das größte Geschenk und die größte Ehre. Nicht wahr?*

WAS ZU MEINEN GUNSTEN VORLIEGT:

Ich bin einer der größten Musiker unserer Zeit. *Na ja. Leute schreiben auch negativ über mich. Es gibt ja mehrere Beispiele für gute Pianisten oder andere Instrumentalisten, die sich entschieden haben, Dirigent zu werden, ohne das richtig studiert zu haben. Selten konnten sie deshalb bei beidem ein ähnliches Niveau erreichen. Ich meine nicht, dass ich ein besonderes Niveau erreicht habe, aber ich habe genug Respekt gegenüber dem Beruf des Dirigenten. Nur weil man ein guter Pianist ist, heißt das noch nicht, dass man ein guter Dirigent ist. Und ich habe das sehr ernst genommen.*

Ich habe viel für den Frieden im Nahen Osten getan. 2011 stellte ich das Orchester für Gaza zusammen. Um ein Beispiel zu nennen.

Meine Söhne sind durch mich ebenfalls zu einem Leben mit der Musik inspiriert worden.

WAS ZU MEINEN UNGUNSTEN VORLIEGT:

Ich hätte länger als Klavier-Solist auftreten sollen.

Mein Sohn David ist Rapper geworden.

DIE FIESEN SIEBEN

Wie würden Sie, wenn das möglich wäre, Wilhelm Furt-wängler ausdrücken, dass Sie noch toller sind als er je-mals war?
Denke ich ja nicht. Warum soll ich das ausdrücken? Denke ich ja nicht. Furtwängler repräsentiert für mich das Beste, was man sagen kann über die Art zu musizieren. Was das Musizieren bedeutet. Dass es gleichzeitig aus dem Hirn, aus dem Herzen und aus dem Bauch kommen muss. Da hat er uns einen Weg gezeigt. Man kann eine andere Phrase, ein anderes Tempo machen, das ist ja klar. Jeder von uns hat eine eigene Meinung. Aber was das Musizieren bedeu-tet, was es sein kann, was es sein muss, da ist er für mich bis heute das beste Beispiel, dass es immer von der Seele kommt.

Woran, Herr Barenboim, merkt man einem Orchester an, dass es von einem 69-Jährigen dirigiert wird?
Weiß ich nicht, ich habe keine Vergleichsmöglichkeit. Ich bin nur 69, weder weniger noch mehr.
Haben Sie mit 39 anders dirigiert?
Ja und nein. Der Mensch ist mit 39 auch anders als mit 69.

Die direkte physische Kraft ist vielleicht nicht ganz so stark und so direkt, aber man hofft, dass man andere Qualitäten hat, die man früher vielleicht nicht hatte.

Welcher Teil von Beethovens 9. Sinfonie ist langweilig?
Die Pausen. Zwischen den Sätzen.

Was macht man, wenn man während einer sehr, sehr langen Wagner-Oper auf die Toilette muss?
Nicht daran denken.
Das ist das, was man tut? Man denkt nicht daran?
Was wollen Sie hören? Das ist mir einmal passiert. Ich glaube, ich kann das in der Intimität des Fernsehens erzählen. Das war in Bayreuth – Ring, Rheingold – zweieinhalb Stunden, zwei Stunden vierzig und so. Um 18.00 Uhr beginnt es. Es war im Radio, die Erstaufführung in diesem Jahr. Und ich kam so drei Minuten vor 18.00 Uhr auf meinen Sessel. Hab dann plötzlich gedacht, oh mein Gott, ich bin nicht auf die Toilette gegangen. Dann wusste ich, ich muss das Thema vergessen, sonst wäre eine Katastrophe passiert. Ich wusste, es war zu spät aufzustehen und zurückzukommen. Ich musste das machen. Meine Beine waren vielleicht in einer etwas unangenehmen Position am Ende, aber ich habe es geschafft.

Was ist in Paris viel toller als in Berlin?
Früher hätte man sagen können, das Essen, aber das ist auch nicht mehr der Fall.
Also gibt's nicht mehr viel? Würden die Ihnen das Opernhaus in Paris schneller fertig bauen als hier? Hier dauert es ja nun bis zum Herbst 2015, zweite Verlängerung, Sie

sitzen hier, wo wir hier grade sitzen, im Schillertheater. Sie müssen ein bisschen improvisieren.

Die Bastille war auch nicht fertig zeitlich, das Bolschoi-Theater in Moskau war sechs Jahre lang verzögert. Die Scala noch länger. Ich glaube, es ist leider in der Natur der Sache. Die Baubehörden überall auf der Welt haben nicht unseren Sinn für Tempo und Rhythmus.

Wie wirken Sie stärker auf Frauen – als Virtuose am Klavier oder als Dirigent eines mächtigen Klangkörpers, also eines Orchesters?

Das müssen Sie die Frauen fragen.

Das müssen Sie doch gemerkt haben, Herr Barenboim.

Ich habe schon immer viel mehr darauf geachtet, wie ich auf die Frauen reagiere, als wie die Frauen auf mich reagieren. Das ist doch klar.

Ich möchte mich übrigens dafür bedanken, dass Sie mir erlauben zu rauchen.

Das ist zu meinem eigenen Plaisir, weil das duftet …

Das ist ja nicht so selbstverständlich, und ich fühle mich wie ein ganz kleiner Miniatur-Helmut-Schmidt. Ich habe immer mit großem Neid gehört, dass er im Fernsehen rauchen kann.

Also Ihnen würde das auch nichts ausmachen, wenn mehr Menschen im Fernsehen rauchen würden? Das würde Sie nicht stören?

Nein.

CORNELIA *Das Privileg, bei einer Sendung wie*
FUNKE (2013) *»Thadeusz« Menschen mit einem*
beeindruckenden Lebenslauf kennenlernen zu dürfen, kann
man vielleicht erst wirklich schätzen, wenn man den eigenen
Kindern erzählt, wer demnächst in die Sendung kommt. Als
feststand, dass Cornelia Funke zugesagt hat, brach zu Hause
Wochen vorher Nervosität aus. Sehr schnell war klar, dass die
Kinder – beide als Schülerzeitungsredakteure ebenfalls Journa-
listen – mit zur Sendung kommen müssen.

Cornelia Funke war mit einem kurzen Interview in der Garderobe vor der Sendung sofort einverstanden. Dabei blieb es natürlich nicht. Sie signierte auch sämtliche mitgebrachten und schwer zerlesenen Bücher. »Das Piratenschwein«, »Herr der Diebe«, »Tintenherz«, »Drachenreiter«, »Die Gespensterjäger«, »Die Wilden Hühner«, »Reckless« – alles wurde mit Widmungen versehen und zusätzlich mit kleinen Zeichnungen verziert.

Cornelia Funke erklärte uns hinterher, warum sie es sehr mag, mit Kindern Gespräche zu führen. Denn die fragen nicht nach Auflagen, Bestsellerlisten oder den Windungen der bisherigen Karriere. Kinder fragen schlichtweg das, was sie in genau diesem Moment wirklich interessiert.

Die Einstiegsfrage aus dem Schülerzeitungsinterview übernahm der Moderator folgerichtig in der Sendung: »Hast du einen Hund?«

DIE AKTE FUNKE

Mein Name ist Cornelia Maria Funke. *Stimmt.* Ich bin 54 Jahre alt, *stimmt,* verwitwet und Mutter von zwei erwachsenen Kindern. *Stimmt. Der eine ist gerade erwachsen geworden, sagt er.* Mein Geburtsort ist Dorsten, eine Stadt an der Grenze zwischen Münsterland und Ruhrgebiet. *Genau, Kühe auf der einen Seite, Schlote auf der anderen.* In einer sehr katholischen Gegend. *Ja, wahrscheinlich.* Meine Schulzeit habe ich dementsprechend unter Nonnen verbracht. *Fantastischen Nonnen, muss ich jetzt mal hier sagen. Der Schule verdanke ich ziemlich viel.*

Nach dem Abitur hielt mich dann nichts mehr in der westfälischen Provinz. *Das hast du als Westfale jetzt aber nicht nett formuliert.* Ich zog nach Hamburg, studierte Pädagogik und arbeitete mehrere Jahre als Erzieherin auf einem Bauspielplatz. *Stimmt auch. Und mit den Kollegen spreche ich auch heute noch, das ist ziemlich wunderbar.* Daneben absolvierte ich ein zweites Studium. An der Fachhochschule für Gestaltung lernte ich, was man über das Illustrieren von Büchern wissen muss. *Das stimmt auch. Stimmt alles.* Bei meinen ersten Aufträgen als Illustratorin fiel mir dann allerdings auf, wie wenig mir zu den Texten einfiel, weil ich die alle nicht mochte. Der Rest ist die märchenhafte Geschichte, *jetzt geht das wieder los,* der erfolgreichsten deutschen Kinderbuchautorin der Gegenwart. *Da gibt's aber noch ein paar andere, sag ich jetzt mal.* Das erste Kinderbuch, das ich selbst schrieb, heißt »Die große Drachensuche«, erschienen 1988. Genau das habe ich dann mit »Drachenreiter« ein bisschen besser gemacht. 2000 übersetzte mein Cousin Oliver meine Geschichte »Herr der Diebe« in die englische Sprache – *und* »Drachenreiter«. Das Buch wurde anschließend mehr als 1 Million Mal in Großbritannien und den USA verkauft. 2005 siedelte ich nach Los Angeles über, dort lebe ich nach wie vor. *Stimmt alles.*

WAS ZU MEINEN GUNSTEN VORLIEGT:

Eindrucksvolle Bilanz: 50 Bücher, *ich glaube, es sind 62,* 20 Millionen verkaufte Exemplare, *ich glaube, ein bisschen weniger.*

Ich glaube, dass jede und jeder Einzelne die Welt verändern kann. *Ja.* Deswegen engagiere ich mich bei Amnesty International und beim Öko-Programm der Vereinten Nationen. *Und bei einem deutschen Programm auch, für Artenvielfalt.*

Der Name Cornelia klingt im englischsprachigen Ausland wunderbar exotisch. *Das stimmt absolut!*

WAS ZU MEINEN UNGUNSTEN VORLIEGT:

Manchmal bricht Dorsten in mir durch. *Das haben die Dorstener jetzt aber hoffentlich nicht gehört.*

J. K. Rowling, die Erfinderin von Harry Potter, ist noch erfolgreicher als ich. *Viiieel erfolgreicher.*

»50 Shades of Grey« ist mir auch nicht eingefallen. *Dafür bin ich allerdings dankbar.*

DIE FIESEN SIEBEN

Was nervt dich an Kindern?
Oooh, das ist jetzt aber schwer für mich.
Ich weiß. Deswegen frage ich's.
Das dachte ich mir fast. Ääähm … Wenn ich grade mitten im Kapitel bin … Nein, anders. Wenn mein Sohn mich heute noch mit achtzehn anruft, wenn ich mal ausgegangen bin, und sagt: »Hey Mum, ey, ich weiß jetzt echt grad nicht, wo ich bin, weil ich mich im Londoner U-Bahn-System nicht auskenne. Kannst du nach Hause kommen, damit du mir ein Taxi bezahlen kannst?«
Londoner U-Bahn?
Ja, der ist grad in London, und solche Anrufe kriege ich dann noch mit achtzehn. Das nervt.

Was würdest du eher schreiben, wenn du müsstest – einen Serienmörder-Krimi oder ein erotisch aufwühlendes Werk?
Oh, erotisch aufwühlend.
Wirklich? Kein Problem? Trotz Nonnenschule und so was?
Nee, nee, nee, wirklich kein Problem.
Nicht Fantasy, sondern …
Wirklich kein Problem.
Da steht uns ja noch einiges ins Haus, Cornelia, super!

Du lebst in L. A. Welche Schönheitsoperation ist bei dir die wahrscheinlichste? Das ist das Klischee von L. A. …
Oh Mann!

Ja, ich habe gar nicht so weit weg, in San Diego, schon Frauen gesehen, das war unglaublich.
Ich weiß, ich weiß. Das kennt man von L. A., aber ich habe gehört, das verbreitet sich gerade radikal in der ganzen Welt. Ich glaube, das ist eine Großstadtkrankheit. Nee, das wird nicht passieren.

Nein?
Nein, ich möchte mein Gesicht behalten.

Wir können dir was anderes operieren.
Ja wirklich? Was? Zwei Köpfe oder vier Hände, das fände ich interessant.

Mittlerweile gibt es in New York Frauen, die lassen sich die Füße operieren, weil sie die nicht schön finden.
Männer auch, nur um dich mal mit den dunklen Wahrheiten der Welt bekannt zu machen.

Welches Buch, Cornelia, müsstest du neu schreiben?
Von meinen eigenen? Der zweite Teil von »Captain Knitterbart«. Der ist wirklich schlechter als der erste.

Du hast in Interviews schon gesagt, du bist ein sogenannter Tomboy, also ein Mädchen, das sich wie ein Junge verhält. Was wäre denn besser, wenn du ein Mann geworden wärst? Also wenn heute Cornelius Funke vor mir säße.
Ich denke ja im Nachhinein, das wäre nicht besser. Ich dachte ja früher, vieles wäre dann leichter, aber inzwischen möchte ich wirklich nicht als Mann wiedergeboren werden.
Es ist toll als Mann. Du hast dann Bart …

Aber dann müsste ich mich doch in Frauen verlieben.

Ja und?

Das möchte ich nicht so gerne. Ich verliebe mich lieber in Männer.

Welcher Star, den du auf einer Party in L. A. kennengelernt hast, hat dich am meisten erröten lassen?

Den habe ich nicht auf einer Party in L. A., sondern in New York getroffen, das war Jude Law. Der schönste Mann der Welt. Oh mein Gott.

Jude Law ist ein sehr, sehr schöner Mann. Und der hat dich umgehauen?

Ich bin danach mit einem Freund ins Taxi gestiegen und habe gesagt: Warum muss ich erst 53 werden, um zu erfahren, dass Männer so schön sein können?

Du bist als Schriftstellerin berühmt. Welche Berühmtheit wäre noch toller als die als Schriftstellerin? Würdest du, zum Beispiel, lieber Sängerin sein?

Abenteurerin! Unterwasserforscherin zum Beispiel, die in Unterseebooten bis zur tiefsten Tiefe …

Wie viele von denen sind weltberühmt?

Das ist egal.

Ich frage dich aber nach Berühmtheit.

Ach so. Na ja, man wird ja dafür bestimmt auch irgendwie berühmt.

Aber du möchtest nicht Sängerin sein und beim Superbowl die Nationalhymne singen dürfen oder wie Justin Timberlake tanzen?

Nee, Nationalhymne singen, damit habe ich sowieso mein Problem.

Mit Justin Timberlake tanzen?

Nee, der ist doch langweilig.

Mit Jude Law zusammen?

Das ist schon was anderes, aber dafür muss ich ja nicht berühmt werden.

Du kannst »Die Reifeprüfung« mit Jude Law nachdrehen. Du bist Mrs Robinson!

Da ist er ja mittlerweile auch schon etwas zu alt für die andere Rolle!

MARCEL REICH-RANICKI (2009) *Im Oktober 2008 kommt es bei der Verleihung des deutschen Fernsehpreises zu einem Eklat. Der Literaturkritiker Marcel Reich-Ranicki soll mit dem Ehrenpreis für seine Arbeit am »Literarischen Quartett« ausgezeichnet werden. Marcel Reich-Ranicki betritt die Bühne und erklärt dem Moderator Thomas Gottschalk: »Ich lehne diesen Preis ab. Ich gehöre nicht in diese Reihe.« Vorausgegangen war die langatmige Verleihung von Preisen an Sendungen wie »Deutschland sucht den Superstar« oder eine Dokusoap mit dem Titel »Die Ausreißer«. Dann kam Marcel Reich-Ranicki,*

und erntete für die Preisverweigerung reichlichen und lang anhaltenden Applaus.

Auch wir klatschten freudig mit. Wir waren an diesem Abend bei der Aufzeichnung der Sendung im Kölner Coloneum dabei, weil unsere Gesprächssendung in der Kategorie »Moderation einer Unterhaltungssendung« nominiert war. Zwei Stunden hatten wir bereits auf harten Stühlen ausgeharrt und Laudationen gelauscht, Einspielfilme angeschaut und Dankesreden zugehört. Die Veranstaltung hatte bis zu dem Zeitpunkt, als Marcel Reich-Ranicki die Bühne betrat, wenig Fahrt aufgenommen. Aber nicht nur deshalb war es so begrüßenswert, dass der Literaturkritiker den Preis ablehnte. Vielmehr beeindruckte uns die klare Haltung, mit der hier einer bei der Selbstinszenierung der Film- und Fernsehbranche nicht mitspielen wollte.
Den Fernsehpreis gewannen wir dann schlussendlich nicht. Aber zurück in Berlin war klar, dass wir den Mann, der für einen wahrhaftigen Moment bei der Preisverleihung gesorgt hatte, unbedingt als Gesprächsgast gewinnen mussten. Anfang 2009 kam der Termin zustande, und wir fuhren nach Frankfurt, um Marcel Reich-Ranicki zu treffen.

Bei dem Gespräch wurde sehr schnell deutlich, dass der Reich-Ranicki, den wir aus dem Fernsehen kannten, wirklich

identisch war mit demjenigen, der hier in seinem Wohn-
zimmer vor der Bücherwand im Ledersessel saß. »Das weiß
ich nicht«, beantwortete er Fragen, die ihm nicht gefielen,
ungeduldig fuchtelte er mit den Händen, wenn es ihm zu
langsam voranging. Das Interview war auch deshalb bemer-
kenswert, weil es immer wieder vom Klingeln des Telefons
unterbrochen wurde. Denn Reich-Ranicki hatte unsere
Frage, ob der Apparat abgestellt werden könne, kurz und
bündig verneint. Beim unfreiwilligen Mithören der Telefo-
nate wurde dann klar, warum: Reich-Ranicki schien durch
den Apparat mit der ganzen Welt, zumindest mit der Litera-
turwelt, verbunden zu sein.

Nach dem Gespräch waren wir uns einig, dass wir das große
Glück gehabt hatten, mit Marcel Reich-Ranicki jemanden
zu treffen, auf den eine oft sinnlos verwendete Floskel der
Fernsehbranche tatsächlich zutraf: Marcel Reich-Ranicki war
absolut authentisch.

DIE AKTE REICH-RANICKI

Mein Name ist Marcel Reich-Ranicki, ich bin 88 Jahre alt
und seit 66 Jahren mit meiner Frau Teofila verheiratet.
Unser Sohn Andrew ist 60 Jahre alt. Er ist Professor für Ma-
thematik.

Ich bin Herausgeber, Autor, aber vor allem der bedeutendste Literaturkritiker der Nachkriegszeit. Für meine Arbeit als Leiter der Literaturredaktion der Frankfurter Allgemeinen Zeitung, aber auch für mein Wirken als heimlicher Vorsitzender des Literarischen Quartetts im ZDF bin ich mit unzähligen Preisen ausgezeichnet worden.
Jaja.

WAS ZU MEINEN GUNSTEN VORLIEGT:

Es gibt wenige, die in Deutschland mehr für das Lesen und die Literatur getan haben als ich.
Nun, das stimmt schon ein wenig. Ich habe viel getan. Aber in meiner Redaktion haben einige Redakteure, hervorragende Redakteure, gearbeitet – Volker Hagel, Uwe Wittstock –, glänzende Leute, hervorragende Leute. Die haben sehr viel in meinem Sinne für die Literatur gemacht.

Meine Autobiografie »Mein Leben« ist so packend und erhellend, dass sie Pflichtlektüre an deutschen Schulen werden sollte.
Na, das würde mich freuen. Aber so direkt verlangen möchte ich das nicht.

Ich bin ein starker Mann.
Sehr übertrieben. Weiß nicht, ob ich so stark bin.

WAS ZU MEINEN UNGUNSTEN VORLIEGT:

Ich bin zornmütig.
Vielleicht, ja.

Ich habe mich erst sehr spät dazu bekannt, dass meine große
Liebe nicht der Literatur, sondern der Musik gehört.
Nein, das ist übertrieben. Sie gehört schon der Literatur, aber
daneben der Musik. Nein, dass ich Literat, Kritiker geworden
bin, war schon richtig.

Meine übermächtige Präsenz hat verhindert, dass sich ein
jüngerer Literaturkritiker meines Formats zeigen kann.
Das weiß ich nicht, das muss man noch abwarten.
Da sind schon ganz gute Kritiker. Da könnte man einige Na-
men aufzählen. Vor allem die, die bei mir gearbeitet haben
und heute woanders sind.

DIE FIESEN SIEBEN

Was war schon immer das Verführerischste an Ihnen?
An mir? Das müssen Sie die anderen fragen, nicht mich.
Sie haben Selbstreflexion betrieben, 556 Seiten lang. Sie
müssen das ungefähr wissen. Denken Sie an die dreißig-
jährige Frau aus Norddeutschland, von der Sie im Buch
schreiben. Ist das die Verve, mit der Sie die Geschichten
vorgetragen haben, ist es der melancholische Blick? Da
habe ich jetzt übrigens von Oswald Kolle gehört, dass
man das als Mann machen sollte.

Das weiß ich nicht, nicht mal das weiß ich. Sie wollen von mir wissen, womit ich diese Frau, damals, vor – ja, was denn – siebzig Jahren fasziniert habe?

Sie haben auch andere Frauen fasziniert.

Das ist ein bisschen lange her.

Mit welchem Titel, der Ihnen verliehen ist, können Sie etwas besser leben: »Doktor Mabuse der deutschen Literaturkritik«, das war die Frankfurter Rundschau 1997, oder »Geschäftsführer des literarischen Weltgeistes«, Neue Züricher Zeitung, 2000?

Ach, weder noch.

Beides schlecht.

Nein, die gefallen mir nicht.

Wie werden Sie Ihren 90. Geburtstag feiern, Herr Reich-Ranicki?

Oh, den müsste ich erst mal erleben. Es ist noch lange hin.

Was machen Sie, wenn es doch einen Gott gibt?

Oh, die Sorgen mache ich mir nicht. Es gibt keinen!

Sind Sie der Einzige, der das weiß?

Ja! *(lacht)*

Gut, dann nehmen wir das so hin.

Andere wissen das auch, aber sie haben nicht den Mut, das zu sagen.

Wer weiß es denn noch, außer Ihnen, dass es definitiv keinen gibt?

Ach, sehr viele Leute.

Es heißt immer, Martin Walser sei mindestens Gegner, wenn nicht gar Feind von Reich-Ranicki, weil Sie immer gesagt haben: Das ist nicht wirklich gut, was er da tut. Walser hat geschrieben: »Er liebt wohl die Literatur, aber sie liebt ihn nicht zurück.« Woran spüren Sie, dass er im Irrtum ist, dass Sie doch zurückgeliebt werden?

Ach, ich kann mich nicht beklagen. Die Literatur ist keine Person, sie kann mich nicht lieben. Sie ist auch kein Hund, ein Hund kann mich lieben. Aber nicht die Literatur. Aber mein Interesse ist sehr warm für die Literatur, und sie bereitet mir keine so großen Schwierigkeiten. So kann man es sagen.

Jetzt habe ich noch in Erinnerung, es gab ein Buch von Hermann Hesse. Das haben Sie, im Abstand von drei Jahrzehnten, immer wieder mal gelesen.

Das war der Roman »Der Steppenwolf«.

Und zuerst fanden Sie es gar nicht so schlecht, beim nächsten Mal na ja, da gefiel es Ihnen schon nicht mehr, und beim dritten Mal waren Sie richtig erschrocken.

Ja!

Ist es möglich, dass es Ihnen mit Martin-Walser-Werken andersrum geht? Dass Sie es lange Zeit nicht so gut fanden, und dass Sie jetzt sagen, ach, doch, jetzt hat er mir plötzlich was zu sagen?

Weiß ich nicht. Wenn ich wieder mal ein Buch von ihm lese, kann ich mal darauf achten. Aber vorläufig ist das nicht geplant.

Wie sehr grämen Sie sich darüber, dass Sie 1979, nach einer sehr temperamentvollen oder delikaten Begegnung in einer Fernsehtalkshow, die Briefe von Lilli Palmer nicht beantwortet haben?

Hm.

Das ist schon fast frech, dass Sie in dem Buch schreiben: »Ich habe das nicht beantwortet, aus Gründen, das würde jetzt hier zu weit führen.« Schreiben Sie hier in Ihr Buch rein.

Ja.

Warum?

Na ja, ich wollte mich da nicht auf eine Liebesgeschichte einlassen.

Aber es war nahe dran!?

Ja.

Welche ist die schönste Schriftstellerin, die Ihnen jemals begegnet ist?

Die schönste?

Die schönste. Wir reden über die schönste. Wo Sie dachten, oh! Wo eventuell für einen kleinen Moment lang Ihre Disziplin in Gefahr war, wo Sie sich dachten, für dieses schöne Kind schreibe ich eine wunderschöne …

Weiß ich nicht. Nein, kenne ich nicht.

Aber hätte Ihnen das jemals passieren können, dass Sie eine Rezension schreiben über eine besonders … Nehmen wir an, die Schriftstellerin ist traumschön, nehmen wir an Lilli-Palmer-schön … Dass Sie so ein Gedanke befallen hätte, wollen wir mal nicht so schlecht über sie schreiben.

Nein. Na ja, alles ist denkbar, aber mehr kann ich nicht sagen.

BERTI VOGTS (2008) *Berti Vogts ist ein Weltmann. Er hätte auch zu Hause bleiben können. Als Spieler Europameister und Weltmeister. Verteidigerlegende. Als Bundestrainer die zweitbeste Erfolgsquote nach dem amtierenden Weltmeister-Trainer Joachim Löw. Europameister 1996.*

Was er zu Hause hätte machen sollen? Eben das, was die anderen auch machen. Golfen und im Fußballfernsehen herbeiquatschen, was die aktiven Fußballer besser machen könnten.

Berti Vogts hatte Besseres zu tun.

Fußball ist nicht nur in Deutschland ein Spiel, das den Zuschauer mit großen und größten Gefühlen auflädt. In Nigeria, in Aserbaidschan und insbesondere in Schottland wird sehr viel empfunden, wenn der Ball rollt.

Der Erfolgstrainer Hans-Hubert Vogts war also viel mehr als nur auf Montage, wenn er in diesen Ländern die National-mannschaft coachte. Stattdessen musste er Verantwortung übernehmen. Für jede überhöhte Erwartung, die die Menschen in diesen Ländern mit ihrer Nationalmannschaft verbanden.

Undenkbar, dass sich Berti Vogts mit waghalsigen Speku-lationen über sein Innerstes im Abstrakten verirrt. Schon gar nicht im Fernsehen. Aber es könnte möglich sein, dass ihm nach seinen Erfahrungen mit der deutschen Öffentlich-keit Erwartungen nicht mehr ganz so wichtig waren. Denn eigentlich hat er hier viel mehr geleistet, als jemals von ihm zu erwarten gewesen wäre.

Trotzdem musste dieser intelligente, aufrichtige Mann herhalten. Für jeden miesen Scherz, mit dem sich irgendein niederträchtiger Kleinkünstler dicketun wollte. Klar, der niederrheinische Singsang, die mitunter hölzerne Ausdrucks-weise oder seine täppisch geäußerte Neigung zur CDU, irgendwas fand sich immer. Stefan Raab höhnte. Der ist damit selbst wieder etwas reicher, aber trotzdem noch nie im Auftrag aller deutschen Fußballfans irgendein Meister geworden. Mit Berti Vogts über Fußball zu sprechen, ist für jeden, der sich halbwegs für diesen Sport begeistert, das reine Vergnügen. Eine sprechende Enzyklopädie. Nur fehlerfreier als die Onlinelexika, die wir heute kennen. Und großzügiger. Denn was man nicht auf Anhieb versteht, erklärt er gerne noch einmal. Erinnert sich, mit welchem Fuß aus welcher Position Andi Möller damals schoss. Nennt Spielernamen, bei denen selbst die ins Straucheln geraten, die noch die Fußballbilderalben aus der Saison 67/68 ganz genau im Kopf haben. Er verrät, wie man eine Mannschaft baut. Wie lange seine eigene Zeit als Fußballer vergangen ist, erklärt er mit der Trainingskunde, die in ein wirklich dunkles Damals gehört. Im Trainingslager wurde Vogts und seinen Mitspielern verboten, Wasser zu trinken. Das sei schlecht für den Trainingsfortschritt. Stattdessen durften die Spieler gelegentlich Salz lecken.

Würden sich die deutschen Fußballfreunde für die Welt interessieren, dann könnte ihnen Berti Vogts beispielsweise erzählen, wie der afrikanische Fußball wirklich tickt.

Die deutschen Zuschauer lauschen aber lieber andächtig, wie der angebliche Kaiser wieder einmal über zwei Mannschaften schwadroniert, an deren Namen er in der Halbzeitpause wieder erinnert werden muss.

Einen solchen Vergleich würde Berti Vogts niemals anstellen. Denn »der Franz« war sein Mannschaftskamerad in der Nationalelf, und das zählt weiterhin.

Allerdings macht er sich auch keine Illusionen, für was sich die Öffentlichkeit entscheidet, wenn sie zwischen echter Kompetenz und gefälliger Graumeliertheit die Wahl hat. Dazu zitiert er dann sich selbst: »Wenn ich über Wasser gehen könnte, dann würden die Leute sagen: Nicht mal schwimmen kann der.«

DIE AKTE VOGTS

Also, mein Name ist Hans-Hubert Vogts. Viele Menschen nennen mich allerdings Berti. Ich bin 61 Jahre alt und Vater eines erwachsenen Sohnes. Auch wenn ich eine Ausbildung zum Werkzeugmacher hinter mir habe, ist mein Beruf der Fußball. Im Moment bereite ich als Nationaltrainer die Mannschaft von Aserbaidschan auf die Weltmeisterschaftsqualifikation 2010 vor.

WAS ZU MEINEN GUNSTEN VORLIEGT:

Ich habe als Fußballer die größten Titel geholt, die man gewinnen kann.

Als Spieler war ich 1974 Weltmeister, als Trainer 1996 Europameister mit der deutschen Fußballnationalmannschaft.

Ich werde weltweit vermisst. *Warum eigentlich?*

Anders als viele Fußballstars der heutigen Zeit habe ich nicht den Boden unter den Füßen verloren und verstehe mich auch prima mit Menschen, die nicht Millionäre sind. *Na ja, ich glaube, dass die meisten Fußballer aus meiner Zeit das sagen können. Die heutige Generation wird halt anders gesehen. Wir leben heute in einem Medienspektakel, das war früher nicht so. Deshalb hoffe ich, dass die Fußballer, wenn sie vierzehn, fünfzehn Jahre gespielt haben, immer noch den Boden unter den Füßen haben.*

WAS ZU MEINEN UNGUNSTEN VORLIEGT:

Ein schlimmes Eigentor gegen Österreich bei der »Schande von Córdoba« 1978.
Das musste ich leider jetzt noch mal erleben … als ich in Österreich war.

Ich habe erhebliche Zweifel, ob es unter Journalisten auch anständige Menschen gibt.
Doch, es gibt anständige Menschen unter Journalisten, das

stimmt. Einige sollten ihren Beruf allerdings ernster nehmen, dazu stehe ich auch.

Ich bin in der falschen Partei.
Das sehe ich anders, ich bin in der richtigen Partei. Das habe ich damals schon in einem Gespräch mit meinem väterlichen Freund Helmut Kohl gesagt. »Mensch, Herr Kohl, bei Borussia Mönchengladbach war die Farbe schwarz-grün. Es wäre ganz schön, wenn wir im Land auch mal schwarz-grün wären. Das ist wirklich wichtig für unser Land, weil die Grünen auf gewisse Dinge aufmerksam gemacht haben.« Er sah das natürlich damals total anders. Aber ich finde das nach wie vor.

DIE FIESEN SIEBEN

Was wäre für Sie besser, wenn es niemals einen Franz Beckenbauer gegeben hätte?
Ich bin froh, dass es einen Franz Beckenbauer gegeben hat.

Was wäre für Sie besser, wenn Sie auf eine Körpergröße von 1,85 Meter hochgewachsen wären?
Dann hätte ich mehr Kopfballtore erzielt.

Wen würden Sie heute noch mal gerne aus vollem Lauf zu Fall bringen? Ah, da geht so ein genießerisches Lächeln über das Gesicht. Das muss doch ein schönes Gefühl sein.
Einen netten Journalisten aus Hamburg.
Den Namen wollen Sie wahrscheinlich nicht nennen.
Nein.

Welcher noch arbeitende Trainer wird niemals begreifen, wie moderner Fußball geht? Leute, die den Sportteil in der Zeitung lesen, würden jetzt im Affekt antworten: »Natürlich kann das nur Otto Rehhagel sein.«
Nein, im Gegenteil, nein, nein. Alle Trainer begreifen den modernen Fußball.
Alle?
Alle.

Was war Ihnen zuletzt peinlich?
Was war mir peinlich? Als ich zu lange warten musste auf mein Visum in Aserbaidschan.
Das war Ihnen peinlich!?
Ja.
Weil Sie sich dachten, ich bin hier der Nationaltrainer und muss auf das Visum warten?
Ich dachte, ich könnte da einfach durchgehen. Aber den Nationaltrainer kannten sie nicht.

Wer darf nicht Berti zu Ihnen sagen?
Alle dürfen Berti zu mir sagen.

Wann wollen Sie in Rente gehen?
Vorläufig noch nicht.

DOMINIQUE *In manchen Gesprächen lässt sich mit*
HORWITZ (2007) *Worten allein nur ungenügend*
ausdrücken, was erzählt werden will. Gott sei Dank gibt es
das Fernsehen: Hier kann gestikuliert werden, manche Gäste
unternehmen sogar den Versuch, im Sitzen vorzuspielen,
was sie meinen. Ein Augenaufschlag, ein verzerrter Mund
machen oft viel besser klar, worum es dem Gast geht.
Dominique Horwitz erkannte recht schnell, dass es nicht
einfach wird, die komplizierten Wendungen zu erklären,
die der Versuch, seiner Freundin einen Heiratsantrag zu

machen, genommen hatte. Und er hatte ganz offensichtlich großen Spaß daran, die vorgezeichnete Gesprächssituation – einer fragt, einer antwortet – zu kippen. In der nüchternen Atmosphäre eines Fernsehstudios einen intimen Moment zu schaffen und die durch den Tisch vorgegebene Distanz zwischen Gast und Moderator zu durchbrechen, reizte den Schauspieler ungemein. Und so kam es bei der Frage, wie es ihm gelungen sei, der zunächst heiratsunwilligen Freundin ein »Ja« zu entlocken, zu einer sehr schönen Überrumpelung: Mit sichtlichem Vergnügen griff Horwitz plötzlich über den Tisch, nahm die Hand des überraschten Moderators und stellte den Heiratsantrag nach, mit Jörg Thadeusz in der Rolle der Umworbenen. Danach war sehr klar: schwierig, so ein Antrag. Für alle Beteiligten.

DIE AKTE HORWITZ

Ich bin vor fünfzig Jahren in Paris – *jetzt habe ich meine Brille natürlich nicht. Das ist jetzt ja 'ne coole Nummer! Können Sie einfach das Blatt für mich halten?* Ich bin vor fünfzig Jahren in Paris zur Welt gekommen und bin bis heute französischer Staatsbürger. *Richtig!* In diesem Sommer habe ich zum zweiten Mal geheiratet. *Mehr als richtig und mehr als schön.* Aus meiner ersten Ehe stammen meine beiden Kinder Miriam und Laslo. Mein Geld verdiene ich vor allem als Schauspieler und Sänger. *Man kann eigentlich sagen, aus-schließlich.* Mit meiner Frau und ihren beiden Kindern, *mit unseren beiden Kindern,* lebe ich in Weimar. *Es sind zwar ihre Kinder, aber es sind auch unsere.*

WAS ZU MEINEN GUNSTEN VORLIEGT:

Ich bin in meinem Beruf absolute Spitze, ohne jemals eine Schauspielschule besucht zu haben. *Stimmt nicht ganz, drei Monate war ich drauf, dann bin ich wieder runtergegangen.*

Ich kann fantastisch singen. *Ich verdiene Geld damit. Es ist in Ordnung, würde ich jetzt sagen.* Das kann jeder auf meiner neuen CD »Ne me quitte pas« nachhören, die erscheint am 28. September. *Das stimmt!*

Ich kenne mich mit Essen und Trinken aus. Frauen fahren auf mich ab. *Okay.*

WAS ZU MEINEN UNGUNSTEN VORLIEGT:

Ich habe meine Ausbildung zum Herrenausstatter im KaDeWe nicht abgeschlossen. *Das ist ganz richtig, denn ich habe sie auch nicht begonnen. Denn ich war ein einfa-cher Verkäufer in der Herrenartikelabteilung im KaDeWe.*

Ich habe der deutschen Fußballnationalmannschaft 1974 die Weltmeisterschaft nicht gegönnt. *Das stimmt auch. Und auch weitere Titel nicht. Das hat lange gedauert, lange,*

lange, lange, bis ich dachte »Wow, sind die geil«. Hat mich doch sehr … nö, das stimmt. Muss ich das kommentieren? Na, ich bin 1971 aus Frankreich nach Deutschland, und das war 26 Jahre nach Ende des Krieges, und jeder, der ein bisschen ein graues Haar hatte, war für mich schon ein alter Nazi. Ich übertreibe ein bisschen. Da bin ich ja ein bisschen einfach gestrickt. Das hat sich dann zum Glück auch biologisch geklärt. Viele dieser alten Nazis sind, gottlob, nicht mehr unter uns.

Ich durfte noch keinen Megabrutalo spielen, obwohl ich das gerne einmal machen würde. *Völlig richtig!*

Und ich finde Thüringen besser als Brandenburg!

DIE FIESEN SIEBEN

Wann hätten Sie aufgehört, Ihrer jetzigen Frau Heiratsanträge zu machen? Es waren ja schon über hundert, wann hätten Sie denn mal gestoppt?
Ja, hundert, das wird nicht reichen, schätze ich mal.
Ich kann mir das nicht vorstellen, wie funktioniert das? Da bereiten Sie ganz viele romantische Abende vor und dann sagen Sie »Jetzt aber, jetzt aber«?
Niemals, niemals. Ich würde niemals einen Antrag machen, also einen richtigen: Stuhl beiseite, knien, Hand nehmen, in die Augen gucken *(greift über den Tisch, nimmt Jörg Thadeusz' Hand, schaut verträumt)*, »Willst du meine Frau werden?« … Und dann sagt sie »Nein«. Das wäre der Tod!

Wie würde es denn gehen? Nehmen Sie meine Hand noch mal, konzentrieren Sie sich, sehen Sie in mir dieses schöne Geschöpf. Schauen Sie nicht so skeptisch. Sie müssen das können, Sie sind Schauspieler.

Okay. Anna! Würdest du, würdest du … meine Frau werden wollen?

Schön! Aber so ist es nicht gelaufen.

Nein, niemals. Ich bin nämlich eher der Typ, um den man anhält. Ich bin eher das zarte Pflänzchen, das man aufhebt, am Wegesrand.

Ja, aber – Sie müssen es doch irgendwie getan haben.

Das war anders: Man spricht über das Leben, redet so über die Zukunft, und so ganz nebenbei fällt immer das Wort Heirat, ganz zufällig, eigentümlicherweise. Und dann schaut man, wie der andere reagiert, beziehungsweise nicht reagiert. Und das macht man immer wieder.

Jetzt haben wir das Happy End aber noch ausgelassen. Sie sind in diesem Jahr fünfzig geworden, und da hat sie gesagt, als Geburtstagsüberraschung: »Dominique – wir fahren nach Las Vegas und heiraten da.«

Genau, genau so war das. Also letztlich hat sie um mich angehalten, ja doch.

Was verbindet Sie mit Prince Charles noch außer den charaktervollen Ohren?

Vielleicht, äh, eine gute Erziehung.

Warum hätten Sie als Herrenmodenverkäufer letztlich nicht getaugt?

Weil mir das Wohlbefinden des Kunden wichtiger ist als die Abendeinnahme.

Warum sind schöne Männer meistens doof und langweilig?
Sind sie nicht.
Nein?
Nein.

Was finden Sie an Frauen aufregender: die Beine oder den Busen?
Den Mund.

An welchem Tag feiert Ihre allererste Freundin ihren Geburtstag?
Das ist herrlich!
Ich habe einen Freund, der weiß das noch. Und der ist bald vierzig. Und der weiß noch den Geburtstag seiner allerersten Freundin.
Und ich kann nur sagen, meine erste Freundin wohnte in der Mommsenstraße 66 und ihre Telefonnummer war (sagt die Nummer).
Das ist aber ein sehr charmanter Ausweg, den Sie jetzt gewählt haben. Ich weiß jetzt nicht, ob ich darauf vertrauen kann, aber ich ruf gleich mal an.
Sie können hundertprozentig sicher sein!

Was würde Jacques Brel zu Ihrer neuen CD sagen?
Hut ab.

JOSEF **WILFLING** **(2010)** *Am 14. Februar 1970 steht ein junger Polizist zwischen Leichen in der sogenannten »Krieger«-Stellung. Feuer krümmt menschliche Überreste in diese bizarre Haltung. Es sind Opfer eines Brandanschlages auf das Altenheim der Israelitischen Kultusgemeinde in München. Sieben Tote. Darunter zwei Senioren, die den Nazi-Horror im KZ durchgestanden hatten. Die Tat wurde nie aufgeklärt. Ein linksextremistischer Hintergrund erscheint aber bis heute am wahrscheinlichsten.*

Der junge Polizist Josef Wilfling hat die Aufgabe, einen Rabbi durch den Tatort und zu den Toten zu führen.

In den folgenden vier Jahrzehnten werden schlimme Anblicke den Berufsalltag des Polizisten Wilfling bestimmen. Erstochene und Erschlagene. Ein mit einem Hammer getöteter Volksschauspieler und ein strangulierter Bussi-Promi der Münchner Gesellschaft. Diejenigen, die Leben ausgelöscht haben, sind äußerlich unauffällige Leute. So normal, dass es den Kommissar anfangs überrascht und auch nach seiner Pensionierung immer noch ein wenig verwundert. »Jeder kann zum Mörder werden«, sagt der pensionierte Josef Wilfling, als er in unserem Berliner Fernsehstudio sitzt. Was eine Binse wäre, käme sie nicht von einem Mann, der so vielen Mördern gegenübersaß. Der eine fast 100-prozentige Aufklärungsquote hatte. Und der seiner Frau kaum etwas von seinem Beruf erzählte. Erst nach seiner Pensionierung gibt er ihr sein Buch zu lesen. »Gut, dass es vorbei ist«, zitiert er ihr Fazit in der Sendung.

Den Kommissar im Fernsehen gibt es entweder als Schau-spieler-Herausforderung im »Tatort«. Oder aufgeregt schwitzend und Sprachstanzen tackernd bei »Akten-zeichen XY«. Josef Wilfling muss einfach nur im Studio sitzen, und schon weiß jeder, dass dieser Mann keinen Verdächtigen würgte und dabei »raus mit der Sprache« brüllte.

Mit Stolz erzählt er von der »kriminalpolizeilichen List«, deren erlaubten Rahmen er als Polizist wohl durchaus strapazierte. Aber auch von der rechtsstaatlichen Last, die er ohne den Hauch eines Zweifels respektierte. Den wichtigen Unterschied zwischen dem Zeugen und dem Beschuldigten. Denn der Beschuldigte darf zu seinem eigenen Schutz lügen, ohne dafür bestraft werden zu können.

Kommissar a. D. Wilfling erzählt von einem Mann, der eine Frau ermordete und danach ganz ruhig seine theoretische Führerscheinprüfung bestand. Dann kehrte der Mörder in seine Garage zurück und zerteilte das Opfer mit einem stumpfen Samuraischwert. Josef Wilfling beschreibt den kompletten Vorgang nur sachlich und fügt dann hinzu, der Täter habe die Leichenteile »entlang der Autobahn A 8« verteilt. Hier die entgrenzte, aber menschliche Grausamkeit. Dort dieser bayrische Beamte, in dem womöglich innerlich immer noch das Entsetzen tobt. Der aber so beruhigend korrekt ist, dass er sogar die Autobahn mit ihrer Nummer präzise benennt.

Der Polizist Wilfling hat sein Buch »Abgründe« genannt. Dementsprechend steigt er im Studio in seine Erinnerungen hinab. Wie sein späterer Mörder den Volksschauspieler Sedlmayr ein Jahr vor der Tat zum Verhör auf Wilflings Kommissariat begleitete. Wie er die Daisy auf dem Arm *hatte, den kleinen Kläffer des strangulierten Modeverkäufers Mooshammer. Das Schicksal von Daisy bewegte weit mehr Menschen in Deutschland als der Sexualmord an einem achtjährigen Jungen, den Wilfling kurze Zeit nach Mooshammers Tod aufzuklären hatte.*

Wenn sich der pensionierte Polizist aufregt, dann wird er nicht rot. Es ist eher, als würden sich auf diesem sehr bedächtigen Mann tektonische Platten ineinanderschieben.

Am Ende unseres Gesprächs gesteht er dann noch, dass er oft lügt. Keine Schnitzel soll er essen und auch die Finger von den geliebten Pralinen lassen, wünscht sich seine Frau. Er kann aber manchmal schlicht nicht widerstehen. Spätestens nach einer halben Stunde mit Josef Wilfling weiß jeder Zuschauer: Es gibt Schlimmeres.

DIE AKTE WILFLING

Mein Name ist Josef Wilfling. Ich bin 63 Jahre alt, verheiratet und Vater eines erwachsenen Sohnes. Der ist Polizist, wie ich einer war. Nach 42 Dienstjahren bin ich Anfang vergangenen Jahres in Pension gegangen. Zuletzt war ich Chef der Münchener Mordkommission. Dieses legendäre Kommissariat 11 hat eine spektakuläre Aufklärungsrate von beinahe einhundert Prozent. Für den guten Ruf dieser Abteilung bin ich durchaus verantwortlich.

WAS ZU MEINEN GUNSTEN VORLIEGT:

Ich bin ein exzellenter Verhörer, ich habe selten den Verhörraum verlassen, ohne ein Geständnis bekommen zu haben.

Ich habe auch Mörder mit Respekt behandelt, den meiner Meinung nach jeder Mensch verdient.

Ich habe aufgeschrieben, was ich in meinem Beruf erlebt habe.

WAS ZU MEINEN UNGUNSTEN VORLIEGT:

Ich hadere mit der Justiz und bin ein Befürworter knallharter Strafen.

Obwohl mir das Böse oft begegnet ist, könnte ich es nicht enträtseln.

Ich werde bestechlich, wenn mir jemand Pralinen anbietet.

DIE FIESEN SIEBEN

Wann haben Sie, Herr Wilfling, eine kritische Frage Ihrer Frau nicht wahrheitsgemäß beantwortet?
Das kommt laufend vor. Wenn ich jetzt nach Hause komme, wird sie mich wieder fragen, was ich denn gegessen habe. Weil ich ja auf Diät bin, immer wieder mal. Und gestern

habe ich ziemlich geschlemmt, und wahrscheinlich hätte ich dann gesagt, ich hätte nur einen Salat gegessen. In Wirklichkeit habe ich ein Schnitzel gegessen. Natürlich. Angeblich lügt ja jeder Mensch zweihundertmal am Tag, und das stimmt auch. Die eigentliche Schwierigkeit in unserem Beruf, und das ist der Kernpunkt, ist die Lüge. Wir werden ja nicht mit der Wahrheit bedient.

Die Lüge orientiert sich an der Wahrheit, hat Ihr Lehrmeister immer gesagt.
Ja, das hat mein Lehrmeister gesagt, und da ist sicherlich was dran. Meistens, würde ich sagen.

Das Schnitzel ist ja fernab vom Salat. Oder Sie könnten sagen, die Garnitur …
Ja, das könnte ich sagen. Mit Putenstreifen oder irgendwas. Die Lüge ist natürlich etwas, mit dem wir tagtäglich beschäftigt waren. Sonst könnte jedes Schulkind unsere Arbeit machen. Dann würde ich fragen: »Was haben Sie gestern gemacht?« Und der würde mir das einfach erzählen.

Um was beneiden Sie Strafverteidiger?
Um gar nichts. Anwälte vertreten die Interessen der Täter. Wir vertreten in erster Linie die Interessen der Opfer. Und ich kann Ihnen aus meiner Erfahrung sagen, dass die es oft noch viel, viel schwerer haben als wir. Die werden genauso wenig mit der Wahrheit bedient. Und ich beneide keinen Anwalt. Ich hab nur was gegen Anwälte, die in die Rubrik »Konfliktverteidiger« einzuordnen sind und die sich nicht kooperativ zeigen oder mit den Ermittlungsbehörden, mit den Strafverfolgungsbehörden, anlegen. Da habe ich natürlich auch meine Erfahrungen gemacht. Ansonsten habe ich natürlich größten Respekt vor diesem Beruf. Das sind

Organe der Rechtspflege, und wenn ich in Schwierigkeiten wäre, würde ich mir auch einen guten Anwalt suchen. Und mit den meisten Anwälten, mit denen ich zu tun hatte, hatte ich ein wunderbares Auskommen.

Wann ist Ihr Sohn ein so guter Polizist, wie Sie einer waren?

Also, das weiß ich nicht. Er vergleicht sich natürlich nicht gerne, und das hört er auch gar nicht gerne, und das ist ihm immer ziemlich peinlich. Er hat es ja nicht leicht, bei so einem Vater. Er muss sich immer selber beweisen. Und das ist ja der Grund, wieso er nicht zur Kripo gegangen ist, sondern bei der Schutzpolizei ist.

Wann haben Sie sich im Dienst beinahe verliebt?

Ich habe mich noch nie verliebt, also, das kann ich gar nicht sagen. *(lacht)* Wenn es so wäre, würde ich es nicht sagen, weil ja meine Frau zuschaut.

Wie würden Sie morden, wenn Sie es täten?

Es gibt da einen schönen Ausspruch: Wenn man von fünfhundert Fehlern, die man machen kann, fünfzehn vermeiden kann, dann muss man schon ein Genie sein. Das kann man nicht vorhersagen. Es gibt immer Eventualitäten, die man nicht mit einplanen kann. Und die Frage, wie ich dann morden würde – wenn ich es vorhätte –, die kann ich jetzt natürlich nicht beantworten. Ich will ja keine Ratschläge geben.

Warum bedauern Sie es, aus Bayern nicht richtig herausgekommen zu sein?

Weil ich jetzt auf dieser Lesereise festgestellt habe – wo ich jetzt überall war –, wie schön Deutschland ist, wie schön es auch woanders ist, was es für nette Menschen auch anderswo gibt. Deshalb habe ich mich auch entschlossen, dass ich jetzt, wenn es etwas ruhiger ist, mit meiner Frau eine Deutschlandreise mache. Und zwar mit dem Wohnmobil.

Weil Sie sich das alles mal angucken wollen?

Weil ich es mir alles mal anschauen will.

Gab es da Orte, die Ihnen ganz besonders gut gefallen haben? Wo Sie meinen, hier ist ja jetzt richtig schön?

Ich bin einer, der die See liebt. Das hab ich mir fest vorgenommen, mal an die See raufzufahren. Ich bin durch Thüringen gefahren, ein wunderschönes Land. Also, es gibt überall wunderschöne Plätze, überall in Deutschland, herrliche Städte. Und das will ich mir alles anschauen.

Woran merkt man auch, dass Sie ein deutscher Beamter sind?

Ich hab immer gedacht, ich habe wenig von dem verinnerlicht, was man »typisch Beamter« nennt, ich bin also kein so großer Bürokrat. Ich hasse die Bürokratie, damit hab ich immer meine Probleme gehabt, mit der Administration. Aber man ist natürlich auch geprägt: Beamter – das heißt zuverlässig, pünktlich und korrekt zu sein. Insofern bin ich sicherlich auch ein Beamter.

ULRICH
MATTHES
(2008)

Wer sich mit Ulrich Matthes unterhält, hat es mit einem Gesprächspartner zu tun, der sich bemüht, alle Fragen genau zu beantworten. Und das ist keine Selbstverständlichkeit. Matthes spricht über sein Frühstücksritual (vier Tassen Tee, Zeitung und Mozart) genauso wie über frühe Rollen als Elfjähriger. Erklärt, wie er die Figuren, die er spielt, interessant macht. Und ist ein hellwacher Gast, der sich kein Ausruhen auf vorgefertigten Satz-Stanzen oder locker dahingesagten Floskeln erlaubt. In unserer Sendung war vor allem der Moment eindrücklich, als Ulrich Matthes erklärte, wo der Spaß für ihn aufhört. Er habe gehört, sagte der Moderator, dass einige

der Darsteller sich bei den Dreharbeiten zu »Der Unter-
gang« gegenseitig als »Mein Führer« tituliert und andere
Späße mit Nazibegriffen getrieben hätten. Und er könne sich
nicht vorstellen, dass Ulrich Matthes da mitgemacht habe.
»Das stimmt«, sagte Matthes, »ich fand das geschmacklos.
Ich bin vielleicht doof und langweilig, aber ich bin da Mora-
list. Ich bin sehr bewusst politisch denkend erzogen worden
und habe schon früh begonnen, mich dafür zu interessieren.
›Das Tagebuch der Anne Frank‹ war ein absolutes Erwe-
ckungserlebnis für mich als politisch empfindenden – eher
empfindenden als denkenden – Menschen. Die Vorstellung,
dass ein Mädchen, das so alt war wie ich damals, als ich das
gelesen habe, ermordet worden ist, nur weil sie Jüdin war.
Ein so lustiges, intelligentes, waches Mädchen – die hätte
ich gerne als Freundin gehabt, die Anne Frank, als ich das
mit dreizehn gelesen habe. Und die ist ermordet worden.
Darüber ist eine Art von Bewusstsein entstanden, damals
noch kindlich, heute mit dem ganzen Wissen, das man sich
aneignet, wenn man es denn will. Deswegen finde ich auch
diesen Satz ›Wir haben genug von der Nazizeit gehört‹
immer total blöd und reagiere da sehr empfindlich.«

DIE AKTE MATTHES

Mein Name ist Ulrich Matthes, ich bin 48 Jahre alt und gebürtiger Berliner. Die Hauptstadt ist nach wie vor mein Lebensmittelpunkt. Wie sich das für einen Schauspieler meiner Güte gehört, beteilige ich mich nur an den wirklich guten Filmen und lasse mich nur an den wirklich guten Theatern engagieren. Zurzeit spiele ich am Deutschen Theater – *da fehlt »unter anderem«* – Tschechows »Onkel Wanja« in einer Inszenierung von Jürgen Gosch.

WAS ZU MEINEN GUNSTEN VORLIEGT:

Ich gehöre zweifelsohne zu den besten Schauspielern meiner Generation.

Mein Beruf ist für mich nicht nur Broterwerb, sondern immer noch Leidenschaft.
Das stimmt. Wirklich. Da kann ich ein Ausrufezeichen dahintermalen.

Als gut informierter Intellektueller – *bin ich nicht* – funktioniere ich auch mit meinem eigenen Text ganz ausgezeichnet.

Oh, jetzt wird es spannend:
Ich werde falsch eingeschätzt und muss deshalb oft nieder-geschlagene Depri-Naturen spielen. *Mhhh, ja, ist was Wahres dran.*

Seit ich Josef Goebbels gespielt habe, kann ich Rheinländer nicht mehr leiden. *Stimmt überhaupt nicht, ich bin sehr gerne im Rheinland und mag die besonders gerne.*

Ich bin Gefangener meiner alltäglichen Rituale. *Stimmt auch nicht. »Gefangener« klingt so niedergedrückt. Ich habe Rituale sehr gern. Ich bin ein Gewohnheitsmensch und habe – da ich glaube, sie nicht zu übertreiben – bis zu einem gewissen Ausmaß Rituale gern, ja doch. Aber Gefangener bin ich nicht. Also alle drei Sachen, die zu meinen Ungunsten vorlagen, muss ich … zurückweisen.*

DIE FIESEN SIEBEN

Warum wären Sie in dem bald startenden Kinofilm »Veneta« in der Hauptrolle besser gewesen als Peter Lohmeyer?
Wäre ich nicht. Peter Lohmeyer macht das ganz wunderbar. Und ich fand meine Rolle auch sehr schön. Also so, wie es war, war es genau richtig.

Warum würden Sie als Politiker scheitern?

Weil ich zu wenig kompromissbereit wäre. Und als Politiker muss man vor allem kompromissbereit sein, um nicht, um nicht … um nicht bösere Wörter zu benutzen.

Sie haben gesagt, Theaterspielen würde sich manchmal anfühlen wie ein Dauerorgasmus. Manche Stücke dauern mehr als drei Stunden. Ist das nicht selbst für einen Orgasmus zu lang?

In der Tat. Wann hab ich denn das gesagt?

1997 – behaupte ich jetzt einfach mal so.

Nein, nein. Das hab ich bestimmt als ganz junger Schauspieler gesagt und fand das damals cool. Das ist doch ballaballa. Dafür schäme ich mich heute. Können wir es dabei belassen?

Selbstverständlich.

Was man so sagt … das ist doch altklug.

Da waren Sie vermutlich schon ein keimender Intellektueller.

Wann haben Sie zuletzt einen Zeitungsartikel nicht richtig verstanden?

Immer, wenn ich den Wirtschaftsteil aufschlage. Den verstehe ich prinzipiell nicht. Ich überblättere den immer, um direkt zum Sport überzugehen.

Sind Sie Hertha-Anhänger?

Nicht wirklich leidenschaftlich. Obwohl ich Lucien Favre toll finde, der ist super, mit dem könnte man zum Hertha-Fan werden. Aber noch bin ich es nicht, sondern nur ein bisschen. Wie man so als Berliner sagt: »Nu, Hertha, nu mach ma hinne.«

Weil Sie so ein großer Zeitungsfreund sind: Was können Zeitungsjournalisten, was Sie nicht können?
Schreiben.
Sie schreiben keine Briefe oder so?
Ja doch, natürlich. Aber es macht mir keinen Spaß, und ich könnte das nie so, wie mein Vater das beispielsweise getan hat, der ja langjähriger Redakteur, zeitweise Chefredakteur beim Berliner Tagesspiegel war: Auf Druck, wohl wissend, dass er in einer Dreiviertelstunde eine Glosse abzuliefern hat, weil sonst die Druckerei einfach zumacht, irgendwas Pointiertes, Witziges, womöglich noch was politisch Brisantes zustande bringen. Das könnte ich einfach nicht. Mein Talent beruht vielleicht auf sprachlichem Ausdruck, aber das ist was völlig anderes, als Sprache schriftlich niederzulegen. Ich gehe mit Sprache sehr gerne um, auch bewusst um. Aber ich bin kein Schreiber. Und deswegen finde ich Journalisten auch toll. Ich finde, das ist ein toller, geradezu erotischer Beruf.

Warum ist es Ihnen langweilig, weitere Preise zu gewinnen?
Das ist ja Blödsinn – her damit!

Wenn Sie sich bei einer Preisverleihung bedanken: Steht dann der Schauspieler Matthes oder der erfreute Ulrich auf der Bühne?
Der erfreute Ulrich. Doch, wirklich. Manchmal weiß man ja nicht, dass man einen Preis bekommen wird. Aber ich freue mich wirklich darüber.
Man hört aber auch immer wieder Sätze wie »Leute, damit habe ich ja gar nicht gerechnet«.

Ja, idiotisch, oder? Ich denke dann immer: Können die sich nicht vorbereiten? Neulich wieder, was war das, Goldene Kamera, glaube ich. Maria Furtwängler steht da und sagt: »Ach Kinder, ich doch nicht.« Das ist doch absurd. Die brauchen sich doch nur vorzubereiten. Oh, kaum erwähne ich Maria Furtwängler, geht hier das Licht wieder an.

Wenn Sie Veronica Ferres gesagt hätten, wäre hier im Studio sogar die Sonne aufgegangen. Also, Sie sind der Meinung, Schauspieler sollen sich auf solche Momente gut vorbereiten.

Sie sind ja nun nominiert, sonst säßen sie da ja nicht. Das ist doch einfach nur Koketterie. Man ist nominiert, also bereitet man sich vor. Den Preis dann auch zu bekommen, das ist die Hürde. Ich habe weder den Deutschen noch den Europäischen Filmpreis bekommen. Als ich für den Europäischen Filmpreis nominiert war, habe ich auch gar nicht damit gerechnet. Da waren jede Menge große Namen, und ich saß da wie Klein Ulrich und dachte: »Den kriegst du sowieso nicht.« Aber beim Deutschen Filmpreis habe ich mir gedacht: Jetzt bist du schon nominiert, das könnte klappen. Und vorher kam auch noch Iris Berben zu mir und sagte: »Ich wette, du kriegst den.« Und ich saß dann da und dachte: Iris – dein Wort in das Gehör der deutschen Filmakademie. Und als ich den dann nicht bekommen habe, war ich wahnsinnig enttäuscht. Wenn ich den bekommen hätte, hätte ich da nicht als Schauspieler gestanden, sondern als Ulrich.

Und Sie sind dann sofort enttäuscht gegangen?

Nee, ich hab mir meine Niederlage dann so richtig reingezogen. Alle, die einem vorher »toi toi toi« gewünscht haben, latschen dann an einem vorbei, als hätten sie einen noch nie

gesehen. *The winner takes it all* – das habe ich dort sehr gemerkt. Da ist man dann wirklich der Arsch, wenn man den
Preis nicht bekommt. Das ist eine nicht immer sympathische Branche.

**Ich wünsche Ihnen, dass Sie so oft wie möglich Preise be-
kommen, verdient haben Sie das auf jeden Fall.**

HANS-DIETRICH GENSCHER (2009)

Mit Hans-Dietrich Genscher hatten wir 2009 den Mann zu Gast, der gesamtdeutsch vor allem durch einen unvollendeten Satz berühmt geworden ist: »Liebe Landsleute, wir sind zu Ihnen gekommen, um Ihnen mitzuteilen, dass heute Ihre Ausreise …«

Das Satzende (»… in die Bundesrepublik Deutschland möglich geworden ist«) ging unter im aufbrausenden Jubel der im Hof der Prager Botschaft kampierenden DDR-Flüchtlinge. Die Geschichte dieser legendären Balkonrede, gehalten am Abend des 30. September 1989, erzählte Hans-Dietrich

Genscher auch zwanzig Jahre später in der Sendung noch sichtlich bewegt: »Das war ein unglaublich aufwühlender Moment, so etwas vergessen Sie nie. Als ich sagte: ›Die Züge fahren durch die DDR‹ kamen Rufe: ›Nein, denen kann man nicht vertrauen, niemals.‹ Und da habe ich gesagt: ›Ich kann Sie verstehen. Sie wissen alle, dass auch ich diesen Weg gegangen bin, unter anderen Umständen. Ich übernehme die persönliche Bürgschaft, dass Ihnen nichts geschieht.‹ Das war ein großes Wort. Aber es war meine tiefe Überzeugung, dass die DDR-Regierung ihr Wort einhalten wird. Ich war dann allerdings doch sehr froh, als ich zu Hause später den Anruf bekam, dass der erste Zug im bayrischen Hof angekommen ist.«

DIE AKTE GENSCHER

Mein Name ist Hans-Dietrich Genscher. *So weit ist das richtig.* Ich bin 82 Jahre alt. *Auch richtig.* Seit 40 Jahren glücklich verheiratet. *Stimmt auch.* Meine Tochter ist 48 Jahre alt, hat mich zweimal zum Großvater gemacht. *Auch das stimmt.* Mein Geburtsort ist Radeburg bei Halle, *gehört heute zu Halle, wenn ich das sagen darf.* Ich bin Volljurist. *Stimmt.* Ich war achtzehn Jahre lang Außenminister der Bundesrepublik Deutschland. *Unerwähnt bleibt, dass ich vorher fünf Jahre Innenminister war – darf ich das hinzufügen?*

Auch wenn Ehrenvorsitzender harmlos klingt – *so steht es hier* –, bin ich nach wie vor einer der mächtigsten Männer meiner Partei, der FDP. *Stimmt nicht. Aber ich bin gern in der Partei und freu mich … Ich nehme Anteil und sage, was ich denke.*
Jetzt soll ich vorlesen, das fällt mir schwer:

WAS ZU MEINEN GUNSTEN VORLIEGT:

Also, wollen wir mal sehen.
Ich bin einer der Architekten der deutschen Einheit. *Dass ich mich bemüht habe, daran mitzuwirken, stimmt.*

Ich habe das Kunststück fertiggebracht, als deutscher Außenminister die Regierungen der USA und der Sowjetunion im Griff zu haben. *Stimmt nicht, aber ich habe versucht, sie davon zu überzeugen, dass es beiden besser geht, wenn die Deutschen zusammenleben dürfen.*

Ich bin zum richtigen Zeitpunkt gegangen, denn mir wird bis heute nachgetrauert. *Erster Halbsatz stimmt, ich bin zur richtigen Zeit gegangen. Ob mir nachgetrauert wird, müssen andere beurteilen, das kann ich nicht beurteilen.*

WAS ZU MEINEN UNGUNSTEN VORLIEGT:

Obwohl ich vielleicht ein guter Bundeskanzler geworden wäre, bin ich es nie geworden. *Ja, das stand für den Vorsitzenden der FDP damals nicht an, aber ich habe große Freude*

gehabt als Innenminister und auch als Außenminister. Zuge-
traut hätte ich es mir auch.

In das Amt des Bundespräsidenten habe ich es auch nicht
geschafft. *Wenn ich es hätte schaffen wollen, hätte ich es auch*
geschafft. Aber ich fand, 23 Jahre in einer Regierung in ei-
ner Zeit, in der die Republik 43 Jahre bestand, das war genug
Genscher für die Republik.

Ich bin meinen Mitarbeitern selbst dann noch auf die
Nerven gegangen, wenn ich eigentlich im Urlaub war. *Ich*
fürchte, da haben Sie recht.

DIE FIESEN SIEBEN

Wie werden Sie Guido Westerwelle trösten, wenn er im
Oktober 2009 wieder in der Opposition sitzen muss?
Es bedarf nicht des Trostes, denn er wird ein hervorragen-
des Wahlergebnis haben.

Um welche politischen Persönlichkeiten beneiden Sie die
Grünen? Sie sagen ja selbst von sich, Sie könnten sehr gut
Talente, politische Begabungen, erkennen.
Dort sind sehr kreative Leute. Ich will jetzt gar keine Einzel-
nen nennen, damit ich denen keine Schwierigkeiten in der
eigenen Partei mache.
Ich würde das machen.
Aber ich muss Ihnen sagen, dass mich, als die Grünen ka-
men, Persönlichkeiten wie Petra Kelly und Antje Vollmer

sehr beeindruckt haben, durch ganz unterschiedliche Haltungen.

Und Ihr Nachfolger, Joschka Fischer?

Der hat ja einen weiten Weg zurückgelegt und war ein guter Außenminister.

Was war an der DDR gut?

Also, ich muss Ihnen sagen, dass ich mir gewünscht hätte, dass es anders ist, und da fällt es mir schwer, ein Urteil zu fällen. Ich glaube, dass die Folge, unter der wir heute noch zu leiden haben, auch bei der Entwicklung, beim wirtschaftlichen Wiederaufbau, ein schwerer Schaden war, gerade für die Menschen. Die DDR-Bevölkerung hatte nicht die Chancen wie die Bevölkerung in Westdeutschland, nach dem Krieg voll loszulegen, die mussten große Reparationen leisten und hatten dann das falsche, von ihnen nicht ausgesuchte wirtschaftliche System. Es gibt viele, die sagen, die Kinderbetreuung war besser. Das kann ich nicht beurteilen, ich hatte zu der Zeit keine Kinder. Als wir nach der Wiedervereinigung im Kabinett gesprochen haben, wie das mit der Überleitung der Gesetze ist, hat einer gefragt: »Können wir denn nichts von der DDR übernehmen?« Und da habe ich gesagt, es würde mir gut gefallen, wenn man zwölf Schuljahre für ausreichend erachten würde, wie das in der DDR der Fall ist. Aber diese Chance haben die Kultusminister damals nicht genutzt.

Was ist die ärgerlichste Eigenschaft von Helmut Schmidt?

Ich habe keine ärgerlichen Eigenschaften …

… an ihm festgestellt.

Nein. Ich habe keine festgestellt. Ich finde, er ist ein beeindruckender Mann. Ich meine, wenn ich mit neunzig Jahren diese Klarheit im Denken habe, werde ich meinem Herrgott danken. Ich vermute, er wird das auch so halten.

Was ärgert Ihre Frau an Ihnen schon seit über vierzig Jahren?
Ich bin bis zu einem gewissen Grade unordentlich.
Chaos. Um Sie herum.
Nun ja, Chaos ist vielleicht ein zu hartes Wort. Das möchte ich mir selbst nicht antun.
Für welchen Teil von Ordnung sind Sie denn zu Hause selber zuständig?
Zum Beispiel auf meinem Schreibtisch.

Warum ist Ihnen Bonn manchmal langweilig?
Ist mir nicht langweilig.

Warum wäre es für Frau Merkel gut, wenn Hans-Dietrich Genscher ihr Außenminister und Vizekanzler wäre?
Wissen Sie, ich hab meine Zeit gehabt, und jede Zeit hat ihre Leute. Das braucht Frau Merkel nicht. Ich sehe alles mit Interesse, ich sage auch, was ich denke, und ich schreibe das ja auch. Aber ich gehöre nicht zu denen, die sich für unentbehrlich und in der Not für dringend geboten halten.

UDO REITER *Udo Reiter hatte gerade seine Auto-* **(2013)** *biografie veröffentlicht, als er zu Gast in unserer Sendung war. Der Titel »Gestatten, dass ich sitzen bleibe« zeichnete ihn als Mann mit einem sehr feinen Humor aus. So war dann auch das Gespräch in der Sendung. Warum er Journalist geworden sei, wollte der Moderator wissen. »Ich bin ja eher zufällig zum Journalismus gekommen. Ich habe mich umgeschaut, wo man im Sitzen was tun kann, und so kam ich zum Bayerischen Rundfunk.«*

DIE AKTE REITER

Mein Name ist Udo Reiter. *Das ist richtig.* Ich bin 68 Jahre alt, verheiratet, Vater einer Tochter und Großvater eines Enkelsohns. Aufgewachsen bin ich in Rickenbach, das ist mittlerweile ein Ortsteil der Bodenseestadt Lindau. Nach dem Abitur erhielt ich ein Begabtenstipendium und studierte Germanistik, Geschichte und Politikwissenschaft. Allerdings verfolgte ich nebenher auch meinen Traum. Ich wollte Pilot bei der Lufthansa werden. 1966 bestand ich die Prüfung. Im Februar das Jahres 1967 sollte die Ausbildung beginnen. Am 6. Dezember 1966 kam aber der Autounfall dazwischen. Seit diesem Tag bin ich querschnittgelähmt und kann mich nur im Rollstuhl fortbewegen. Ich promovierte 1970 und wurde anschließend Mitarbeiter des Bayerischen Rundfunks. Dort arbeitete ich mich vom einfachen Redakteur zum Hörfunkdirektor hoch. 1991 war ein sehr wichtiges Jahr in meiner beruflichen Laufbahn. Denn ich wechselte als Intendant zum neu gegründeten Mitteldeutschen Rundfunk. Dazu habe ich Interviewern von der Süddeutschen Zeitung eigentlich alles gesagt: »Wenn der MDR eine Frau wäre, es wäre die Liebe meines Lebens gewesen.« Im November 2011 trat ich vorzeitig von meinem Amt zurück und bin seitdem im Ruhestand.

WAS ZU MEINEN GUNSTEN VORLIEGT:

Ich habe den MDR zu einem sehr erfolgreichen Sender gemacht.

In meiner Zeit beim Bayerischen Rundfunk habe ich einen jungen begabten Mann gefördert, sein Name ist Thomas Gottschalk.

Ich habe gelernt, mich als Ostdeutscher zu fühlen.

WAS ZU MEINEN UNGUNSTEN VORLIEGT:

Gegen Ende meiner Amtszeit gab es im MDR Skandale, die den Ruf des Senders erheblich beschädigt haben.

Ich habe Günter Jauch rausgeschmissen.

Und ich benutze das Wort Krüppel.
Ja, nur ich denke, diese Wortkosmetik, die zurzeit überall üblich ist und gemacht wird, die bringt in der Sache ja auch nicht viel. Früher war Krüppel möglicherweise mal ein Schimpfwort. Heute, lasse ich mir erzählen, ist »Behinderter« an die Stelle getreten als Schimpfwort. Also ich glaube, man gewinnt nicht viel, wenn man es weglässt. Ich verwende es ja nicht regelmäßig. Ich habe es einmal benutzt, als in Heidelberg ein paar Rollstuhlfahrer eine Band gegründet haben, da hat man dann einen Namen dafür gesucht und da habe ich vorgeschlagen »The Krüppel Brothers« (lacht). Und seitdem werde ich mit dem Wort in Verbindung gebracht.

DIE FIESEN SIEBEN

Wann haben Sie schon einmal damit angegeben, dass Sie »Ilias« im Original lesen können?
Erst seit Kurzem, weil ich es erst seit Kurzem versucht habe.

Was haben Sie, was Thomas Gottschalk nicht hat?
Wenig.
Irgendwas? Professorentitel zum Beispiel?
Ja, das stimmt. Professor und Doktor. Den hat er, glaube ich, nicht.

Welche Sendung des MDR hat Sie immer genervt?
Das will ich nicht sagen. Die gibt es immer noch.
Aber die nervt Sie richtig?
Die hat mich genervt. Aber das Programm muss ja auch nicht dem Intendanten gefallen, sondern dem Publikum.

Warum muss man erst alt werden, um das Programm des MDR gut finden zu können? Das Durchschnittsalter ist 61.
Sie wissen, dass der MDR das Dritte Programm mit dem jüngsten Durchschnittsalter ist? Die anderen sind höher. 61 ist das niedrigste. Also wir sind das jüngste Dritte Programm.
Aber bei Phoenix beispielsweise ist 57 das Durchschnittsalter. RTL: 41. Pro7: 35.
Ja, die Dritten Programme sind heimatverbunden. Und

Heimatverbundenheit ist nichts, was einen Siebzehnjährigen interessiert. Das kommt erst, wenn sie in mein Alter kommen. Dann werden sie das auch verstehen.

Wann sprechen Sie mehr die Mundart Ihrer Heimat: Wenn Sie getrunken haben oder wenn Sie wütend sind?
Ich fürchte, ich spreche sie ständig. Man sagt mir immer, man höre den schwäbischen Dialekt raus.
Ein kleines bisschen. Ich kann mir vorstellen, das geht noch viel stärker.
Wenn ich früher mit meiner Mutter geredet habe, bin ich in breitestes Bodensee-Schwäbisch gefallen, ja.

In welcher Situation haben Sie sich den Rollstuhl schon zunutze gemacht?
Also das erzähl ich mal aus der Sicht eines Dritten. Der Willy Hochkeppel beim Bayerischen Rundfunk hat immer zu mir gesagt: »Mensch, Reiter, seien Sie froh, Sie sind wenigstens unverwechselbar.«

Warum sind Intendantinnen, Herr Reiter, besser als Intendanten?
Das stimmt nicht. *(Pause)* Gleich gut.

WOLFGANG JOOP *Hier mal was ganz Neues:*
(2011 / 2013) *Wolfgang Joop kennt sich mit Kleidung aus. Klingt doof, zweifelsohne. Denn der Mann hat ohne Dynastie, ohne Geld, ohne Elite-Ausbildung seinen Nach-namen zu einer weltweit bekannt Modemarke gemacht. In unserer Öffentlichkeit rutscht aber immer wieder weg, was für eine außergewöhnliche Begabung für einen solchen Erfolg*

nötig ist. Vor allem schreibende Journalisten können schwer damit umgehen, wenn jemand schillert wie ein Wolfgang Joop. Es muss dann Häme her. Sonst halten sie nicht mehr aus, wie sehr sie gemeint sind, wenn Joop von Spießigkeit, modernem Biedermeier und Schlechtangezogenheit spricht. Wenn Spott nicht klappt, versuchen sie es mit Gerüchten aus dem Privaten.

Dabei kommt dann viel zu kurz, wie lehrreich es sein kann, wenn Wolfgang Joop über das »Halsloch« spricht. Die Stelle, an der der Mann aus dem Anzug herauszuragen beginnt. Das Revers sollte dort anliegen. Nicht abstehen und unnötigen Platz lassen. »Wenn man aus der Pubertät raus ist, sollte man Sachen tragen, die einem passen«, sagt Wolfgang Joop und müsste es nicht sagen, wenn diese Botschaft wirklich schon bei den meisten angekommen wäre. Wir fahren im Gespräch Achterbahn. Joop ganz oben, wenn er brillant erklärt, warum Haute Couture alt macht. Oder Joop im Tunnel der Erinnerung. Als Kriegskind eben auch nur ein Wolfgang, der nicht wusste, was er mit diesem Typen anfangen sollte, der nach Jahren aus dem Krieg kam und mit »Papa« angeredet werden sollte. Darauf folgt dann eine druckreife, kraftvolle Definition des Begriffes »Kitsch«. Aus dem Munde des Denkers Joop, der sich so gern als Quatschkopf oder Gossip-Natter verkleidet. Da aus meinem Halsloch manchmal auch nur ein kleinmütiger Journalist herausguckt, wollte ich ihn wenigstens auf dem Weg *zurück zu seiner Garderobe beim Altsein erwischen. Hat nicht geklappt. Der Mann federt. Wolfgang Joop kennt sich auch mit Haltung aus.*

DIE AKTE JOOP

Mein Name ist Wolfgang Joop. Ich bin 66 Jahre alt, *oh Gott, hört sich das an, als wenn ich gleich das Lied von Udo Jürgens singen müsste,* ich bin 66 Jahre alt, geschieden und Vater von zwei erwachsenen Töchtern. *Und Großvater von vier Enkelkindern.* Mein Lebensmittelpunkt ist meine Geburtsstadt Potsdam. Als ich zehn Jahre alt war, haben mich meine Eltern nach Braunschweig verschleppt. *Ist das mein Text? Weil, so habe ich das, glaube ich, auch mal ausgedrückt.*
Das gefiel mir damals überhaupt nicht. Allerdings habe ich dann in Braunschweig angefangen, Mode zu studieren. *Was nicht stimmt. Meine damalige Freundin und spätere Ehefrau Karin, die studierte Bühnenkostüm und Modedesign. Ich studierte Kunstpädagogik. Aber wir beide gewannen drei erste Preise in einem Nachwuchsdesignwettbewerb – oder kommt das gleich? Ach ja, ich lese mal weiter.*
Allerdings habe ich dann in Braunschweig *nicht* Mode studiert, *sondern Kunstpädagogik und Malerei.*
Zudem habe ich meine Frau Karin kennengelernt. *Das war kurz vor dem Studium, im letzten Jahr vor dem Abitur, wo sie mir dabei geholfen hat, Lateinvokabeln zu lernen.*
Mit ihr habe ich meine spektakuläre Karriere als Designer, Model und international agierender Geschäftsmann gestartet.

Vergessen haben Sie, dass ich Autor war. Ich habe einen Ro-
man geschrieben. Ich war sogar vorgesehen für den Deutschen
Buchpreis. Das habe ich erst bei YouTube erfahren. Und was
habe ich denn noch gemacht!? Ich war Honorarprofessor an
der UdK in Berlin, sieben Jahre lang. Meinen Vater hat das,
glaube ich, ins Grab gebracht, dass ich diesen Professorentitel
plus Rente abgegeben habe.

Momentan muss ich mich vor allem um meine Firma »Wun-
derkind« kümmern, weil die in Schwierigkeiten steckt.

WAS ZU MEINEN GUNSTEN VORLIEGT:

Ich bin schon seit meiner Jugend ein höchst begabter Zeich-
ner. *Zu meinen Gunsten, nicht nur, auch zu meinem Trost. In*
einsamen Stunden hatte ich immer einen Stift.

Man findet mich schön.

WAS ZU MEINEN UNGUNSTEN VORLIEGT:

Ich muss immer schön sein. *Ich wäre gern immer schön,*
würde ich mal korrigieren. Ich muss nicht immer schön sein,
also meine Umgebung verlangt das nicht von mir. Die ver-
langt eigentlich von mir, dass ich ein guter Vater bin, ein gu-
ter Großvater, was ich wirklich gerne wäre, aber wofür ich
nicht immer die Zeit habe. Ich wäre manchmal von Haus
aus gerne mutiger, denn ich fühle mich dazu gezwungen,
mutig zu sein.

Ich habe mich von der Modebranche fertigmachen lassen. *Nein! Nein, nie!*

DIE FIESEN SIEBEN (2011)

Was hat Hugo Boss, was Wolfgang Joop nicht hat?
Also Hugo Boss ist für mich eine Titanic, die einfach nicht untergeht. Das ist wie ein riesiges Schiff, und alles, was die machen, ist fantastisch. Aber es fehlt dort genau dieser charmante Fehler, den Wolfgang Joop hat.

Karl Lagerfeld, elf Jahre älter als Sie, hat gesagt, Sie sähen aus »wie eine alte Geisha«. Wie sieht Karl Lagerfeld aus?
Ich bewundere Karl Lagerfeld von Tag zu Tag mehr. Er hatte neulich bei Markus Lanz eine Hose an, da bekam ich beim Hinschauen schon Krampfadern und dachte: Für diesen Anzug brauche ich einen Schuhanzieher. Aber ich muss ganz ehrlich sagen: Jemand, der sich und diesen Modeplaneten so im Griff hat wie er: That's ruling!

Ihre Eltern sind beide über 90 Jahre alt geworden. Wie wollen Sie es hinbekommen, ein wunderschöner 85-Jähriger zu werden?
Oioioi, das ist eine furchtbare Frage. Ähm, wenn man mich vorher abholt, da oben, ist das auch okay. Denn ein wunderschöner 66-Jähriger zu sein, ist schon schwer. Die Befindlichkeiten nehmen zu, und die Phasen, in denen man nicht denkt, man wäre der Alte, die werden recht knapp. Aber ich sag Ihnen eins, ich bin Profi.

Was ist das Großväterlichste an Ihnen, Herr Joop?
Dass ich Geschichten erfinden könnte. Dass ich den Kindern so ein bisschen zeichnen beibringen könnte. Die ganzen Horrorgestalten, von denen sie mir erzählen, wirklich illustrieren, denn das macht sehr viel mehr Spaß. Als Kind habe ich mir nur die grausamsten von Grimms Märchen merken können und auch illustriert.

Wie lange brauchen Sie morgens im Bad?
Ehrlich gesagt gehe ich gar nicht ins Bad. In dem Haus, das früher die Engländer besaßen – das war die britische Militärmission hinter der Glienicker Brücke –, da war unten ein Schießstand drin. Die Basis, das Fundament fehlte, und es war zugelaufen mit Wasser. Das Haus rutschte bei jedem Regenguss ein kleines Stück näher an den Heiligen See. Als das Haus von Grund auf renoviert wurde, wurde mir unten ein Pool reingebaut. Ich springe morgens erst mal in den Pool.

Wann waren Sie das letzte Mal schlecht angezogen?
Immer, ehrlich gesagt. Ich habe mir noch nie etwas machen lassen.
Wirklich nicht? Sie haben noch nie etwas für sich schneidern lassen? Keinen Anzug, kein gar nichts?
Nein. Ich kann darüber nicht nachdenken, ehrlich gesagt. Ich bin ja damit beschäftigt, das zur Profession gemacht zu haben. Mir Kleidungskonzeptionen auszudenken für andere Leute. Ehrlich gesagt, bin ich auch nicht besonders an Modeprodukten interessiert. Ich gehe auch nicht shoppen oder so was.

DIE FIESEN SIEBEN (2013)

Wann waren Sie am schönsten? Oder sind Sie heute am schönsten? Sind Sie heute so schön wie nie zuvor?
In gewisser Weise würde ich dieses jetzt gern bejahen. Aus dem einfachen Grund, dass ich lerne, die innere Balance mit der äußeren auszupendeln. Ich glaube, das hat sehr viel mit Aura zu tun. Und nicht mit irgendeiner Verabredung, die Symmetrie verlangt, Glätte verlangt. Was uns berührt, ist ja auch die Balance, die man einnimmt und auch irgendwo hält. So finde ich auch Gesichter, die auf der Kippe liegen zwischen, wenn die Jugend vergeht und das Alter bereits kommt. So wie in der Natur auch: Die Stunden zwischen Morgendämmerung und Abenddämmerung find ich viel spannender als das grelle Licht.

Sie würden also sagen, eine Siebzehnjährige, bei der noch alles glatt und straff ist, interessiert mich nicht? Das ist Ihnen langweilig?
Doch, natürlich. Weil, wenn ich dreißig Mädchen über den Laufsteg schicke, möchte ich nicht, dass man sich mit einer Einzelnen total auseinandersetzt. Deswegen kommt mir zum Beispiel keine Claudia Schiffer auf den Laufsteg. Sie würde alle Aufmerksamkeit auf sich konzentrieren.
Es gibt doch so Fashiongesichter. Und das Fashiongesicht ist blank, ist weg, da ist nichts.
Ja, ich sage es noch mal: Das, was wir heute machen – meine Kollegen, die ich jetzt aufzählen würde an einer Hand, mit

denen ich mich vergleiche, wo es mich interessiert, was sie machen –, wir inszenieren jedes halbe Jahr mit einer Menge Aufwand eine Idee eines Menschenbildes. Als Protest gegen das alte Bild oder als Bestätigung eines alten Bildes und das mischt sich. Da mischen sich ähnliche Mädchen zu einem Frauenbild. So als wenn eine Frau hinterher sagt: Mensch, die sahen ja toll aus da im Fußballklub beim letzten Bundesligaspiel. Aber die einzelnen Beauty-Elemente der Männer mischen sich zu einer männlichen Idee, und diese Impressionen nimmt man mit nach Hause. Und so mache ich das auch mit den Mädchen. Wenn eines zu sehr heraussticht, ist das nicht gut: Eine ist kleiner als die anderen, eine hat mehr Busen. Es ist schon schwierig mit verschiedenen Hautfarben – am besten nimmst du alle, dann mischt sich das auch wieder zu einer.

Warum hat Peer Steinbrück die Wahl nicht gewonnen, obwohl er so gut angezogen war?
Es war nicht die Kleidung oder der Anzug, der nicht richtig saß. Es war das Gesicht, das entglitt. Und die Züge hat er nicht mehr in den Bahnhof gekriegt.

Aus Ihrem Buch hab ich gelernt, dass Sie kein Spezialist für Berührungen sind. An mehreren Stellen wird das erwähnt. Ist Ihnen ein Kuss lieber als Händchenhalten, weil es schneller geht?
Also Händchenhalten ist schon eine Sache für sich. In der Zeit als Teenager war ich so aufgeregt, dass ich immer Angst hatte, dass das Händchen nass wird. Es wurde dann dadurch tatsächlich nass. Und es gibt diese Küsse in meiner Branche, diese Luftküsse, die gar nichts bedeuten. Ja,

ich finde Küssen ist etwas Schönes, wenn man es mit der richtigen Person macht. Es ist aber auch etwas sehr Intimes. Also ich meine, heute, wo wir in einer Welt leben, in der Pornografie gesellschaftsfähig ist, mit aller Professionalität und Glätte, die dazugehört, ist ein Kuss eine wirkliche Ausnahmesituation.

Was ist an Ihnen opahaft, lieber vierfacher Großvater Wolfgang Joop?
Dass ich gut Geschichten erzählen kann. Ich kann sie aus dem Stegreif erfinden. Und ich zeichne grausame Märchenbilder mit meinen Enkelkindern.
Ihre Enkelkinder sagen nicht: Opa, die anderen Opas haben einen Bart und sehen alt aus.
Haben sie ja heut nicht mehr. Nein, nein. Heute haben die jungen Männer einen Bart und die alten keinen.

Unter welchem Kosenamen haben Sie am stärksten gelitten?
Also den blödesten fand ich – das war in Braunschweig, als man zu mir »Wolle« sagte.
Sie sind nichts so wenig wie »Wolle«, oder?
Nee, wie Wolle sehe ich mich überhaupt nicht. Ich sehe mich dann schon eher wie Leinen.
Obwohl Sie ja diese Phase hatten, wo Sie Holzpantinen getragen haben und kratzige Schaffellsocken, wo Sie die Schafe kannten, von denen die Wolle gewonnen wurde. Wie lange haben Sie das getragen? Mehrere Jahre.
Ja, lange, lange. Ich hatte das an meinem Großvater gesehen. Wir hatten wirklich eigene Schafe. Ich hab auch gesehen, wie sie geschoren wurden. Diese fettige Wolle hab ich

dann auch angefasst. Mein Gott, das war alles sehr haptisch in dieser Kindheit.

Finden Sie das dann nicht eigentlich besonders super, dass Sie heute so reich sind, Herr Joop? Wenn Sie sich überlegen, damals Schaffellsocken und Holzschuhe. Und heute? Und alles aus eigener Kraft. Sie haben ja nichts geerbt.

Nee, ich habe nichts geerbt. Und was zu erben war, lag in weiter, weiter historischer Zukunft, von der wir nicht wussten, ob sie jemals eintreten wird. Also, was zu erben gewesen war, lag in der DDR, in der Scholle, in dem Boden und in dem Geburtshaus. Gott sei Dank haben wir das zurückbekommen.

Noch einmal zur Schafswolle: Ich habe damals den Begriff des Marketings begriffen. Ich stand da auf dem Schulhof, und keiner sprach mit mir, weil ich nicht den schicksten Pullover von Peter Scott aus London anhatte. Ich trug noch nicht die Levi's-Jeans, sondern irgendein Idiot hatte mir eine Lee geschenkt – das war ja ganz falsch. Und dann trug man zu der Zeit vor allem entweder einen braunen oder blauen Trenchcoat aus Nylon. Aber: Das bisschen Abweichende macht Aufmerksamkeit.

Also die Schafswolle?!

Genau. Und dann bin ich ausgezogen. Und nahm aber, als Gegenwaffe zur der Schickimicki-Jugend dieser Zeit, die Waffen des Großvaters mit. Die handgestrickten Schaffellsocken, von denen ich die Schafe kannte, die naturfarbene Strickjacke mit so Holzknöpfen, mehrfach gestopft, ganz wichtig, und die Cordhosen und stellte mich einfach blasiert hin. Also wie ein Supermodel habe ich mich da hingestellt. Und alle dachten: Was bildet der sich ein, da muss doch was sein.

Das haben Sie mir beim letzten Mal erklärt. Dass es nicht darauf ankommt, dass die Klamotte unbedingt passt, sondern welche Haltung man dann einnimmt.

Worum beneiden Sie Ihre Hunde, Herr Joop? Sie haben zwei Hunde.
Ich beneide die Hunde darum, dass sie wirklich ihre Liebe nicht nachfragen müssen. Sie müssen um Liebe nicht betteln, sie müssen Liebe nicht verbalisieren. Sie leben sie einfach. Und ich beneide auch, dass jedes Tier sich dem Schicksal und dem Ablauf der Natur hingibt, ohne den Ablauf verändern zu wollen. Was wir Menschen unbedingt wollen.

CHRISTIAN *Ende Juli 2008 kam Quentin Tarantino*
BERKEL (2008) *nach Berlin, um »Inglorious
Basterds« zu drehen, und neben Brad Pitt sollten auch einige
deutsche Schauspieler besetzt werden.*
*Im Oktober liefen die Dreharbeiten, und Christian Berkel,
so hatten wir erfahren, war dabei. Wir luden ihn ein, um
darüber zu sprechen, wie es bei einer internationalen Groß-
produktion so zugeht. Und, zugegeben, wir hofften auf
die eine oder andere Tratschgeschichte über Brad Pitt und
Quentin Tarantino.*

Bei der Recherche für die Sendung stießen wir dann auf ein Detail in Berkels Biografie, das uns sehr schnell als weitaus interessanter erschien als aller Hollywoodklatsch.

Es war die Liebesgeschichte seiner Eltern, die Berkel dann in der Sendung erzählte. In den 30er-Jahren lernt sein Vater, damals siebzehn Jahre alt, seine Mutter, dreizehn Jahre alt, kennen. Und der verkündet dem Vater des Mädchens nach der ersten Begegnung: »Im Übrigen möchte ich Ihnen sagen, dass ich Ihre Tochter heiraten werde.«
Berkels Mutter ist Jüdin, die Familie emigriert 1938 nach Frankreich, wird jedoch in Paris gefangen und in das Konzentrationslager Gurs in den Pyrenäen deportiert. Ein Jahr muss sie dort bleiben, dem Mann einer Cousine gelingt es schließlich, sie herauszuholen. Berkels Mutter wird nach Deutschland abgeschoben – und taucht unter. 1944 trifft sie den Mann wieder, der sich auf den ersten Blick in sie verliebt hatte. Berkels Vater, mittlerweile Stabsarzt bei der Wehrmacht, hat Fronturlaub, »bei dem dann mein älterer Bruder entstanden ist«. Nach der Geburt des Jungen geht die Mutter 1945 nach Argentinien. Vier Jahre später wird Berkels Vater, der nichts von dem Kind weiß, aus russischer Kriegsgefangenschaft entlassen. Seine Jugendliebe findet er nicht wieder und heiratet eine andere.

1955 kommt die Mutter zurück nach Berlin. Sie findet
seine Nummer im Telefonbuch und ruft an. Nach über zehn
Jahren erkennt der Mann ihre Stimme zunächst nicht.
Christian Berkel schildert diesen Anruf so:
»Helfen Sie mir, haben wir irgendwas gemeinsam?«, fragte er
und sie sagte: »Ja, ein Kind.«
Die beiden treffen sich zehn Minuten später im Café
Kranzler. Er lässt sich sofort scheiden und tut das, was er
mit siebzehn versprochen hatte und was in der Nazidiktatur
unmöglich war: Er heiratet sie. Zwei Jahre später wird
Christian Berkel geboren.

Über den Tarantino-Film wurde dann nicht mehr gespro-
chen. Viel zu banal.

DIE AKTE BERKEL

Mein Name ist Christian Berkel. Ich werde in Kürze 51 Jahre alt. Ich bin zweifach geschieden, seit elf Jahren lebe ich mit Andrea Sawatzki zusammen. Unsere beiden Söhne heißen Moritz und Bruno. Mein Geburtsort ist Berlin, und hier gehöre ich mittlerweile auch hin. Seit meiner Kindheit wollte ich Schauspieler werden. Das hat besser geklappt, als ich jemals gedacht hätte, denn ich gehöre national zur Crème de la Crème und spiele international an der Seite von Leuten wie Brad Pitt. Das Geschäft läuft bestens.

WAS ZU MEINEN GUNSTEN VORLIEGT:

Beruflich kann mir keiner was vormachen. Schließlich habe ich mein Handwerk an Theatern wie dem Schauspielhaus Bochum, der Wiener Burg oder am Schillertheater in Berlin gelernt.

Ich habe in der ZDF-Serie »Der Kriminalist« einen neuen Typ von Ermittler entwickelt.

Ich schwimme nicht nur im deutschen Süppchen, sondern bin seit meiner Jugend auch in Frankreich zu Hause.

WAS ZU MEINEN UNGUNSTEN VORLIEGT:

Ich habe zu wenig Haare, um auch mal als zartfühlender Liebhaber besetzt zu werden.

Ich habe meinen Vater erpresst, um Schauspieler werden zu können.

Ich habe schon in Filmen mitgespielt, die »Blondine sucht Millionär fürs Leben« heißen.

DIE FIESEN SIEBEN

Wann haben Sie einem oder mehreren Ihrer Haare nachgeweint?
Nachgeweint … Ich glaube, ganz schlimm war das, als ich merkte, das kommt auf mich zu. So mit vierzehn, fünfzehn …
Da schon!
Ja, da war mir das klar. Ich wusste, mein Vater hat eine Glatze. Und die Geheimratsecken hat man ja normalerweise mit vierzehn, fünfzehn nicht, und da wusste ich, das wird mein Schicksal. Und ich dachte damals noch, oh wei, die ganzen Rollen, die ich gern noch spielen würde, das geht jetzt nicht mehr. Ich wusste ja damals noch nicht, wie das funktioniert mit dem Beruf. Da war ich sehr unglücklich, und das ging dann bis Anfang zwanzig.

Ihre Frau Andrea Sawatzki hat als Tatort-Kommissarin neunzig Minuten Sendezeit, Sie nur sechzig Minuten am Freitagabend. Was macht sie besser als Sie?
Hmmm, ich wusste nicht, dass das was mit besser oder schlechter zu tun hat. Aber die Frage, ob wir uns gegenseitig Konkurrenz machen, kommt ja oft. Uns wundert das immer. Wenn zwei Leute im selben Beruf vergleichbare Dinge machen, wäre das ja furchtbar, wenn die ständig konkurrieren würden oder sich gegenseitig die Quoten messen würden.

Wer riecht besser: Ihre Frau oder Ihre Kinder?
Das kommt auf die Situation an. Ich würde sagen: Alle drei riechen ganz besonders. Und ich hab ja auch an alle drei ganz unterschiedliche Anforderungen.

Inwiefern hat Ihnen Ihre Jugend in Frankreich geholfen, ein besserer Liebhaber zu werden?
Hat bestimmt geholfen, weil die Franzosen …
Jetzt machen Sie's aber spannend hier.
… weil die Franzosen in jeder Hinsicht das Vorspiel beherrschen. Und das meine ich nicht nur erotisch.

An welchen Stellen sieht man Ihnen Ihr Alter an? Denn ich finde, ich gucke hier in ein junges Gesicht. Gut, nun sind wir auch beide geschminkt, aber egal. Ich finde einfach, man sieht Ihnen im Gesicht nicht Ihr Alter an.
An welchen Stellen? Ich hoffe, man sieht es mir insgesamt so an, wie es dem Alter entsprechend ist. Darüber hab ich noch nie nachgedacht.

Sie spielen in dem neuen Tarantino *Inglourious Basterds* einen Franzosen in einem US-Film. Warum dürfen Sie nicht einen Franzosen in einem französischen Film spielen?
Das wüsste ich auch gern.
Was ist da los mit den Franzosen? Sie lieben das Land, Sie sprechen die Sprache, warum holen die Sie nicht?
Ich würde das nicht den Franzosen anlasten. Ich glaube, dafür müsste ich da mal hingehen, da leben.
So engstirnig sind die da?
Ich glaube, so ist es überall. Wenn jemand in Deutschland spielen will, muss er auch hier sein.

Wie würden Sie den Monster-Wels im Schlachtensee zubereiten, wenn es Ihnen gelänge, den Fisch zu fangen? Das wissen die Leute außerhalb Berlins vielleicht nicht: Sie wohnen am Schlachtensee, und da gibt es immer im Sommer angeblich einen Riesen-Wels, der schon Schwimmer gebissen haben soll. Wissen Sie auf Anhieb, wie Sie den zubereiten würden?

Na ja, in Alufolie würd ich den machen.

Der soll drei Meter lang sein.

Gut, dann ist mein Ofen vielleicht nicht groß genug.

Aber Sie haben den noch nie gesehen?

Nein. Aber er vielleicht mich.

ROLAND HETZER (2014) *»Herr Hetzer – wie viele Herzen haben Sie in den Händen gehalten?« – »Vielleicht zehn- bis fünfzehntausend«, sagt einer der besten Herzchirurgen der Welt, und er meint das natürlich wörtlich. Im Studio breiten sich Verblüffung und leichte Schauer aus. Und der Moderator ist für einen Moment sprachlos. »Ich kann mir schwer vorstellen, wie das ist, einen Brustkorb zu öffnen und ein Herz herauszuholen. Als Sie im Juli 1983 Ihre erste Herztransplantation durchgeführt haben, was war das für ein Gefühl?« – »An diesem Tag ging ich in die Klinik und habe dort einen Leberchirurgen getroffen, der mir eine*

Organspenderin vorgestellt hat. Und der hat mich gefragt, ob ich das Herz transplantieren möchte. Wir hatten natürlich Patienten, die haben darauf gewartet. Und dann wurde die Operation vorbereitet und war im Laufe des Abends fertig.«
Die nüchterne Abgeklärtheit, mit der Roland Hetzer über seine Arbeit berichtet, ist das Faszinierende an diesem hochauflösenden Experten. Sehr beruhigend, dass es Menschen gibt, die Lebensrettung ganz und gar undramatisch zu ihrer Aufgabe gemacht haben.

DIE AKTE HETZER

Mein Name ist Roland Hetzer, ich bin siebzig Jahre alt und Vater von drei erwachsenen Kindern. Mein Geburtsort hieß 1944 noch Neuhammer, heute ist die Stadt ein Ort in der Tschechischen Republik und heißt Nové Hamry. *Richtig.* Da wir dort nach dem Krieg nicht bleiben konnten, siedelten wir nach Augsburg um. Dort ging ich auch zur Schule. *Ist richtig.* Mein Medizinstudium habe ich in Mainz begonnen und an der Universität in München abgeschlossen. 1970 erhielt ich die erste Approbation. Allerdings habe ich nach einer Zeit in San Francisco und an der Stanford-Universität auch noch ein amerikanisches Examen abgelegt. *Das ist richtig.* Seit 1977 bin ich Facharzt für Chirurgie und seit 1979 habilitiert. Im August 1983, *im Juli,* habe ich in Hannover zum ersten Mal ein Herz verpflanzt. Ich war auch der erste Mediziner, der 1987 in Berlin ein Herz transplantiert hat. *Das ist nicht ganz richtig. Emil Bücherl hat schon mal 1969 ein Herz in Berlin transplantiert.*

WAS ZU MEINEN GUNSTEN VORLIEGT:

Ich bin einer der besten Herzchirurgen der Welt. *Hmm. Das ist schon ziemlich viel.*

Seit seiner Gründung im Jahr 1986 bin ich ärztlicher Direktor des Deutschen Herzzentrums Berlin. Dank mir hat es einen weltweit einzigartigen Ruf. *Nun, nicht nur allein durch mich. Da haben viele Leute mitgewirkt.*

Mir ist es zum ersten Mal auf der Welt gelungen, einem Kind ein Kunstherz einzupflanzen. *Ja, das stimmt.*

WAS ZU MEINEN UNGUNSTEN VORLIEGT:

Ich mache einen charmanten Eindruck, kann aber sehr uncharmant werden, wenn mir irgendetwas zu lang dauert. *Ja, okay.*

Ich glaube nicht, dass medizinischer Fortschritt möglich ist, wenn Ärzte nur acht Stunden am Tag arbeiten. *Das ist leider meine Überzeugung.*

Ich gehe in den Ruhestand, obwohl ich dazu viel zu fit bin. *Na ja, ich gehe in eine neue Phase des Lebens.*

DIE FIESEN SIEBEN

Warum fühlt sich eine Leber besser an als ein Herz?
Das verstehe ich nicht.

Das ist jetzt nur eine Unterstellung von mir. Ich würde annehmen, eine Leber fühlt sich besser an. Fühlt sich eine Leber besser oder schlechter an?
Ich glaube, man kann nicht sagen, gut oder schlecht. Sie fühlt sich anders an.

Wann ist Ihnen zum letzten Mal aufgefallen, dass Sie gerade als Halbgott in Weiß angeschwärmt werden? Ich meine, so ein Klinikdirektor …
Ja also, mir ist nicht bewusst, dass ich angeschwärmt werde. Aber ich weiß natürlich, dass vor allen Dingen Patienten mitunter einen gewissen Respekt haben vor so einer Person.

Wann haben Sie einmal ein Herz gebrochen?
Das weiß ich nicht genau *(lacht)*.

Das wissen Sie nicht? Wie war das als junger Student, in den späten 60er, 70er Jahren?
Ich weiß nicht, ob jemand einen großen Schaden genommen hat.

War denn Ihr Herz jemals gebrochen?
Jaaa, als ich jung war, sicher.

Was ist toller am Dasein als Klinikdirektor: der Parkplatz vor der Tür oder das viele Geld?

Ich glaube, weder das eine noch das andere ist das Entscheidende. Der Parkplatz vor der Tür ist natürlich praktisch. Und wenn man gut verdienen kann, ist das auch nicht schlecht.

Wann haben Sie zuletzt eine sudetendeutsche Spezialität gegessen? Der Ort, in dem Sie geboren sind, gehörte zum Sudetenland.

Ich hab zum letzten Mal böhmische Knödel gegessen vor …

Ach, das ist schon eine sudetendeutsche Spezialität? Ich habe jetzt nicht darüber nachgedacht, was es sein könnte. Können Sie diese auch selber machen?

Ich könnte sie selbst machen. Aber das ist eine Menge Arbeit.

Also, wann hatten Sie sie zum letzten Mal?

Das letzte Mal … ich glaube, vor vier Wochen oder so.

In welcher medizinischen Disziplin hätten Sie mehr Versagensangst: Psychiatrie oder HNO? Wenn Sie selber einspringen müssten?

HNO.

Psychiatrie würden Sie sich zutrauen?

Ja. Also, zum einen hat mir Psychiatrie immer gut gefallen.

Warum hat es Ihnen gut gefallen?

Ja, als Student schon. Ich sage mal, in die Tiefen der menschlichen Seele einzusteigen, ist sehr faszinierend. HNO ist nie mein Fall gewesen.

Vor welchen medizinischen Untersuchungen fürchten Sie sich selbst, wenn Sie Patient sind, mehr: vorm Zahnarzt oder Urologen?

Also, ich habe keine Erfahrung mit Urologen bisher.

Sie haben keine Erfahrung? Aber Sie wollten doch mal Urologe werden.

Ja, aber ich habe keine eigenen Erfahrungen damit.

Das ist nicht wahr.

Doch.

Aber Herr Professor, das ist jetzt ganz schlecht für die Gesundheitserziehung der Menschen. Man soll doch zu Vorsorgeuntersuchungen gehen. Selbst ich war schon bei der Vorsorgeuntersuchung. Seitdem geh ich gern zum Zahnarzt.

Da haben Sie recht.

Das ist einfach nicht schön. Also deswegen sind Sie nicht hingegangen, weil Sie wissen, was Sie dort erwartet.

Das stimmt, ja.

Und Zahnarzt?

Na gut. Ab und zu muss der Mensch zum Zahnarzt gehen. Aber ich bin da ein Feigling.

Sie sind ein Feigling?

Ja.

Ich frage mich das immer, wenn eine Kapazität von Mediziner zu einem anderen Mediziner gehen muss, weil es nun mal nicht anders geht – wie zum Zahnarzt. Merken Sie das dann auch, dass der andere sich denkt, ach du großer Gott, jetzt ist hier der Super-Herzchirurg, na toll. Merken Sie das?

Ich glaube, mein Zahnarzt hat nicht so viel Respekt vor mir.

HARALD *2008 fand die Fußball-Europameisterschaft*
KRASSNITZER *in Österreich und der Schweiz*
(2008) *statt. Also direkt um die Ecke. Das wollten wir nutzen, um die Gastgeberländer genauer zu untersuchen. Wir verabredeten uns mit Gästen in ihren Heimatländern und baten sie, uns Orte zu zeigen, die ihnen etwas bedeuten. Harald Krassnitzer wollte sich mit uns in Grödig treffen, seinem Heimatdorf im Salzburger Land. Dort gäbe es den zugehörigen Untersberg. Ein sagenumwobener Berg, der eine tolle Kulisse für ein schönes Gespräch böte. Wir waren begeistert: ein Interview auf einer Alm, womöglich mit Kühen drauf. Ein beruhigend murmelnder*

Gebirgsbach, der sich hinunter ins Tal schlängelt. Im
Hintergrund ein Dorf mit Zwiebelturmkirche. Eine tolle
Sache.

Wir verabredeten uns an der Gondelstation. Harald Krass-
nitzer erschien pünktlich und zog aus dem Kofferraum eine
sehr dicke Outdoorjacke und sehr feste Wanderschuhe. Der
leicht ungläubige Blick auf unsere Sommergarderobe und
den Anzug des Moderators hätte uns auffallen können,
aber wir waren zu beseelt vom bevorstehenden Ausflug auf
die Alm.

Die Gondel schlingerte in rasantem Tempo los. Hinein in
dichten Nebel. Schroffe Gebirgswände tauchten vor uns auf,
wir schwebten über Abgründe, die ausgelassene Klassen-
fahrtstimmung war einem leicht beklommenen Schweigen
gewichen. Einzig Harald Krassnitzer hatte beste Laune.
Oben angekommen, standen wir in dichtem Nebel auf einem
tief verschneiten Gebirgskamm. Bis zum Gipfel wäre es
nicht weit, verkündete Bergführer Krassnitzer und stapfte
los. Wir stolperten mit den Kameras, dem Lichtkoffer, den
Stativen durch den Schnee hinterher. Nur schemenhaft
waren die anderen zu erkennen, an ein Fernsehinterview
war nicht zu denken. In dieser Unwirtlichkeit hätten wir
den Luis-Trenker-Klassiker »Die weiße Hölle vom Piz Palü«
nachstellen können. Die zugehörige Lawine würde bestimmt

auch nicht mehr lange auf sich warten lassen. Während wir
knietief in Schneewehen versanken und zunehmend hektisch
nach einer geeigneten Interviewposition suchten, strahlte
Krassnitzer, freute sich an der schönen Luft, fand alles
»herrlich« und versicherte, dass es »noch aufziehen« würde.
Was ihm natürlich niemand glaubte.
Nach zwei Stunden in dicker grauer Watte ging es plötz-
lich ganz schnell. Der Nebel verflog, ein beeindruckendes
Panorama tat sich auf. Rundum blauer Himmel, gezackte
Bergspitzen – sensationelles Motiv, tolles Interview.

»Der Untersberg ist 1973 Meter hoch. Den Gipfel erreichen
Sie mit der beeindruckenden Untersberg-Seilbahn. In nur
15 Minuten überwindet sie einen Höhenunterschied von
1320 Metern.« (www.groedig.net)

DIE AKTE KRASSNITZER

Heute gibt es keine Akte, dafür ist es hier oben zu kalt. Ich stelle Ihnen meinen Gast kurz vor: Harald Krassnitzer, 57 Jahre alt, formal ledig, lebt schon seit Jahren an der Seite der bezaubernden Schauspielerin Ann-Kathrin Kramer. Zusammen mit ihr und dem Sohn Leonhard wohnt er mittlerweile in Wuppertal.

DIE FIESEN SIEBEN

Wie viel Mal am Tag haben Sie in Wuppertal Sehnsucht nach St. Leonhard, Grödig oder hier dem Untersberg?
Nie.
Nie? Wie kommt das?
Na, weil ich ja auch regelmäßig immer herkomme. Ich besuche meine Mutter ab und zu und bin ja auch gut ein Drittel des Jahres hier.

Wann haben Sie das letzte Mal viel zu viel geredet? Ihre Mutter hat ja auch gesagt, der Harald war ein Schweiger.
Jetzt zum Beispiel.

Was ist an Österreich für Sie am schwersten erträglich?
Das Wissen, dass Österreich eigentlich ein wunderschönes Land ist, aber trotzdem ein Land ist, das nicht sonderlich innovativ ist und immer noch an Traditionen und Dingen festhält, wo ich mir denke, das kann nicht sein! Dass es sich wahnsinnig schwertut mit innovativen Ideen.

Sie haben angekündigt, Sie würden Ihre Freundin verlassen, wenn sie sich für den Playboy auszieht. Was müssten Sie selbst machen, damit Ihre Freundin das Recht hat, sich von Ihnen zu trennen, ohne dass Sie böse sein können?
Wahrscheinlich mich auch im Playboy ausziehen.

Gibt es irgendwo Nacktbilder von Ihnen, Herr Krassnitzer?

Nein, Gott sei Dank nicht.

Was wäre an Ihrem Leben schlecht, wenn Sie die Schauspielerei als Hobby in der Laienspielgruppe weiter betrieben hätten und jetzt Ihre eigene Spedition in Salzburg, in Grödig oder irgendwo hier in der Umgebung hätten?

Das gibt's nicht.

Ist unvorstellbar?

Ist unvorstellbar, ja.

Es war so sehr nicht Ihr Ding …

Ich bin ja dann auch rausgeflogen als Speditionskaufmann und war sicherlich einer der schlechtesten Speditionskaufleute Mitteleuropas, wenn nicht sogar Europas. Da hätte ich bestimmt was anderes gemacht. Das ist eine so hypothetische Frage, mich damit zu beschäftigen, macht mir direkt einen Alb im Bauch.

Wann schreiben Sie Ihr erstes Buch und worum geht's?

Ich werde nie ein Buch schreiben, glaub ich. Ich find das auch … Ich wüsste jetzt auch nicht, was ich in mein Buch schreiben könnte. Ich habe noch nicht das Gefühl, gesellschaftliche Leistungen oder Errungenschaften in diese Welt gesetzt zu haben, die in einem Buch nennenswert wären.

Die Gaby-Geschichte aus »Der Pater Noster« vielleicht?

Das wäre eine Kurzgeschichte.

Mit welcher Kollegin würden Sie gerne mal eine Liebesszene spielen?

Jetzt sind Liebesszenen ja das Schlimmste, was einem Schauspieler blühen kann, mir zumindest. Ich hasse das wie die Pest. Und wenn ich eine machen müsste, dann würde ich sie mit Susanne Lothar machen oder mit Martina Gedeck.

Weil Sie sich von dem Humor der Damen aufgefangen fühlen?

Nein, weil ich wüsste, dass die so professionell damit umgehen, dass das dann einfach Arbeit ist, und wirklich gute Arbeit. Dass man sagt, man fängt sich da gegenseitig auf. Ansonsten sind Liebesszenen Horror für mich.

KLAUS WOWEREIT *Es ist sehr gut, wenn jemand* **(2005 / 2006 / 2011 / 2014)** *zur Selbstkritik in der Lage ist. So was lesen Sie regelmäßig in Politikerporträts, die Journalisten schreiben. Damit ist gemeint, Politiker sollen immer wieder hart mit sich selbst ins Gericht gehen, dann sind sie womöglich gute Politiker. Journalisten sind hingegen so gut, dass sie Selbstkritik nicht nötig haben. Lange Artikel, in denen ein Medienmensch einen Irrtum*

bekennt? Bücher, womöglich in der Empörungsabteilung, in denen die Branche mit ihren kapitalen Fehlern abrechnet? Schwer zu finden. Stattdessen hängen sich vor allem die »investigativen«Reporter auf quasi-katholische Weise ständig gegenseitig einen Heiligenschein um. Gleichgültig, wie oft ihnen vor Gericht Schlamperei nachgewiesen wird. Heribert Prantl von der Süddeutschen Zeitung schreibt immer noch wie eine moralische Instanz. Auch wenn er, logischerweise folgenlos, für eine Geschichte ein Abendessen mit dem Präsidenten des Verfassungsgerichts schlicht erfand.

Unsere Sendung haben wir fehlerhaft begonnen. Wir sind mittlerweile erfahrener, balancierter und geschmackssicherer. Aber wir machen weiterhin Fehler. Ich als Moderator vorneweg. Die erste und beinahe schon größte Lektion habe ich von Klaus Wowereit gelernt. Dabei kam der gar nicht in die Sendung, um mich zu unterrichten. Er war als Regierender Bürgermeister unseres Aufzeichnungsortes auch als Taufpate für unsere damaligen Goldfische geladen. Aber auch als politischer Gesprächspartner. Damals waren noch nicht zig Milliarden in Schönefeld vergraben. Klaus Wowereit hatte nicht nur Leute wie mich, die ihn gerne wählten. Sondern regelrechte Fans. Er wurde mit Recht für kanzlertüchtig gehalten, und seine machtarroganten Zickigkeiten kamen viel später. Keine Ahnung, welcher wilde Hahn mich damals ritt, aber ich wollte im Gespräch mit diesem

Publikumsliebling meine Kontur als harter politischer

Frager schärfen. »Wie leben Sie damit, dass Sie der Chef

der brutalsten Polizei Deutschlands sind?«, blaffte ich ihn

ungefähr zur Halbzeit unserer ersten gemeinsamen Sendung

an. Zuerst verwandelte sich Klaus Wowereit in ein einziges

Fragezeichen. Was will denn dieser Mann, schien er sich

selbst einen Reim machen zu wollen. Ehe er in einen Modus

umschaltete, der bei ihm, wie bei jedem Geburtsberliner,

breit wie der Tempelhofer Damm auf der DNA angelegt ist:

Komm mir doof, ich komm dir doofer!

Klar, ich hatte Einzelbeispiele für Brutalitäten der Berliner

Polizei. Die aber gar nichts belegten. Außer dass Polizisten

einer Hauptstadt mit dreieinhalb Millionen Einwohnern

heftige Herausforderungen zu gewärtigen haben.

Was hätte er denn eigentlich auf diese Frage antworten

sollen? »Klar, die sind echt brutal, die Jungs und Mädels, ich

steh drauf«?

Wenige Wochen später haben wir einen leitenden Polizisten

eingeladen, der die Entschuldigung eines zerknirschten

Moderators annahm und sich angemessen kritisch befragen

ließ.

Klaus Wowereit kam noch dreimal wieder. Als triumphal

wiedergewählter Regierungschef. Als leicht genervter Amts-

inhaber, dessen Bürgern seine Flapsigkeiten nicht mehr reichten. Als Zurücktretender, der entspannt einräumte, was er nicht so gut gemacht hat.

Journalisten haben ihn mitleidslos runtergeschrieben, je größer das Debakel am Flughafen Schönefeld wurde. Um dann zu behaupten, er sei unersetzlich, als er seinen Rücktritt angekündigt hatte. Wie immer, ohne dass am Wege irgendein Journalist geirrt hätte.

Ein lässiger Politiker, der den Zahlenmensch, der er ist, hinter seinem Charme verbergen kann. Ein Genießer, in dessen Gesellschaft niemand sagen wird, die nächste Flasche möge mal besser geschlossen bleiben. Ein beinahe fiebriger Lokalpatriot, der das Großmaul unter den deutschen Städten für eine Metropole hält. Wer könnte bestreiten, dass Klaus Wowereit ein Gast mit Charakter ist? Selbstkritik mag gut sein. Sie wird sich in diesem Leben nicht zu Wowereits Spezialitäten entwickeln. Aber er hat niemals einen Zweifel gelassen, dass er mit sich einen Menschen in die Öffentlichkeit stellt.

Also ein zwangsläufig fehlerhaftes Geschöpf. Und damit einen guten Politiker.

DIE AKTE WOWEREIT

Mein Name ist Klaus Wowereit. *Das stimmt schon mal.* Ich werde in ein paar Tagen 53 Jahre alt und feiere auch diesen Geburtstag als Regierender Bürgermeister von Berlin. *Ist korrekt.* Es gibt bei mir keinen wichtigen Lebensabschnitt, der nicht mit Berlin verbunden ist. Ich bin im Bezirk Tempelhof als jüngstes von fünf Kindern aufgewachsen. Als Neunzehnjähriger bin ich in die Berliner SPD eingetreten. *Ich glaube, es war als Achtzehnjähriger.* In der Freien Universität Berlin habe ich mich zum Volljuristen ausbilden lassen. Mit 31 – *mit 30 Jahren* – war ich als Bildungsstadtrat im Bezirk Tempelhof der jüngste Dezernent der Stadt. Seit 2001 regiere ich nun die deutsche Hauptstadt. Meiner Meinung nach die einzige deutsche Metropole, die es mit Städten wie Paris oder New York aufnehmen kann. Um irgendwelchen Medienveröffentlichungen zuvorzukommen, habe ich mich im Jahre 2001 als schwul geoutet. Deswegen ist mein Privatleben aber gewiss keine öffentliche Angelegenheit. Allerdings darf gerne jeder über mich wissen, was ich gerne koche und dementsprechend gerne gut esse. Spiele Golf, reise mit Begeisterung richtig weit weg und bin Opernfreund. Es kommt mir also persönlich entgegen, dass es in Berlin drei Opernhäuser gibt. *Die Neuköllner Oper nicht zu vergessen, dann sind es vier.* Ob das auch so bleibt, würde ich als Regierender bestimmt nicht versprechen. *Ist falsch, also es soll dabei bleiben.*

DIE FIESEN SIEBEN (2006)

Warum ist der SPD-Vorsitzende Kurt Beck aus Ihrer Sicht ein attraktiver Mann?
Weil er Glaubwürdigkeit ausströmt und deutlich macht, dass er für eine glaubwürdige Politik steht.
Ich meinte jetzt eher äußerlich.
Ja, das ist ja sein Sexappeal.

Warum ist Ihnen der US-Präsident George Bush unsympathisch? Dem mussten Sie, glaube ich, auch schon Guten Tag sagen, als er hierherkam.
Ah, der ist mir erst mal als Person nicht unsympathisch. Was mir unsympathisch ist, ist seine Politik, die er macht.

Bei wem müssen Sie sich alsbald entschuldigen, weil Sie ihn oder sie herablassend behandelt haben?
Hmm, fällt mir gar keiner ein.
Da gibt es rund um das Fernsehduell im rbb diese Geschichte von der DPA-Korrespondentin, der Sie gesagt haben sollen …
Mit der habe ich schon gesprochen. Das war auch gar nicht so gemeint. Also sie hat es in den falschen Hals bekommen. Aber wir haben schon wieder …
Und die Kollegen haben es alle fleißig mitgeschrieben.
Das ist ja ganz klar, dass sie das alle mitschreiben. Aber wir haben das hoffentlich schon wieder ausgeräumt. Also ich

hab mit ihr am Wahlabend darüber auch noch mal gesprochen. Hab ihr auch gleich wieder ein Interview gegeben.

Also, da ging es nur darum, dass Sie sie ermahnt haben sollen – für alle diejenigen, die es nicht gesehen haben. Es war jetzt nichts Krasseres.

In welchem Berliner Stadtteil würden Sie lieber wohnen: Im Wedding oder in Hellersdorf?

Halensee.

An Ihrem sechzigsten Geburtstag in sieben Jahren, wo werden Sie da stehen: auf dem Höhepunkt Ihrer politischen Karriere oder kurz vor der Rente? Sie haben es vorhin kurz angesprochen.

Ich weiß es nicht. Hoffentlich gesund, aufrecht *(lacht)*.

Herr Wowereit, das ist doch keine Antwort.

Doch, das ist eine Antwort.

Sie haben bei Sabine Christiansen gesagt, Politiker müssen ehrlich sein.

Ja, das ist ja ehrlich. Erst mal muss man gesund bleiben. Sonst steht man gar nicht mehr.

Sie haben es doch bis zum 53. Lebensjahr prima gesund durch diese …

Ja, aber das sind noch sieben Jahre. Das ist noch eine lange Zeit.

Inwieweit entspricht die Austernbar am neuen Berliner Hauptbahnhof Ihrer Vorstellung eines neuen Berlin?

Gar nicht. Aber es gehört offensichtlich dazu.

An welchen bevorstehenden offiziellen Termin denken Sie jetzt schon mit Schaudern?

Ich überlege gerade, welcher offizielle Termin … Ähh, an den Landespresseball.

Warum das denn?

Das können Sie sich selber beantworten, glaub ich.

Ja, aber die Zuschauer würden es gerne wissen.

Na, weil man immer so denkt, dass das so 'ne schöne Veranstaltung ist, so eine schöne Party ist. Das ist richtig Verpflichtung.

Eine richtige Verpflichtung. Mit Smoking, mit Fliege, mit allem.

Mit allem Drum und Dran.

Wann dürften Sie als Bürgermeister frühestens gehen? Ich meine, bei anderen Leuten kriegt das ja keiner mit, wenn sie einfach abhauen. Bei Ihnen merkt man es ja.

Na ja, ich darf ja jetzt so früh gehen, wie ich will – weil jeder denkt, ich bin eh bis zum Schluss da.

Ausgezeichnet.

DIE FIESEN SIEBEN (2011)

Wenn Sie mit der S 9 nach Schönefeld fahren, welche Station kommt nach Ostkreuz?

Mit der S 9 nach Schönefeld …

Sie fahren nach Schönefeld, Ostkreuz ist vorbei, dann kommt?

(Klaus Wowereit holt einen BVG-Plan aus seiner Innentasche)

Nein!

Ich wusste, dass so eine Frage kommt! Und deshalb habe ich doch, weil Sie immer solche Fragen stellen, ich nehme an, Sie wollen es für sich wissen. Schauen Sie *(reicht Jörg den aufgefalteten Plan rüber),* hier ist der schöne Plan, gucken wir mal rein. Darf ich Ihnen den überreichen?

Vielen Dank. Den will ich aber nachher signiert haben.

Weil hier doch jedes Mal die Frage kommt nach den Fahrplänen.

An welcher Berliner Straße hat Robert Musil zwischen 1931 und 1933 seinen legendären Roman »Mann ohne Eigenschaften« geschrieben? Und das wusste sogar ich als Zugereister!

Echt? Ich weiß das nicht.

Doch! Kurfürstendamm 217! Da hängt nämlich eine Tafel.

Da können Sie mal sehen. Und das bei 125 Jahren Ku'damm.

Welcher Bezirk ist flächenmäßig größer – Treptow-Köpenick oder Steglitz-Zehlendorf?

Treptow-Köpenick.

Völlig richtig. 168,42 Quadratkilometer im Vergleich zu Steglitz-Zehlendorf mit 102,5 Quadratkilometern.

Das denkt man immer nicht, ne?

Wann hat Renate Künast Geburtstag – im September oder im Dezember?

September.

Falsch. 15. Dezember.

Gut.

Welcher Flughafen hat mehr Passagiere, John F. Kennedy in New York oder Rhein-Main-Flughafen in Frankfurt? Weil Sie grad die Zahlen so satt hatten …

Hmm. Also Rhein-Main müsste so über 50 Millionen haben, und ich unterstelle mal, JFK hat mehr.

JFK hat weniger. Jetzt überlege ich grade, ob Sie da einen Extrapunkt dafür kriegen, dass Sie Frankfurt fast richtig geraten haben – 53 Millionen. Da denke ich mal über einen rbb-Kugelschreiber nach.

Welcher Frauenname heißt übersetzt: »Die Schöne ist gekommen«?

Die Schöne ist gekommen?

Ja, Sie kennen die Frau, die so heißt. Hundert Prozent.

Bella?

Nein. Als Tipp, ich sage Ihnen, Sie kennen die Frau, Herr Wowereit. Sie haben die schon gesehen. Die Schöne ist gekommen.

Die Schöne ist gekommen.

Sie können um die Frau drum herumgehen.

So groß?

Die Frau heißt Nofretete.

Jetzt kommt eine wirklich fiese Frage, auf die ich mich die ganze Zeit schon gefreut habe.

Was heißt hier eine? Das sind nur fiese Fragen!

Wie heißt der Bürgermeister von Berlins Partnerstadt Peking?

Ach ja.

Der hat einen ganz einfachen Namen, Herr Wowereit. Der heißt Guo Jinlong.

Nicht Li?

Wie läuft das, bevor Sie da hinfahren …

Die haben einen Neuen da.

Der ist noch nicht so lange im Amt, stimmt. Deswegen ist auch die Frage so fies. Aber wie läuft das: Sie bekommen da so eine Mappe, da steht dann alles drin?

Ja, genau. Aber man muss sich nicht mit Namen ansprechen. Man sagt dann halt »Herr Kollege«, und schon ist das einfacher.

DIE FIESEN SIEBEN (2014)

Warum werden Sie nicht UNO-Generalsekretär, weil Sie keine Lust haben oder Ihr Englisch nicht gut genug ist?

Ich nehme mal an, weil ich gar nicht gefragt werde.

Wie? Was? Gar nicht gefragt?

Na ja, da muss ja einer ein Jobangebot machen.

Ja, aber so läuft's doch nicht.

Doch, so läuft das, natürlich.

Da müssen Sie anrufen … Sie rufen bei der Bundeskanzlerin an, liebe Angela, kannst du mal …?

Ich möchte jetzt UNO-Generalsekretär … Vielleicht möchte sie es ja selber werden, das weiß man nicht.

Wie ist das eigentlich, wenn Sie etwas von ihr wollen würden. Rufen Sie dann an und sagen, liebe Angela?

Wir siezen uns, also dann würde ich sagen, liebe Frau Bundeskanzlerin.

Wenn Sie das so schon sagen, klingt das schon ein kleines bisschen … so hämisch.

Nö, nö. Wir haben da einen ganz guten Ton miteinander. Ich glaube, das funktioniert schon.

Werden Sie eher abnehmen oder aus Gemütlichkeit zulegen?
Äh, abnehmen. Das ist zumindest die Absicht.
Warum?
Na, weil ich erstens hoffentlich mehr Sport machen werde und tatsächlich das als Plan auch habe, mal wieder ein paar Kilos abzuspecken.

Werden Sie ohne Macht attraktiver oder unattraktiver?
Für einige Leute vielleicht unattraktiver, für die Leute, die mich mögen, bleibe ich gleich attraktiv.

Werden Sie in Berlin bleiben oder doch lieber nach New York ziehen?
In Berlin.

Würden Sie eher mehr Gartenarbeit machen oder einen Gesangskurs?
Weder noch. Ich hab jetzt keinen Garten, sonst hab ich gerne Gartenarbeit gemacht, als ich noch einen Garten hatte. Es macht mir auch viel Spaß.
Sie könnten sich einen suchen.
Ja, jetzt so eine Laube da irgendwo mit Garten such ich mir jetzt bestimmt nicht.
Doch, das wäre ja so ein toller Skandal. Das sollten Sie machen, ein Schrebergarten in der Nähe vom BER.
Was ist denn daran ein Skandal?

Wenn Sie in der Nähe vom Flughafen …

Na und? Da ist es doch auch schön, wenn der Garten schön ist.

Die Schlagzeile kennen Sie so gut wie ich.

Ja, aber das Schöne ist ja, dass diese Schlagzeile mich dann nicht mehr tangiert.

Glauben Sie, das tangiert Sie dann echt nicht mehr?

Nö.

Wie werden Sie als Ex-Bürgermeister von sich hören lassen? Als Kolumnist wie Eberhard Diepgen oder als Buchautor wie Ole von Beust?

Na ja, ich weiß ja, dass da einige schon ein bisschen zittern, ist ja klar, wenn jetzt noch ein Ex-Regierender Bürgermeister kommt. Aber wir haben uns so verständigt, dann muss eben ein bestimmtes Medium drei Kolumnen ertragen von drei Regierenden Ex-Bürgermeistern, das geht ja auch.

Es ist viel Platz. Also ich habe letztens mit dem Ex-Bürgermeister Walter Momper an einer Weinprobe teilgenommen, wo er Weinbotschafter war. Es war eine sehr schöne … Ich glaube, es gibt viele schöne Ex-Funktionen.

Ich bin Weinritter von Oppenheim, also insofern. Das ist doch in Ordnung.

Bitte schön.

Werden Sie für Geld Reden halten wie Gerhard Schröder oder sich auf Benefizangelegenheiten konzentrieren und mit Ihrer Rente klarkommen?

Na ja gut, wenn man mir ein Angebot macht, eine Rede zu

halten und dafür auch ein Honorar zu bekommen ... Ich habe die Diskussion bei Peer Steinbrück nie nachvollziehen können. Da ich sowieso nicht die Absicht habe, in die Politik zurückzukehren oder für Ämter zu kandidieren, wo man mir das anschließend vorwerfen könnte, ist das relativ egal.

MARGARETE *»Die Unfähigkeit zu trauern« war*
MITSCHERLICH *besprochen, »Der kleine Unter-*
(2011) *schied«, »Die Radikalität des Alters« und »Eine*
Liebe zu sich selbst, die glücklich macht« – das Buch, an dem
sie gerade arbeitete. »Ich lese gerade die Briefe von Sigmund
Freud an seine Braut, über 1500 Briefe, hochinteressant.«
Und da drüben auf dem Stehpult in ihrem Wohnzimmer in
Frankfurt, wo wir sie besuchten, lagen die »Brautbriefe«. Ein
Wälzer, den sie, 94-jährig, gerade »hochinteressant« fand.
Humorvoll, amüsiert und schlagfertig beantwortete Marga-
rete Mitscherlich alle Fragen, auch die, die uns vorher als viel

zu doof für die Grande Dame der Psychoanalyse erschienen waren. Schon bald nutzte der Moderator ihre Zugewandtheit, um Grundlegendes über die Beziehung zwischen Männern und Frauen zu erfahren. Wie das denn ist mit der Polygamie? Wie es sich mit den Trieben verhält? Und warum Konflikte in der Beziehung unerlässlich sind? Das Gespräch rutschte Richtung Therapiesitzung, aber Margarete Mitscherlich erklärte geduldig, worüber sie ihr Leben lang geforscht hatte. Und warum ihre Beobachtungen und Analysen für so große Aufregung gesorgt hatten. Und dann war nur noch eine Frage an die Psychoanalytikerin offen: Gibt es Gott? »Selbstverständlich habe auch ich meinen lieben Gott, mit dem ich spreche. Aber ich weiß, dass der liebe Gott sagt: ›Werde endlich erwachsen, mein Kind. Du musst lernen, für dich selbst zu sorgen. Und du musst lernen einzusehen, wann dein Leben beendet ist.‹ Wie man das lernt – ich weiß es doch auch nicht.«

DIE AKTE MITSCHERLICH

Mein Name ist Margarete Mitscherlich-Nielsen. Ich bin 93 Jahre alt, verwitwet und Mutter eines Sohnes. Geboren wurde ich in Gråsten, einem kleinen Ort, der heute zum Staatsgebiet von Dänemark gehört, *und zwar seit der Abstimmung*

1920, nach dem Ersten Weltkrieg. Ich habe an den Universitäten in München und Heidelberg Medizin und Literatur studiert. 1950 promovierte ich in Medizin. Gemeinsam mit meinem Ehemann, Alexander Mitscherlich, habe ich 1967 das Buch »Die Unfähigkeit zu trauern« vorgelegt. Dieses Werk gilt als eines der wichtigsten Bücher in der Auseinandersetzung mit der Nazivergangenheit in Deutschland. Meine diversen Publikationen und Auftritte haben mir den Titel »Grande Dame der Psychoanalyse« eingetragen. *Den ich verabscheue, aber ich kann nichts dagegen machen.* Zuletzt stand ich mit meinem Buch »Die Radikalität des Alters« in allen Bestsellerlisten. *Ich weiß nur von der Spiegel-Bestsellerliste, von keiner sonst.*

WAS ZU MEINEN GUNSTEN VORLIEGT:

Ich gehöre zu den wichtigsten deutschen Intellektuellen der Nachkriegsgeschichte. *Das bezweifle ich grundlegend.*

Ich rede nicht so, als müsste ich ständig beweisen, zu den wichtigsten Intellektuellen der Nachkriegszeit zu gehören. *Das hoffe ich doch sehr, dass ich so rede.*

Ich habe einiges für die Gleichberechtigung der Frau getan. Auch wenn die noch deutlich von ihrer Vollendung entfernt ist. *Nämlich die Gleichberechtigung. Die Frau natürlich nicht.*

WAS ZU MEINEN UNGUNSTEN VORLIEGT:

Ich habe gelegentlich mit meiner Offenheit schockiert. *Das würde ich eigentlich eher zu meinen Gunsten rechnen.*

Ich habe mir bis zu meiner ersten großen Liebe dreißig Jahre Zeit gelassen. *Ja, das war sehr dumm von mir. Da hab ich vieles verpasst.*

Ich habe eine Unabhängigkeit vorgelebt, die andere Frauen nur schwer erreichen können. *Nolens Volens.*

DIE FIESEN SIEBEN

Was meinten Sie mit der sinnlichen Erleuchtung, die Ihnen bei der Begegnung mit Alexander Mitscherlich 1947 unter Palmen widerfuhr?
Welche Erleuchtung?
Sie haben erzählt, 1947, als Sie Alexander Mitscherlich unter Palmen trafen, hätten Sie eine sinnliche Erleuchtung erlebt.
Eine sinnliche?
Hmm, ich hab das Zitat irgendwo gefunden.
Na, dann muss ich in mir forschen, damit ich die wiederfinde … Also, die kann ich im Moment nicht finden. Sinnlich?! Ja, eine sinnliche Erleuchtung in dem Sinne, dass ich mich absolut körperlich zu ihm hingezogen fühlte. Was ich vorher und danach nicht mehr erlebt habe.

Sie haben gesagt, dass Adolf Hitler für Sie und Ihre Studienfreunde nicht die nötige Klasse hatte. Bei welchem Spitzenpolitiker oder berühmten Menschen hatten Sie später noch einmal das Gefühl, dass ihm die Klasse fehlt, um Ihnen auf Augenhöhe zu begegnen?

Ungezählte, gebe ich zu. Aber es ist doch einfach so, dass man bestimmte Politiker als wirklich fähige, interessante Menschen ansieht, ganz auf ihre Weise. Ich möchte sie gar nicht vergleichen. Ich meine, da kam Willy Brandt und ich habe sehr anerkennen können, was er alles so geleistet hat in seinem Leben. Und da gibt es viele, die ich sehr anerkennen kann. Aber es gibt natürlich auch viele, die ich nicht sehr ernst genommen habe. Das ist klar.

Die Dreiecksbeziehung mit Alexander Mitscherlich und seiner damaligen Ehefrau, damals, als Sie gewissermaßen zu dritt zusammen leben mussten, weil: Sie waren Fakt und die Ehefrau war Fakt. Sie haben gesagt, da hätte sich Ihnen eine gewisse Spießbürgerlichkeit gezeigt. Sie hätten sich da als spießig gezeigt, weil Sie es irgendwann nicht mehr aushalten konnten.

Na ja, ich meine, seine Frau war eine außerordentlich schätzenswerte Frau. Und die fand, dass das alles gar nicht so wichtig war, wenn ihr Mann auch Freundinnen hatte. Sie hatte auch meinen Sohn zu sich genommen. Über all diesen Dingen stand sie. Hab ich bewundert. Aber ich konnte nicht so drüberstehen.

Was ist für Sie der Unterschied zwischen einer Feministin und einer Emanze?

Emanze ist ein Schimpfwort, das die Männer gerne gebrauchen gegenüber Frauen, die sich um Gleichberechtigung bemühen. Und Feministin ist für mich eine Frau, die ernsthaft versucht, endlich mal die Frau zu einem gleichberechtigten Wesen unter Männern zu machen, was ihr bisher versagt wurde, und zwar über Jahrhunderte.

Kennen Sie einen glaubwürdigen Feministen?

Puh. Nein, nennen Sie mir einen.

Also Sie kennen keinen?

Nein.

Wer ist der aufregendste Mann, den Sie je kennengelernt haben?

Alexander Mitscherlich.

Was fanden Sie schon immer aufregend an sich selbst?

Puh, puh, was fand ich aufregend an mir selber? Vielleicht die Fähigkeit, immer wieder über mich nachzudenken. Das war von Kindheit an so. Was ist der Sinn meines Lebens? Wer bin ich eigentlich? Wie bin ich eigentlich? Warum habe ich damals so reagiert? Ich möchte fast sagen, ich bin die geborene Analytikerin.

ANDREA »Wieso lachen Sie?«, fragt Andrea Sawitzki.
SAWATZKI Sie weiß die Antwort selbstverständ-
(2012) lich. Ich lache, weil sie so komisch ist. Was ist
komisch? Frau Sawatzki liefert die Antwort später selbst.
Wenn alles um einen herum zu scheitern scheint, dann, und
vor allem dann, ist Komik anwesend.
Bevor ich mich nicht mehr beherrschen konnte, hatte sie das
schlimme Schicksal von Taffy, Swiffy und Tapsy beschrieben.
Alles Meerschweinchen, die von den unterschiedlichen
Raubtieren gefressen wurden, mit denen Andrea Sawatzki

sympathisierte. Der Fuchs im Garten, den sie anfütterte, bis
er sich zum Dessert Taffy vornahm. Der eigene Hund, der
Swiffy und Tapsy zu gerne mochte.

Ich schlage eine unglückliche Fragenflanke in den Straf-
raum, als ich mich erkundige, ob es so etwas »wie einen
grünen Daumen für Tiere« geben würde. Lohnt sich aber,
denn Frau Sawatzki friert jetzt ihren Blick ein. Entscheidet
sich anscheinend, ob sie böse oder mit freundlicher Absicht
ihr Gegenüber hypnotisiert. Mit mir meint sie es zum Glück
gut. Ich heuchle zum Dank uneingeschränkte Aufgeschlos-
senheit, als es um ihre Dogge Gustav geht. Dabei ist für mich
als Jogger eine unangeleinte Dogge der Tyrannosaurus Rex
des jetztzeitigen Stadtwaldes. Kein Wort darüber zu Frau
Sawatzki. Zumal sie beschreibt, wie sie den Widerstand ihres
Ehemannes, Christian Berkel, gegen jede Art von Haustier
gebrochen hat. Sie behauptet sogar, er habe sich die Dogge
gewünscht. Ich unterstelle ihm ein Stockholm-Syndrom, also
eine widersinnige Verbundenheit mit dem Geiselnehmer.

Um Andrea Sawatzki herum scheitert eine Liebe, als sie noch
gar nicht wissen kann, wie sehr Humor in solchen Situa-
tionen die letzte Hoffnung ist. Ihre Mutter und ihr Vater
durchleben zuerst ein filmreifes Melodram. Ehe der Vater viel
zu früh schwer krank wird. Keine Romantik mehr. Mutter
und Tochter pflegen den geliebten Mann, jahraus, jahrein.

*Es ist eine Fernsehsendung und Andrea Sawatzki eine
hochbegabte Schauspielerin. Sie könnte diese tragische
Familiengeschichte so groß, so wegspülend tragisch
auftragen. Macht sie aber nicht. Es war so. Ich war dabei.
»Ich weiß, wie man sich fühlt, wenn man verzweifelt ist«,
sagt sie noch und guckt nur. Kein Seufzen, kein verschleierter
Blick. Die Amateure in den diversen Formaten von »scripted
reality« mögen in Gefühlssachen chargieren, aber hier sitzt
Andrea Sawatzki. Die erweckt stattdessen schwierige Sätze
zum Leben. »Ich bin so erschöpft, mir platzen gleich die
Titten«, ist so ein Satz. Aus der ZDF-Serie »Klimawechsel«
über vier Lehrerinnen in den Wechseljahren. Fernsehkritiker
fanden diese sechs Filme von Doris Dörrie »ungewöhnlich
gewagt«.
Der Tod der Meerschweinchen, die Krankheit des Vaters
und warum die Sache mit den Brüsten auf Bayerisch viel
sanfter klingt – nach unserem Gespräch wusste ich, warum
eine Regisseurin Andrea Sawatzki fragt, wenn sie jemanden
braucht, mit dem sie etwas wagen kann.*

DIE AKTE SAWATZKI

Mein Name ist Andrea Sawatzki. Ich bin 49 Jahre alt, verheiratet, *seit Dezember 2011,* und Mutter von zwei Söhnen. Geboren wurde ich im oberbayerischen Schlehdorf am Kochelsee. Mein Vater war Journalist für das ZDF, meine Mutter Krankenschwester. 1987 beendete ich meine Ausbildung an der Neuen Münchner Schauspielschule. Anschließend habe ich auf allen möglichen Bühnen gestanden. Sowohl ganz weit südlich bei den Münchner Kammerspielen als auch hoch im Norden bei der Landesbühne Wilhelmshaven. Mein Durchbruch als Filmschauspielerin kann die Rolle der Alma Siebert in »Die Apothekerin« im Jahre 1997 gewesen sein. Die Filme, in denen ich danach eine wichtige Rolle spielte, lassen sich kaum aufzählen. Von 2002–2010 war ich die Kommissarin Charlotte Sänger im Tatort aus Frankfurt.

WAS ZU MEINEN GUNSTEN VORLIEGT:

Ich bin eine sehr aufregende Frau.

Ich habe mehr komisches Talent als andere Schauspielerinnen.

In meinem Job überzeuge ich mittlerweile immer.

WAS ZU MEINEN UNGUNSTEN VORLIEGT:

Ich bin im vergangenen Jahr bei »Let's Dance« schon in der dritten Runde rausgeflogen. *War es nicht die zweite?*

Ich habe 2004 am Renaissance Theater in Berlin in einem Stück über Sex mit Tieren gespielt.

Ich habe meinem Mann ein Haus voller Tiere eingehandelt.

DIE FIESEN SIEBEN

Welches Lied war in der Dorfdisco »Zum Seepferdchen« auf Amrum zu hören, als Sie Ihren Mann Christian Berkel zum ersten Mal küssten? Es ist angeblich Fakt, Wahrheit, dass es die Dorfdisco »Zum Seepferdchen« auf Amrum war, wo Sie sich zum Tanz getroffen haben.
Es war wahrscheinlich »Smoke on the Water«.
»Smoke on the Water«?
Ja.
Das behaupten Sie einfach so.
Ja.
Im »Seepferdchen« läuft »Smoke on the Water«?!
Natürlich. Auf Amrum. Da läuft nur so etwas.

Welches ist der böseste Spruch, den Sie über rothaarige Frauen kennen?
Rothaarige Frauen haben Sommersprossen.

Das ist schon der böseste Spruch?

Na, was anderes fällt mir jetzt nicht ein.

Welche Schönheitsoperation finden Sie bei einem Mann besser: eine Postraffung oder eine Penisvergrößerung?

Besser oder schlechter?

Besser.

Besser? Beides.

Sie finden beides gut?

Ja. Sonst passt es nicht mehr zusammen.

Von welcher Ihrer Jugendsünden müssten Ihre Söhne erfahren, um ein ganz anderes Bild von Ihnen zu bekommen?

Jugendsünden?

Da war ja einiges los.

Nee, die wissen das schon alles.

Die wissen das schon alles?

Die wissen alles.

Wieso? Ihr älterer Sohn ist doch erst zwölf?

Die lesen ja alles in der Zeitung.

Nein, der Zeitung haben Sie es doch bestimmt nicht erzählt. Oder haben die herausgefunden, dass Sie …?

Was, was meinen Sie denn jetzt?

Das weiß ich nicht. Ich meine, ich kenne Ihre Jugendsünden nicht. Das ist jetzt reine Spekulation. Ich grabe, ich stochere im Nebel.

Um die Ecke herum wissen meine Kinder alles. Denn wenn ich sage: Wenn du das machst, passiert das und das.

Zum Beispiel was?

Wenn du jetzt zu viel Wein trinkst, bekommst du Kopfschmerzen.

Okay. Das ist die harmlosere Variante. Stimmt das, dass Sie mal von Haschkeksen kurzzeitig blind waren?

Ja. Aber die Kinder sind ja erst neun und zwölf. Na gut, ich meine, die trinken ja jetzt auch noch nicht. Aber …

Nur ein bisschen.

Wer war früher schlimmer: Sie oder Ihr Mann?

Wie schlimmer? Ach so, ganz früher? Ich glaube, wir halten uns die Waage. Der war auch nicht ohne.

Erzählt er Ihnen das?

Ja. Ich weiß alles.

Tatsächlich?

Hmm.

Wie viele Affären kann eine gute Ehe locker aushalten?

Hmm. Keine.

Keine?

Keine.

Sind Sie so stringent in der Sache?

Ich brauche es nicht. Wenn man wirklich glücklich ist, dann braucht man es nicht. Und wenn man nicht so glücklich ist, braucht man es schon. Aber wenn man jetzt eine gute Ehe haben will, braucht man es eigentlich nicht. Also keine.

Was möchten Sie in Ihrem nächsten Leben lieber sein: klein oder brünett?

Was?

Was möchten Sie in Ihrem nächsten Leben lieber sein? Wenn Sie da jetzt schon Gedanken drüber anstellen können.

Klein oder brünett? Beides.

Sie möchten beides sein? Sie möchten klein und brünett sein?!

Hmm.

Also wie so ein kleines französisches Mädchen, wie Audrey Tautou oder so was?

Oui.

Ah ja. Wunderbar. Für mich vermittelt sich, dass Sie so, wie Sie jetzt sind, auch sehr zufrieden mit sich sind.

Ja.

Sie sind mit sich im Reinen.

Ja.

Wie lange ist das schon so? Können Sie das sagen?

Vielleicht so die letzten paar Jahre. Also noch nicht gar so lang.

RÜDIGER NEHBERG (2014) *Viele unserer Gäste sind Fernsehstars unserer Jugend, und es ist immer wieder erstaunlich, wer einen Platz im kollektiven Gedächtnis, vielleicht nicht einer Generation, aber ganz bestimmt einer Redaktion, gefunden hat. Denn »Fernsehstar«, das meint ja nicht nur Showmaster, Schauspieler oder Unterhaltungskünstler. Rüdiger Nehberg beispielsweise gehört unbedingt dazu. Schließlich haben wir alle Anfang der 80er-Jahre leicht angeekelt, aber auch schwer fasziniert zugeschaut, wie Nehberg zu Fuß Deutschland durchquerte und sich von*

141

Würmern, Insekten und Fröschen ernährte. Davon kann er auch 25 Jahre später noch schwärmen: »Ein roher Wurm schmeckt wie eine rohe Muschel, nichtssagend. Aber wenn man den kocht und würzt – eine Delikatesse.« Nehberg tut das alles nicht aus reinem Abenteurertum, seine Expeditionen stellt er in den Dienst einer guten Sache. Damals ging es um die Yanomami-Indianer im brasilianischen Regenwald. Nehberg hatte erfahren, dass eine Armee von Goldsuchern illegal im Gebiet der Indianer unterwegs war und die Indianer ausrottete. »Herr Nehberg, hatten Sie denn niemals Angst?« – »Angst habe ich immer kultiviert. Ich habe sie nicht abtrainiert, sie ist ja ein wichtiges Alarmsignal.« Aus der ersten Expedition zu den Yanomami wird eine Lebensaufgabe. Nehberg will die Weltöffentlichkeit aufrütteln, mit immer neuen, spektakulären Aktionen. Er strampelt mit einem Tretboot über den Atlantik oder paddelt mit einem Baumstamm zum 500. Geburtstag des Landes nach Brasilien. »Der konnte sich um sich selbst drehen, der Baumstamm. Aber dann habe ich aus Bambus Bündel gemacht und habe daraus einen Trimaran gezaubert.« Wenn Nehberg von seinen Expeditionen erzählt, sind das immer Berichte vom Machen – einfach mal loslegen, sonst wird es nix. Diese Beharrlichkeit finden wir sehr bewundernswert. Und die ungebrochene Begeisterung, mit der er von seinen Projekten erzählt, weckt sofort die Lust *auf Abenteuer. Wir sind uns allerdings einig, dass wir die eine oder andere Stulle mitnehmen und Nehberg'sche Delikatessen gerne vermeiden würden.*

DIE AKTE NEHBERG

Mein Name ist Rüdiger Nehberg. Ich bin 79 Jahre alt, in zweiter Ehe verheiratet und Vater einer erwachsenen Tochter. *Stimmt.* Mein Geburtsort heißt Bielefeld. Vor allem mein Berufsleben hat sich allerdings in Hamburg abgespielt, denn ich habe mich dort 1965 als Konditor selbstständig gemacht. Dieses Geschäft führte ich 25 Jahre lang, und in dieser Zeit waren bis zu fünfzig Mitarbeiter bei mir beschäftigt. *Stimmt.* Bekannt wurde ich allerdings als Abenteurer. Mein Spitzname ist Sir Vival. Denn ich habe mich in den unterschiedlichsten lebensfeindlichen Umgebungen behauptet und überlebt. Seit einiger Zeit versuche ich mit meinen spektakulären Aktionen auf Ungerechtigkeiten aufmerksam zu machen. Die von mir begründete Menschenrechtsorganisation TARGET, das Ziel, kämpft vor allem gegen die Verstümmelung junger Mädchen durch Beschneidung.

WAS ZU MEINEN GUNSTEN VORLIEGT:

Meine Abenteuer sind einzigartig. *Das behaupten Sie.*

Mein Engagement für das Indianervolk der Yanomami war sehr erfolgreich. *Zwanzig Jahre hat das gedauert. Aber dann* war der internationale Druck ausreichend auf Brasilien, und die Armee von Goldsuchern wurde rausgeholt. Die Yanomami haben heute ein akzeptables Reservat.

Ich kann auch unerfahrenen Abenteurern zeigen, dass sich auch vor der eigenen Haustür spannende Expeditionen unternehmen lassen.

WAS ZU MEINEN UNGUNSTEN VORLIEGT:

Na da bin ich jetzt aber gespannt.

Ich habe Sachen gegessen, die niemand essen sollte. Beispielsweise eine von einer Schlange ausgewürgte Gazelle. *Ja, aber die war frisch gefangen. Das war, als hätte ich die selber erlegt. Die war absolut astrein.*

Einen Felsenpython, den ich in einem Kampf am Blauen Nil bezwang, habe ich mit nach Hause genommen.

Ich habe mich zu wenig für das deutsche Kulturgut Biskuitrolle eingesetzt. *Ja, stimmt.*

DIE FIESEN SIEBEN

Welche Torte, Herr Nehberg, kann niemand so gut wie Sie?
Früher war das eine sogenannte Nougat-Sahne-Torte, mit so feinen Schokoladenböden wie die Wiener Roulade, aber mit Schokolade. Meine Schwester hat das allerdings übertroffen. Sie hat eine Torte gezaubert, wo nur rohe Äpfel reinkommen, Butter und Grieß und Mandeln. Dazu hätte ich als Konditor immer gesagt, das wird eine unhaltbare Mansche. Aber das ist das Beste. Ich bin sowieso mehr Obstfan.

Wann haben Sie am schlechtesten gerochen?
Sind das Ihre kritischen Fragen?
Das sind die schlimmen Fragen.
Oh, schlimme Fragen.
Wann haben Sie am schlechtesten gerochen?
Ich glaube, nachdem ich das Wildschwein gefangen hatte.
Ja, das glaub ich auch.
Ja.
Weil das die Wildschweinsuhle war, in der Sie sich da auf die Lauer gelegt haben.
Ja, das war Suhle – das war die Toilette der Tiere.

Wie heißt die tollste Abenteurerin, die Sie kennen?
Ja, ich denke Christina Haverkamp. Die wirklich, auch jetzt noch, weiter bei den Yanomami arbeitet. Alles alleine. Und da ein Riesenvertrauen aufgebaut hat und drei Kranken-

stationen gebaut hat. Und das trotz der Mücken und all der Probleme, die ein Urwald bietet.

Warum müssen Sie, wenn es so weit ist, in den Himmel kommen?

Ja gut, wenn man nun daran glaubt – dann möchte ich lieber im Himmel sein als in der Hölle. Ja gut, ich mag zwar Wärme, aber nicht, wenn es Grillwärme ist. Aber nicht, wenn es das Höllenfeuer ist.

Sie sind einmal ganz durchgelaufen: Was ist die langweiligste Gegend Deutschlands?

Puh. Ich fand immer alles interessant. Das ist jetzt schwer zu sagen, weil gerade die Unterschiedlichkeit der Landschaften ihren großen Reiz hat.

Ich bin mal mehrere Hundert Kilometer hinterm Deich langgefahren an der Nordsee. Das ist sehr langweilig.

Ja, Wattenmeer. Ich habe gerade jetzt wieder einen Film gesehen. Kein Busch, kein Baum, nur Gras. Dort möchte ich nicht leben. Aber es mal kennenlernen, auch die Gewalten von Ebbe und Flut, das ist schon faszinierend.

Wann hatten Sie das letzte Mal Angst?

Hier. Zu Ihnen herzukommen. Ich denke, der Thadeusz, der macht so eine tolle Talksendung, der legt mich aufs Kreuz.

Wie kann man sich bei Frauen attraktiver machen, Herr Nehberg: mit Geschichten von Abenteuern oder mit selbst gemachten Süßigkeiten?

Mit beidem. Mit den selbst gemachten Süßigkeiten erreicht man eine Kategorie Frau. Mit den Abenteuergeschichten eine andere. Die Frau, die auch von solchen Abenteuern träumt.

Sie haben das jetzt schon einmal bewiesen, als Sie die Atlantiküberquerung mit einer Kollegin zusammen gemacht haben – würden Sie auf Ihrer Abenteuerreise eher eine Frau oder eher einen Mann mitnehmen, oder ist das …

Das hab ich nie überlegt. Das hat sich ergeben, dass ich oft Männer hatte. Aber eben dann auch Christina Haverkamp oder jetzt Annette, meine Frau. Die Annette, andere würden weglaufen, wenn da eine Schlange ist oder eine Spinne. Annette kommt und sagt: »Guck mal, hier sind zwölf Vogelspinnen.« Oder ein anderes Mal, fünf Kobras, die sich da aufstellen, sie macht einen Umweg und sagt: »Da ist ja schon wieder eine.« Und solche Leute braucht man dann, die nicht rumjammern, ah, ich bin von einer Mücke gestochen worden, Herr Fremdenführer, krieg ich nun Malaria?

THOMAS THIEME (2009) Als Thomas Thieme 2009 zu uns in die Sendung kam, war er gerade Helmut Kohl gewesen. In dem Film »Der Mann aus der Pfalz« hatte er den Kanzler gespielt. Und das so wuchtig hinbekommen, dass beim Anschauen die langen sechzehn Jahre der Kohl-Regierung wieder auflebten. Wie er das gemacht habe, fragte der Moderator, und Thieme sagte: »Zu Kohls Regierungszeiten hat man sich ja irgendwann über gar nichts mehr unterhalten als über Birne oder Saumagen, das Kohl-Bild war so festgezurrt. Das hat mir nicht gefallen. Ich dachte, es wäre spannend, wenigstens zwei Aspekte herauszuarbeiten: diese enorme Sturheit und diese gleichzeitige Sensibilität.« Das Ergebnis war für den Zuschauer beklemmend, vor allem deshalb, weil man sich bis dahin über die Gemütslage des Kanzlers wenig Gedanken machen musste. Einzig physiognomisch hat Thieme es nicht mit dem Kanzler aufnehmen können: »Es gibt ja niemanden, der aussieht wie Helmut Kohl, der fast zwei Meter groß ist und zwei Zentner wiegt. Da muss man eben eine Nummer kleiner denken: 110 Kilo und 1,80 Meter – mein Kohl ist eben eine Bonsai-Variante.«

DIE AKTE THIEME

Mein Name ist Thomas Thieme. Ich bin sechzig Jahre alt, Vater eines erwachsenen Sohnes und lebe in meiner Geburtsstadt Weimar. Ohne Zweifel gehöre ich zu den besten deutschen Schauspielern der Gegenwart. Ich habe an allen renommierten deutschen Bühnen Hauptrollen gespielt. Ich war an dem Oscar-prämierten Film »Das Leben der Anderen« beteiligt, und ich bin in einer Woche in »Der Mann aus der Pfalz« zu sehen. In diesem Spielfilm des ZDF verkörpere ich den ehemaligen Bundeskanzler Helmut Kohl.

WAS ZU MEINEN GUNSTEN VORLIEGT:

Ich bin herausragend, es gibt niemanden, der meine schauspielerischen Leistungen bestreitet. *Sind Sie da sicher?*

Und selbst wenn, das wäre mir egal. Ich bin nämlich ein unabhängiger Mensch. *Weiß ich wieder nicht, aber ist egal.*

Ich habe mich mit meiner Heimatstadt Weimar ausgesöhnt. *Stimmt.*

WAS ZU MEINEN UNGUNSTEN VORLIEGT:

Als Fußballtrainer wäre ich für Schüler mit Abitur ein schrecklicher Albtraum.

Anders als die Zuschauer und Experten bin ich mit mir als »Faust« nicht komplett zufrieden.

Ich stehe der inneren Einheit Deutschlands im Weg, weil ich behaupte, dass in meiner Generation Ossis Ossis und Wessis Wessis bleiben. *Im Großen und Ganzen ... Ich kann's nicht wirklich erklären. Ich bin jetzt in Leipzig am Inszenieren, demnächst Premiere. Und da ist es eigentlich so, wie ich es da beschreibe. Da merke ich schon sehr deutlich, wer wo herkommt. Und wer Gewinner ist und wer Verlierer ist bei dieser ganzen Unternehmung mit der Wende.*

DIE FIESEN SIEBEN

Worum beneiden Sie Mario Adorf?
Dass er mal in Italien und überall war.

Woran merkt man Ihnen den Ossi an?
Vor allen Dingen an meiner Sprache.

Für was haben Sie von Frauen die meisten Komplimente bekommen?
Ich glaube … für meine Schauspielerei. Ich bin nicht so überhäuft mit Komplimenten von Frauen, deswegen muss ich da ein bisschen länger nachdenken.
Sie sind nicht überhäuft, weil Sie sagen »Komplimente mache ich bitte schön selbst, die machen nicht die Frauen«?
Nein, es ist ja nicht so, dass Frauen zittern, wenn sie mich sehen. Nicht so wie bei Ihnen.
Ja genau, das erlebe ich jeden Tag.

In welchen Momenten sind Sie eine Schauspieler-Diva?
Wenn ich etwas sehe wie diese Preisverleihung vorhin in der Sendung. Damit will ich nichts zu tun haben.
Sie wollen nicht hochgehen und den Preis in Empfang nehmen müssen?
Eigentlich nicht, nein, ich bin auch nicht in der Gefahr …
Nein, da wäre ich wahrscheinlich divanös, wie heißt das?

Wahrscheinlich.
…wenn ich da reingezogen würde in so was. Dafür bin ich wirklich zu alt und zu verbohrt, als dass mir so was noch zusagen würde.

Wann haben Sie das letzte Mal geweint und warum?
Das ist ganz schrecklich, aber ich sage es jetzt mal. Ich kann ganz schwer weinen. Möglicherweise ist das eine Generationsfrage, weil ich so erzogen bin. Mädchen dürfen weinen, Jungs nicht. Selbstverständlich, als mein Vater gestorben ist, meine Mutter gestorben ist … Aber ansonsten ist es für mich ganz schwer.

Es kann also nicht sein, dass Sie einen Film sehen, und der ist so ein bisschen auf Rührseligkeit angelegt, dass Ihnen das Auge feucht wird?
Na, dann schon mit Sicherheit nicht, wenn er auf Rührseligkeit angelegt ist, aber dann kann schon so was hochkommen. Aber ich glaube, ich kann … ich weiß ja, dass es heute so ist, dass Männer weinen und sich auch ihr Brusthaar rasieren …

Das schließt direkt an …
Ich glaube, ich kann einfach nicht so weinen, das hat nichts mit übertriebener Härte zu tun. Ich bin überhaupt nicht hart. Ich bin nur nicht so weinerlich.

Was finden Sie denn unmännlich? Eine Brusthaarrasur – wie ich gerade gelernt habe – ist nicht Ihr Geschmack.
Ist nicht mein Geschmack, würde ich aber nicht unmännlich finden. Ich finde es unmännlich, auf sich, als Mann, vollständig zu verzichten. Sich also preiszugeben, dem Zeitgeist und zu sagen »Das ist doch dann nun scheißegal, was ich da bin. Vielleicht bin ich auch eine Frau.«

Oder ein Zwischenwesen.

Ich bestehe schon darauf, dass ich eine Art Mann bin. Wenn man sagt, das ist mir wurscht, das finde ich ein bisschen unmännlich.

Da könnte ja jetzt jemand kommen, der Gender Studies studiert – dieses Fach gibt es ja –, und könnte dann fragen: Was ist denn das Männlichste an Ihnen? Woran erkenne ich ganz offenbar, dass Sie ein Mann sind?

Ich weiß nicht, ob das männlich ist, aber ich komme wieder darauf zurück: das Verfolgen einer bestimmten Idee in meinem Beruf, unabhängig von Erfolg und Misserfolg. Ich weiß jetzt nicht, ob das männlich ist. Das hat ja beispielsweise Iris Berben auch. Ich nehme das jetzt mal als männlich, weil ich ein Mann bin. Also, das ist meine Form von Männlichkeit, damit dokumentiere ich möglicherweise meine Männlichkeit gegenüber – nein, nicht Weiblichkeit – sondern Unmännlichkeit. Ich finde, diese Stabilität im Inneren, dass das ein bisschen was mit Männlichkeit zu tun hat. Kann aber auch wieder an dieser schrecklichen 50er-60er-70er-Jahre-Erziehung liegen, aus der ich aber auch gar nicht raus kann und nicht raus will.

GERD RUGE (2013) *Die Aussicht, dass Gerd Ruge unserer Einladung folgen würde, versetzte die Redaktion in Aufregung. Da kam jemand in die Sendung, der in unserer Wahrnehmung das Fernsehen mit erfunden hatte. Der überall dabei gewesen war, wenn in der Welt etwas passierte. Moskau, der Rote Platz und Ruge drauf – das war die Tagesschau, wie wir sie in früher Jugend kennengelernt hatten. Aber nicht nur als toller Journalist hat Gerd Ruge unsere volle Bewunderung. Vor allem hat er gezeigt, wie man als Journalist in Rente geht. Nämlich gar nicht. Nach*

dem Ruhestand 1993 legte Gerd Ruge noch einmal richtig los und dreht seitdem tolle Reisereportagen. Ob er nicht zunehmend die Strapazen einer Reise spüren würde, wollte der Moderator wissen. Gerd Ruge lächelte freundlich und sagte: »Die Schwierigkeiten einer Reise erledigen sich ja dadurch, dass man ans Ziel kommt.«

DIE AKTE RUGE

Mein Name ist Gerd Ruge. Ich bin 84 Jahre alt, in dritter Ehe verheiratet, Vater von zwei Kindern. *Okay.* In Hamburg bin ich geboren, aufgewachsen, lebe aber schon seit 1948 nicht mehr dort. Ich war ein Jugendlicher, als Deutschland von den Nazis regiert wurde. Die letzten Monate des Zweiten Weltkriegs erlebte ich als Soldat der Wehrmacht. *Richtig.* Anschließend reichte mein Notabitur nicht für ein Studium. Ich ließ mich zunächst an einer Dolmetscherschule in Russisch und Englisch trainieren, anschließend nahm mich Hugh Carleton Greene unter seine Fittiche. Dieser Brite hatte in Deutschland den NWDR, also den Vorläufer von NDR und WDR, begründet und meine Karriere auf die richtige Schiene gesetzt. *Ja, das kann man ungefähr so sagen.* Ich habe die Welt gesehen und dem deutschen Publikum meine Eindrücke berichtet. Schon 1950 war ich im damaligen Jugoslawien, war auch für längere Zeit in Korea und in den Vereinigten Staaten. Für die ARD war ich Korrespondent in den USA, in Washington, D. C., und in Moskau. Als schreibender Journalist berichtete ich für *Die Welt* aus Peking.

Peking habe ich gemacht, weil die mir gesagt haben: »Sie können hier ein Visum kriegen«, nachdem ich dort eine größere Reportage gemacht hatte, »aber nicht für Fernsehen, nicht für Rundfunk, nur fürs Schreiben.« Da habe ich gedacht, dann gehen wir eben über zum Schreiben und geben das Fernsehen erst einmal auf. So ist das gelaufen.

Mittlerweile bin ich seit zwanzig Jahren eigentlich ein Ruheständler, reise aber weiter und erzähle meinen Zuschauern Geschichten aus der ganzen Welt. *Tue ich aber doch sehr viel weniger in den letzten zwei Jahren. Dafür erzähle ich das jetzt in einem Buch.*

Damit auch der Rückweg nicht zu kurz kommt, habe ich jetzt ein feines Buch geschrieben, *ein feines Buch, das ist gut.* Es heißt: »Unterwegs. Politische Erinnerungen«.

WAS ZU MEINEN GUNSTEN VORLIEGT:

Ich habe dazu beigetragen, dass die Deutschen die Welt nicht nur als Ansammlung von Ländern begreifen, denen man den Krieg erklären muss.

Ich habe die deutsche Sektion von Amnesty International mitgegründet.

Ich bin das lebende Beispiel für die große Tugend der Neugier.

WAS ZU MEINEN UNGUNSTEN VORLIEGT:

Ich habe manchmal stark genuschelt. *In der Tat.*

Ich musste beruflich viel Wodka trinken. *Das ist auch wahr.*

Ich kann auch nicht ändern, dass sich die Deutschen vor allem für sich selbst interessieren. *Ja, aber ein bisschen kann man schon dazu beigetragen haben, dass sie einen größeren Blick bekommen haben. Denn, wissen Sie, wenn Sie sich vorstellen, so um 1950 rum oder zehn Jahre nach dem Krieg, da war der deutsche Blick auf den Rest der Welt in der Tat noch enorm versperrt, und da habe ich vielleicht doch was aufgemacht.*

DIE FIESEN SIEBEN

Was hätten Sie während Ihrer Korrespondentenzeit besser nicht essen sollen? Gab es da so ein Gericht, wo Sie sich dachten: »Oh wei, was ist das denn, das ist ja …?«
Ich habe einmal etwas erlebt, ich hatte das vergessen, da war ich mit meinen Kindern in Zentralasien gewesen, in der Inneren Mongolei. Dazu hat mich ein Chinese vom Außenministerium überredet, der sagte, ich müsse unbedingt mal in die Innere Mongolei fahren. Ich flog mit ihm dorthin und nahm auch die Kinder mit. Kaum kamen wir heraus, da sprang er in einen Jeep und raste wie ein Verrückter auf dem Flughafen herum. Der war in England in der Botschaft gewesen, hatte aber nun zehn Jahre lang nicht mehr

Auto fahren dürfen in China. Er hatte die ganze Reise für mich organisiert, damit er Auto fahren konnte, und brachte mich dann zu einem Lager mongolischer Hirten. Und dann wurden wir zum Essen eingeladen, und ich weiß noch, wie meine Kinder fasziniert starrten, denn ich bekam als Ehrengast das gekochte Auge gereicht.

Köstlich.

Es ist mir aber gelungen, das Auge in den Ärmel fallen zu lassen.

Sie hätten das nicht essen können, das Auge.

Das wäre mir schwergefallen, ja. Aber es war ein großer, lang wirkender Erfolg bei meinen Kindern.

Wie Sie das Auge haben verschwinden lassen.

Die haben natürlich gestaunt.

Warum kann niemand ein zweiter Gerd Ruge werden?

Weiß ich nicht, können sie doch, gibt es doch …

Haben Sie manchmal gesehen, dass Leute Ihren Stil kopieren?

Stil nicht, nee. Ich habe auch gar keinen besonderen Stil, glaube ich.

Doch. Ich finde Ihren Stil toll. Wenn ich mich an diese Russland-Reportage erinnere: Sie sind an irgendeinem Ort, Sie zeigen das und sind immer so unaufgeregt. Wenn ich einen Ausdruck dafür gebrauchen dürfte, würde ich unaufgeregt sagen. Da stehen dann ein paar Russen zusammen, und Sie lassen es wirklich so aussehen – wenn man selbst mit einer Kamera zu tun hat, weiß man ja, wie schwierig das ist –, Sie lassen das wirklich ganz natürlich aussehen: »Ich gehe da jetzt mal hin und frage die einfach mal.« So erschien es mir.

Das habe ich mir angewöhnt. Wichtig ist es, zuerst ganz lapidare Fragen zu stellen, damit man erst mal über irgendwas gesprochen hat, und danach geht es ja manchmal, manchmal, nicht immer, viel besser, sich wirklich zu unterhalten.

Woran merkt man, abseits der Sprache, dass Sie Deutscher sind?
Das weiß ich nicht. Die meisten Leute haben es, glaube ich, doch gemerkt, in Russland jedenfalls, aber ich wüsste nicht, woran man das erkennen kann. Ich weiß nicht, woran man Deutsche erkennt, weil es ja so viele verschiedene Deutsche gibt.

Wenn wir auch von diesem magischen Elixier trinken wollen, mit dem Sie sich so spektakulär fit halten: Sollten wir danach eher in China oder in Russland suchen? Sie haben ja wohl so eine Art Gelée Royale gefunden, um so jung zu wirken.
Das wirklich nicht. *(lacht)*
Aber was machen Sie denn?
Kein Elixier jedenfalls. Die interessanten, lustigen Varianten angeblicher Verjüngungsmittelchen gibt es übrigens in China. Da haben sie sehr skurrile Sachen. Die russischen Gebräue sind ja so ähnlich wie hier.
Also Wurzelzeug und so was?
Ja, Wurzelzeug und irgendwelche Viecher, oder …
Erzählen die Menschen dort einem auch davon? Sie sagten ja mal, man sei in China sehr abgeschottet – aber bei solchen Sachen kann man fragen gehen?
Ja, ja, das kann man. Damals war man zwar tatsächlich immer abgeschottet, aber wenn man in eine chinesische Apotheke

ging, was schwierig genug war für einen Ausländer, und die nicht sofort zurückzuckten, haben die mir auch sehr sachlich geantwortet.

In welches Ihrer Berichtsländer haben Sie sich am häufigsten verliebt? In welchem Land liegt Liebe am meisten in der Luft, Herr Ruge, das ist die Frage, die ich Ihnen stelle.
Vielleicht wäre es in China gewesen, wenn man Kontakt gehabt hätte, aber weil man keinen Kontakt hatte, war die Chance, sich zu verlieben, gar nicht drin.
Und wenn es nicht in China war?
Das ging in Amerika am einfachsten.

In welcher Zeit wären Sie gerne Bundeskanzler gewesen?
Ich wäre erstens gar nicht gerne Bundeskanzler gewesen, ich bin ja …
Aber wenn man Ihre Zustimmungsraten sieht: Mancher sozialdemokratische Kanzlerkandidat würde davon träumen, dass er Ihre Sympathiewerte in der Öffentlichkeit hat.
Ja, aber ich habe den Vorteil, dass ich dafür gar nichts zu tun brauche. Das hilft.

Welche Sprache sollten junge Deutsche als zweite Fremdsprache wählen: Russisch, Mandarin oder Hindi?
Das ist natürlich schwer. Ich würde sagen, Russisch.
Warum?
Weil Mandarin schon sehr weit weg ist.
Ist abgefahren, ja.
Und es ist natürlich eine enorme Anstrengung, das gut zu

lernen, sehr, sehr lange Zeit. Da müsste man sich schon spezialisieren. Wenn man mit vielen jungen Deutschen redet, dann würde ich schon sagen, Russisch. Das ist auch eine interessante Sprache mit einer wunderbaren Literatur und auch heute noch mit einer wunderbaren modernen Literatur.

IRIS BERBEN *Ich bin sehr unprofessionell.* **(2007/2009/2011)** *Wie sieht das denn aus? Ein Lippenstiftabdruck auf der Wange, auf den ich am liebsten alle hinweisen würde. Diese unzähligen Halb-Bekannten oder Ganz-und-gar-Berühmten auf der Eröffnungsfeier der Berlinale. Üblicherweise mogle ich mich bei solchen Veranstaltungen an den anderen Smoking-Rücken vorbei und hoffe, in der Raucherecke nette Leute zu treffen.*

Bei solchen Anlässen wäre ich gerne so groß wie Oprah Winfrey. Die konnte in ihren Sendungen über Wohl und Wehe eines neuen Buches oder eines anlaufenden Filmes entscheiden. Was Oprah gut fand, mochten automatisch mehrere Millionen Frauen in den USA. Sagen wir es so: Unsere Sendung ist im Vergleich eher elitär. Mir haben geladene Gäste bei einer Berlinale-Eröffnungsfeier auch schon einen Mantel über den Arm gehängt. Da sie mich für einen Sicherheitsmann hielten. Bei diesem unprofessionellen Partyauftritt mit dem Lippenstift ist aber alles anders. Ich bin ganz und gar aufgekratzt und mindestens der gute Bekannte eines deutschen Stars. Eigentlich wollte ich mich auch an Iris Berben vorbeidrücken. Gut, sie war einmal in der Sendung, wir hatten es schön, aber wie viele Interviews gibt diese tolle Frau in der Woche?

Dachte ich. Ehe sie auf mich zeigte und fragte, wieso ich ihr nicht »Guten Abend« sagen würde. Dann kam der Kuss auf die Wange, ich wurde schlagartig viel leichter und flatterte durch den Berlinale-Palast.

Iris Berben ist für mich eine Künstlerin, die ohne Wenn und Aber »La Berben« genannt werden sollte. Ich finde die Hippiekultur ungefähr so anziehend wie die Vorstellung, in einem Ameisenstaat zu leben. Aber mit Iris Berben wäre ich nichts lieber gewesen als Hippie. Nur weil sie es damals eben auch ein bisschen war. Ich bin kein Sozialdemokrat. In ihrer Nähe strenge ich mich an, wenigstens so zu wirken, als könnte ich einer sein. Denn sie mag die SPD ein wenig. Ich würde in ihrer Gegenwart niemals die drastischen Ausdrücke verwenden, die ich an verschiedenen Dortmunder Lebensstationen gelernt habe. Fühle mich aber auf eine komplett entspannte Art wohl, wenn ich Zeit in ihrer Gesellschaft verbringen darf. Obwohl das immer in Zusammenhängen stattgefunden hat, in denen Kameras und die dazugehörigen Fachleute anwesend waren. Es sind ihr verschwenderisches Lachen, ihr Blick und ihre Zugänglichkeit, die mich für diese Schauspielerin einnehmen. Sie muss es nicht einmal sagen, man merkt ihr an, wie sehr das Promi-Bim-Bam ihr Geschäft ist. Wer die Diva möchte, bekommt sie auch prätentiös zu sehen. Es ist eine plumpe und höchst benutzte Redewendung, die mit unserer Zeit nichts mehr zu tun hat. Wenn da aber plötzlich ein Pferd stünde, dann kann ich mir vorstellen, dass ich mit Iris Berben … Sie wissen schon. Sogar im Schein eines Kerzenleuchters saßen wir schon im Studio beieinander. Unprofessionell? Mir doch egal.

DIE AKTE BERBEN

Mein Name ist Iris Renate Dorothea Berben, ich bin 56 Jahre alt und Mutter eines Sohnes. Oliver ist 35 Jahre alt und als Fernsehproduzent regelmäßig mein Geschäftspartner. Geboren wurde ich in Detmold in Ostwestfalen, aufgewachsen bin ich allerdings in Hamburg.

Meine Schulzeit war sehr abwechslungsreich. Ich habe elf Jahre an Internaten verbracht, dabei war auch das strenge Institut der katholischen Sacré-Cœur-Schwestern in Hamburg. Selbst wenn ich es wollte, kann ich mich nicht als brave Schülerin bezeichnen. Ich flog dreimal von der Schule, blieb einmal sitzen, *ich bin nicht einmal sitzen geblieben, sondern zweimal,* und verließ das Gymnasium noch vor dem Abitur. Das war Ende der Sechzigerjahre.

Ich habe mich mit großer Neugier in den Kreisen bewegt, von denen man heute als 68er-Bewegung spricht. Ich habe die Partys mitgefeiert, an gewaltsamen Demonstrationen teilgenommen und Leute wie Andreas Baader und Ulrike Meinhof getroffen, als deren Namen noch keinem etwas sagten.

Seit 1994 bin ich im ZDF die Kommissarin Rosa Roth. Was mit dieser Figur nach mittlerweile dreizehn Jahren noch alles möglich ist, werden wir am 23. April beweisen. Die Folge heißt »Der Tag wird kommen«, und an meiner Seite sind Kollegen wie Mario Adorf, Ulrich Tukur, Jürgen Tarrach und Jasmin Tabatabai.

Neben der Schauspielerei bin ich erfolgreiche Gastronomin

mit mehreren Restaurants und Cafés in München – *ich bin NICHT erfolgreiche Gastronomin. Also, die gehören meinem Mann, dem Levi, und ich selbst hab mich da immer nur in der Entstehungsgeschichte breitgemacht. Also, wen will man ansprechen, welche Speisekarte oder welcher Architekt oder Künstler ist da tätig* – und ich bin »Iris international« mit Wohnungen in München, New York und vor allem in Tel Aviv. Ich verbringe seit dreißig Jahren viel Zeit in Israel. Auch wenn Israel ein Land im Kriegszustand ist, ich tanke dort die pure Lebenslust.

DIE FIESEN SIEBEN (2007)

Was war das stärkere Gefühl, wenn Sie eine Freundin Ihres Sohnes bisher kennenlernen durften – Eifersucht oder Neid auf die Jugend der Frau?
Beides nicht. So wahr ich hier sitze, beides nicht. Also, es gab ganz doofe Frauen, die er hatte.
Und was haben Sie da gemacht?
Ich habe versucht, sie nicht wahrzunehmen.

Sie wollten als ganz junges Mädchen, wie Sie selbst erklärten, Nonne werden. Was ist heute noch nonnenhaft an Ihnen?
Meine Scheu Menschen gegenüber.

Wäre Angela Merkel eine noch bessere Bundeskanzlerin, wenn Sie so schön wäre, wie Sie es sind?
Nee, es sollte doch bitte beim Inhalt bleiben.

Sie ist aber nicht Ihre Lieblingsbundeskanzlerin, muss man dazu sagen. Sie sind Sozialdemokratin. Sie meinten, eine Frau als Kanzlerin wäre ganz toll, aber …

… muss nicht sie sein. Ja, das war mein Satz.

Wann haben Sie das letzte Mal so getan, als würden Sie jemanden gut leiden können?

Nee, hab ich nicht, nee.

Wer ist als Mann aufregender – Mario Adorf oder Ulrich Tukur?

Ah, das ist gemein.

Na, eben. Das ist das Wesen dieser Fragen. Die sollen, nach Möglichkeit, gemein sein. Und so schlimm sind die eigentlich gar nicht.

Okay, Tukur.

Tukur?

Jaaaa!

Ich wiederhole noch mal für Sie, meine Damen und Herren: Iris Berben findet Ulrich Tukur aufregender als Mario Adorf.

Entschuldige, Mario.

Der Musiker Elton John hat seinen sechzigsten Geburtstag beinahe jahrelang vorbereitet, wie lange werden Sie sich nehmen?

Ich weiß, dass ich meinen fünfzigsten Geburtstag eine Woche lang ganz intim mit Freunden und Familie gefeiert habe und habe für den sechzigsten, der ja ansteht, noch nichts vor. Aber ich werde den zelebrieren, ja.

Wenn es eine Neuauflage geben würde, wo könnten Sie sich vorstellen, noch mal einzusteigen – bei den Guldenburgs oder lieber bei den Himmlischen Töchtern?
Himmlische Töchter.
Himmlische Töchter?
Ja.
Guldenburgs nicht noch mal?
Nee.
Okay, das war deutlich.

DIE FIESEN SIEBEN (2009)

Welche Art von Kleidungsstück können Sie nicht tragen?
Hosenrock.
Was ist denn ein Hosenrock?
Das ist schrecklich.
Ist das … sind das Hosenbeine …
Das ist ein Rock, aber in der Mitte ist es dann doch eine Hose. Sieht saublöd aus jedenfalls.
Also eine Puffhose, so eine Pluderhose?
Das ist … es gibt auch so … man denkt, es ist ein Rock, aber …
Aber gibt es irgendjemanden, der das tragen kann oder …
Ja … nein, es sollte niemand tragen, aber es tragen immer noch ganz viele.
Tragen Sie am Strand eigentlich Bikini oder Badeanzug, und wieso?
Badeanzug, wieso?
Ja, hmm.

Welcher Ihrer runden Geburtstage war der schlimmste?
Puuh.

Ja, ich weiß es nicht. War es der dreißigste, der vierzigste?
Nein, die waren nicht schlimm, also die runden sind immer Abschnitte und Einschnitte. Beim fünfzigsten habe ich allerdings tatsächlich gedacht, das ist aber enorm viel, aber nun habe ich auch …

Es ist enorm viel an Jahren, meinen Sie?
Ja.

Warum können Sie einen Links-Terroristen besser verstehen als einen Nazi?
Ich kann keinen Terroristen verstehen. Das verbiete ich mir, bei Terrorakten verbiete ich mir das.

Die nächste Frage bezieht sich auf etwas, das in dem Film vorkommt, in »Es kommt der Tag«. Da sagen Sie Ihren anwesenden Kindern, denn Sie haben in dem neuen Film ja auch Kinder: »Ja, was macht ihr schon? Wofür engagiert ihr euch? Ihr seid so verwöhnt.« Also, inwiefern ist die junge Generation aus Ihrer Sicht zu verwöhnt?
Weil wir natürlich auch eine Gesellschaft haben, in der wenig Potenzial da ist, um sich von den Eltern abzunabeln. Ich glaube, der Schnitt, der zwischen unseren Eltern und der Generation vorher gemacht wurde, war ein viel größerer als zwischen den Jugendlichen heute und uns.

Sie sind ja auch sehr nah dran an Ihrem Sohn, arbeiten zusammen sehr viel.
Ja, man hört die gleiche Musik, man unterscheidet sich viel weniger. Wir haben vorhin darüber geredet, die Beatles. Das

fing mit den Haaren an, die waren ein Statement und die waren am Ende doch auch Gehorsamsverweigerung.

Es gibt ja einen Tonfall, den können nur Mütter anschlagen, es gibt so eine bestimmte Nennung des Vornamens, das stelle ich mir vor. Wann sind die Situationen so, dass Sie so rufen: »Oliver!!« Wann gibt es das?

Das gibt es immer nur, wenn wir alleine sind. Es ist mir nämlich schon einmal passiert, als wir in einer Produktion … Das ist ganz furchtbar, weil, da haben mich Blicke meines Sohnes getroffen, die waren schrecklich. Das ist furchtbar.

Ich kann mir vorstellen, man versteinert.

Ja, man versteinert. Er versteinerte, aber ich bin auch … Wir sind beide versteinert voreinander stehen geblieben.

Warum würden Sie es nicht gut finden, wenn Ihr Sohn sein eigenes Kind Frank-Walter nennen würde?

Ähm, würde ich das nicht gut finden?

Sie dürfen … ja, Sie müssen das gut finden, weil Sie so dermaßen Partei genommen haben für die Sozialdemokraten, deswegen müssen Sie eigentlich sogar den Vornamen Frank-Walter gut finden, wegen Steinmeier.

Ja, aber ich würde ihn bitten, dann nur Frank zu sagen.

Das macht den Namen ja so schlimm. Frank an sich ist ein toller Name. Mein Bruder heißt so, aber Frank-Walter, das ist ja problematisch … das ist wie Klaus-Bärbel.

Aber Frank-Walter nennt sich doch auch nur Frank.

Bitte?

Frank-Walter Steinmeier nennt sich, glaube ich, auch nur Frank. Ich sage nur Frank zu ihm.

Was haben Sie zuletzt aus Wut kaputt gemacht? Ich komme darauf, weil Katharina Schüttler in dem Film als Ihre Tochter den schönsten Crémant an die Wand schmeißt. Was haben Sie zuletzt aus Wut kaputt gemacht?

… den Crémant an die Wand? Weiß ich gar nicht.

Nicht?

Ja, ganz früher hat es gescheppert mit Geschirr, aber das habe ich schon ganz lange nicht mehr. Ich bin sehr ausgeglichen, sehr ruhig, ja.

Woran haben Sie gemerkt, dass Sie nicht mehr einfach die Schauspielerin Iris Berben sind, sondern jetzt »die Berben«?

Weil dann … das wird einem ja von außen, la Berben, die Berben, Berben …

Aber das merkt man selbst nicht?

Man möchte das nicht merken. Ich glaube, wenn man anfängt, damit zu spielen oder umzugehen, wäre es ziemlich uncool.

DIE FIESEN SIEBEN ZUR 250STEN SENDUNG 2011

Ich würde Sie jetzt mit Fiesen Sieben konfrontieren, die ich anderen Gästen bereits gestellt habe. Ich sage dann immer dazu, wer die Frage schon einmal beantworten musste. Die erste, zum Beispiel, musste Wolfgang Joop beantworten.

Ich weiß, dass Ihr Großvater Schneider war, dass Ihnen seitdem Mode als Kunstform auch wichtig ist. Wann waren Sie das letzte Mal schlecht angezogen?
Hmm.
Irgendwie zu Hause oder an irgendeinem Tag, Ostern? Wann kamen Sie sich schlecht angezogen vor, nie?
Nein.

Markus Kavka, MTV-Moderator, ist jetzt bei ZDF Neo, den habe ich gefragt: Stimmt es, dass Sex unter Kokaineinfluss mehr Spaß macht?
Dachte ich mal.

Heiner Lauterbach habe ich mal gefragt: Was können Sie besser, küssen oder Ihren Beruf ausüben?
Meinen Beruf ausüben.
Sie können Ihren Beruf besser ausüben als küssen.
Ja. Ich kann zum Beispiel unheimlich gut küssen in meinem Beruf.

Franz Müntefering habe ich gefragt: Was ist das Jugendlichste an Ihnen?
Mein Lachen.

Hans-Olaf Henkel musste sich die Frage gefallen lassen: Was wirkt auf junge Frauen anziehender, Macht oder Geld?
Wenn ich so darüber nachdenken würde, was ich nicht tue, könnte ich mir vorstellen: Für viele junge Frauen ist Geld ein ziemlicher … ein ziemlicher Stimulator.

Richard von Weizsäcker habe ich gefragt: Wie gefällt es Ihnen, wenn sich Männer über fünfzig die Haare färben? Wie finden Sie das, Frau Berben?

Ich mag's nicht.

Sie mögen's nicht?

Nee.

Sie sehen es wahrscheinlich auch relativ schnell.

Ja, klar.

René Kollo habe ich gefragt: Was passiert, wenn man einer Frau »Dein ist mein ganzes Herz« direkt ins Gesicht singt?

Man erschrickt, oder?

Man erschrickt? Man freut sich nicht? Ich habe immer … ich würde wünschen, ich könnte singen, dann könnten wir das ausprobieren.

Dann hätten Sie jetzt »Dein ist mein ganzes Herz« gesungen?

Ich hätte dann sofort »Dein ist mein ganzes …«

Ja, aber ich hätte gewusst, dass Sie schwindeln. Ich habe schon nicht gesagt »lügen«, aber »schwindeln«.

Wieso? In diesem Moment gehört Ihnen dann mein Herz, ist doch klar. Aber ….

Aber so ist es viel schöner, so wie Sie es gerade gesagt haben. So ist es gut. So geht es richtig den Rücken runter.

DR. RICHARD VON WEIZSÄCKER (2010) *Der Stuhl. Dieser blöde Stuhl. Aber jetzt ist es zu spät: Das Interview hat begonnen, und Richard von Weizsäcker sitzt auf einem Bürodrehstuhl. Dem einzigen Sitzmöbel, das hier in seinem Büro im Magnus-Haus am Kupfergraben aufzutreiben war, um ihn für die Kameras auf Augenhöhe mit dem Moderator zu bringen.*

Jetzt macht er es schon wieder: tippelt mit den Füßen leicht nach links, dreht sanft hinterher – und sich dadurch fast aus dem Bildausschnitt. Schaut herüber, bemerkt das verzweifelte Gesicht des Kameramanns – und dreht sanft wieder

zurück. Und ein wenig zu weit. Jetzt verschwindet die andere
Gesichtshälfte aus dem Sucherbild. Abbrechen? Nein, es
läuft gerade ganz prima. Richard von Weizsäcker beant-
wortet hellwach die Fragen – und hat sichtlich Spaß. Jetzt
schon wieder: Blick zum Kameramann – zuckt es da in
seinen Mundwinkeln? Es zuckt. Und dann: tippeln, drehen –
und wieder um Haaresbreite aus dem Bild. Er macht das
mit Absicht, ganz offensichtlich. Ist in Stimmung für ein
Späßchen mit der Kamera. Tippeln, Drehen, Mundwinkel-
zucken.

Eine halbe Stunde mit Richard von Weizsäcker. Und dann,
als die Kameras aus sind: »Einen tollen Stuhl haben Sie da
hingestellt.«

DIE AKTE WEIZSÄCKER

(wurde in der Sendung nicht verlesen)
Mein Name ist Richard Karl Freiherr von Weizsäcker.
Ich bin 89 Jahre alt, seit 56 Jahren verheiratet und der Vater
von vier Kindern.
Nach dem Zweiten Weltkrieg, an dem ich über die gesamte
Dauer als Soldat teilnehmen musste, studierte ich Jura.
Nach verschiedenen leitenden Positionen in der Wirtschaft
entschloss ich mich für die Berufspolitik. Seit 1954 bin ich
Mitglied der CDU.
Von 1981 bis 1984 war ich Regierender Bürgermeister Ber-

lins. In den folgenden zehn Jahren war ich als Bundespräsident das Staatsoberhaupt der Bundesrepublik Deutschland.

WAS ZU MEINEN GUNSTEN VORLIEGT:

Ich habe schon als Junge im Familienkreis glänzende Reden gehalten, für die ich den Spitznamen »Kikeriki« bekam.

Ich rage in der Reihe der Bundespräsidenten heraus. Sagt Helmut Schmidt.

Ich kann toll schreiben. Meine autobiografischen Erinnerungen wurden auch wegen ihres Stils gelobt.

WAS ZU MEINEN UNGUNSTEN VORLIEGT:

Ich war nie Bundeskanzler. Obwohl ich für diese Aufgabe hervorragend geeignet war.

Selbst ich kann den Abstieg von Hertha BSC nicht verhindern.

Ich habe schon gelegentlich unter den Tisch zu kehren versucht, dass ich gebürtiger Schwabe bin.

DIE FIESEN SIEBEN

Welche Ausdrücke, die Sie vorher nicht kannten, haben Sie in der Ofensetzer-Zeit gelernt?
Dass es Mann und Frau gibt. Na ja, ich war eben ein relativ unbescholtenes Knäblein, als ich zum Arbeitsdienst kam. Und die ganz besonderen Berliner Ofensetzer haben sich darüber amüsiert, aber sie haben sich nicht über mich lustig gemacht.

Welcher Staatsgast war für Sie, in Ihrer Zeit als Bundespräsident, die größte Enttäuschung?
Ceaușescu.
Weil er eher aggressiv war, oder …?
Ein grässlicher Kerl! Das arme Rumänien. Allerdings, seine Frau übertraf ihn noch.

Welches Parfüm benutzt die Queen? Wie riecht die Queen?
Haben Sie eine Vorstellung, wie man sich begegnet? Man braucht sich wirklich keine Mühe zu geben, um sich nicht in die Lage zu bringen, eine solche Frage beantworten zu können oder zu wollen, selbst wenn man es könnte.

Warum müssen bei einer offiziellen Begrüßung eines ausländischen Staatsgastes Soldaten nach wie vor die Gewehre präsentieren, was soll das?
Na ja, das ist eine alte Gepflogenheit. Wenn mit Geweh-

ren ein Gast begrüßt wird, ist es doch weit vernünftiger, als wenn mit ihnen geschossen wird!

Man könnte ja auch mit Blumen winken … Okay, gut, dann nicht.

Wie gefällt es Ihnen, wenn sich Männer über fünfzig die Haare färben?

Das kann ich nicht beurteilen. Das muss jeder selber wissen. Manch einer denkt mehr darüber nach, sich die Haare zu färben, ein anderer vielleicht darüber, wie man das macht, dass noch mehr kommen.

Welcher CDU-Mann aus der aktuellen Tagespolitik könnte den Job so gut machen wie Angela Merkel ihn macht als Bundeskanzlerin?

Die Frage beantworte ich sowieso nicht. Der Teil, den ich verstanden habe, der macht mich schon misstrauisch genug. Ich kommentiere keine aktiven, gegenwärtig gewählten Politiker. Fragen Sie lieber etwas anderes.

Okay, ich frage die nächste Frage.

Was hat Ihre Tochter Beatrice immer an Ihnen genervt?

Na, da müssen Sie sie fragen.

Das werden Sie doch mitgekriegt haben!

Ach, ich weiß nicht. Fragen Sie lieber meine Tochter, nicht mich. Aber wir vertragen uns ganz gut, soweit ich das beurteilen kann. Ich schätze sie jedenfalls sehr.

BARBARA *ist eine eitle Ziege, die den Boden unter*
SCHÖNEBERGER *den Füßen verloren hat. Sie sieht*
(2007) *sich entweder als Primadonna des schrillen*
Chansongesangs oder arbeitet an ihrer Hollywoodkarriere.
Sie säuft, als gäbe es kein Morgen, und ist hinter den
Kulissen mit »Besen« noch freundlich umschrieben.
An dieser Beschreibung ist kein Wort wahr. Es gibt noch

nicht mal eine unterschwellige Wahrheit in den Zeilen, die
Sie soeben gelesen haben.

Ich wollte nur einmal Barbaras Wunsch entsprechen und sie
überhaupt nicht hofieren.

In der Sendung im Februar 2007 hatte sie sich das
gewünscht. Heute würde sie aber immer noch fordern, die
Komplimente mögen sofort aufhören. »Sofort!«, würde sie
wahrscheinlich sagen und die unfassbar großen Augen noch
größer machen.

Mittlerweile ist zigfach bewiesen, dass es wenige Unter-
halterinnen in Deutschland gibt, die ihr Kaliber haben.
Unterhalter übrigens auch.

Als wollte sie sich nur zu einem netten Abendessen dazu-
setzen und sich amüsieren. So betritt sie eine Halle, in
der wer-weiß-wie-viele-tausend Menschen miterleben
wollen, wer für Deutschland am Eurovison Song Contest
teilnimmt. Als dann am Ende der Sieger auf den Sieg
verzichtet, weiß erst mal keiner, was los ist. Außer Barbara.
Die beißt sich nicht nervös auf die Unterlippe. Sondern
entscheidet.

In unserer Sendung redet Barbara nicht über Feminismus.
Jedenfalls nennt sie den Begriff nicht. Aber wer diese Frau
trifft, wird als Mann überlegen, ob es irgendeinen Bereich
gibt, in dem er sich mit Barbara Schöneberger gleichberech-

tigen könnte. Intelligenz? Schlagfertigkeit? Souveränität?
Sprachtalent? Stilsicherheit?

Sie hat mir damals vorgeworfen, ich hätte mich an der
»Isar-Thematik« festgebissen. Sie hatte vorher erzählt, dass
sie in schwarzen Klamotten versteckt an der Isar spaziert
war, als ihr Leben weibliche Formen annahm. Jungs durften
mitgehen. Entweder um ihnen mitzuteilen, dass dieser
Spaziergang lediglich auf langsames Laufen hinauslaufen
würde. Oder um den Jungen zu küssen, wenn ihr danach
war. Aber auch nur dann. Als altmodischer Kavalier, der
auch selbst gern losküssen wollte, fühlte ich mich auf mimo-
senhafte Weise gekränkt.

Dabei ist es kein Wunder, dass sie sich mit der Frauwerdung
schwertat. Sie hatte einfach schon zu viel hinter sich. Ein
permanentes Augenpflaster. Gegen das Schielen. Immerhin
mit Giraffen-Motiven, die ihr zwischenzeitlich gefielen.

Und dann auch noch eine Außenspange, die über dem Kopf
verschlossen wurde. Es könnte sein, dass selbst ihre liebenden
Eltern bei der ganz jungen Barbara noch keinen Showstar
auf größten Bühnen vor sich gesehen haben.

Sie wäre nicht die berühmte Schöneberger, wenn sie nicht
jede ihrer damaligen Angeschlagenheiten so erzählen würde,
dass die Kameraleute hinter ihren Geräten das Lachen kaum
unter Kontrolle bekommen.

Ich möchte nicht nach ihrer Pfeife tanzen, deswegen volles Rohr, aber von Herzen:

Barbara Schöneberger ist als Unterhalterin hochbegabt. Als Gastgeberin der NDR Talkshow glamourös-damenhaft. Vor allem aber: Sie ist ein zugänglicher, energischer und äußerst großzügiger Mensch.

Wenn sie das nächste Mal kommt, halte ich aber wohltuende Gemeinheiten bereit. Für den viel zu blonden Drachen mit den hässlichen Bingo-Wings. Was schlaffes Bindegewebe an den hinteren Oberarmen von Frauen beschreibt. Wie mir wer am eigenen, angeblich schlimmen Beispiel erklärt hat?

DIE AKTE SCHÖNEBERGER

DIE STARSCHNITTVARIANTE

Ich bin Barbara Schöneberger. Ich bin gerade mal 32 Jahre alt und ein totales Glückskind. Keine Probleme mit den Eltern, keine Probleme an der Schule in München, selbst das Soziologiestudium war nicht so langweilig, wie es sich anhört. Das habe ich allerdings nicht zu Ende gemacht, ein Volontariat bei einer Modezeitschrift musste ich auch abbrechen, *wollte ich auch abbrechen,* denn verschiedene Fernsehmenschen fanden und finden mich attraktiv. Gut aussehende Frauen gibt es im Fernsehen allerdings viele, deswegen ist es wiederum ein großes Glück, dass ich viele Herren mit meiner Schlagfertigkeit und meinem wendigen Geist manchmal sogar einschüchtern kann. Ich hatte schon meine eigene Show im ZDF, habe in meiner Sendung »Blondes Gift« die unterschiedlichsten Gäste ausgefragt und bin in vielen Programmen ein gern gesehener Gast. Im vergangenen Jahr habe ich an neun Abenden hintereinander das »Tipi am Kanzleramt« gefüllt. Und zwar mit einer Konzertreihe, die »Stars go Swing« hieß. In Hamburg wohnt ein Mann, den ich momentan für den tollsten Mann der Welt halte. Deswegen wohne ich mit ihm zusammen. *Das ist schön. Das ist gut eigentlich zusammengefasst. Mehr ist es ja eigentlich nicht.*

DIE VÖLLIGE BARBARA-UNTYPISCHE DUNKELVARIANTE

Mein Name ist Barbara Schöneberger. In zwei Wochen werde ich schon 33 Jahre alt, bin aber noch unverheiratet und vor allem kinderlos. Ich habe mein Studium abgebrochen, meine Karriere als Moderedakteurin auch und aus meiner Heimatstadt München musste ich auch weg. Das ZDF hat mir für meine »Schöneberger-Show« nicht genug Zeit gegeben, um zu Gottschalk aufzuschließen. »Blondes Gift« gibt es auch nicht mehr. Ständig schreiben alle in der Zeitung, was ich angeblich für ein Hammer-Braten sein soll, dabei finde ich mich zu dick. Ich würde lieber mal lesen, dass ich eine tolle Sängerin bin. Oder dass ich mich auf die zickigsten Gäste einlassen kann. Oder dass mir selbst geschriebene Bücher zuzutrauen sind. Oder selbst gemachte, hochbegabte Kinder sowieso. *Stimmt. Ah, ich mag 'ne Mischung aus beiden. Ähm, das mit dem Studium ärgert mich echt! Ich habe Soziologie studiert. Da ist man* aber auch in guter Gesellschaft, wenn man sein Studium nicht zu Ende führt. Allerdings zu sagen, ich habe mein Studium abgebrochen, geht schon einen Schritt weiter. Das ist wirklich eine dunkle Variante. Man kann es auch anders sagen. Hätte ich es zu Ende gemacht, wäre ich jetzt Taxifahrer oder so. Man hat ja das Gefühl, für die, die das Studium zu Ende machen, für die ist es wirklich hoffnungslos, als Soziologe.

DIE FIESEN SIEBEN

Über welches Ihrer Körperteile würden Sie niemals schlecht reden?
Meine Füße.
Warum? Die sind so schön?
Ja.
Hier sind ja mehrere Menschen anwesend, wenn wir hier sitzen. Würden Sie sagen, Sie haben wahrscheinlich die schönsten Füße hier im Raum?
Nein, das würde ich nicht sagen.

Inwiefern gehören Sie zur Gruppe der neuen Spießer?
Äh, weil ich auch einfach aus der Gruppe der alten Spießer stamme. Meine Eltern sind keine freakigen Hippies, sondern vielleicht das, was man Spießer nennt. Und weil ich von vielen Dingen, mehr, als ich zu glauben gewagt habe, doch eine genaue Vorstellung habe, wie diese Dinge abzulaufen haben. Zum Beispiel: Bevor man in den Urlaub fährt, macht man die Wohnung sauber, *(lacht)* oder …

Sperren Sie alle Hähne zu?

Ja, ja. Und wenn Schubladen geöffnet werden, müssen sie auch wieder geschlossen werden. Solche Sachen.

Und gibt es, bevor Sie in den Urlaub fahren, eine Checkliste, die Sie aus der »Brigitte« ausgerissen haben?

Nein, aber ich klopfe Kissen, bevor ich ins Bett gehe, auf. Damit ich, wenn ich am nächsten Morgen runterkomme, auf eine ganz schöne Couch gucke, zum Beispiel.

Was könnten Sie sich nicht erlauben, wenn Sie weniger schön wären? Weil Sie jetzt so schön sind.

Was ist das für eine Frage!

Sie werden jetzt hier nicht die Fragen kritisieren. Die Frage ist doch ganz klar: Was könnten Sie sich dann nicht mehr erlauben, von dem, was Sie sich heute rausnehmen?

Ähm, ich könnte nicht so … Man würde vielleicht nicht so oft in irgendwelchen Zeitschriften erscheinen oder so.

Sie könnten nicht über Ihre Terrakottatöpfe sprechen, wie es schon passiert ist in einigen Interviews: »Ich habe so schöne Terrakottatöpfe.«

Ich liebe meine Terrakottatöpfe! Ich dachte, dass denen ein ganzer Block gewidmet war, das war doch so ausgemacht!!!

Welchen Moment Ihres beruflichen Schaffens sollte die Nachwelt in Erinnerung behalten?

»Blondes Gift« und alles, was noch kommt ab September 2007.

Jetzt wird es aber langsam so interessant, dass ich aber komplett hören möchte, was ab September 2007 passiert. Was singen Sie denn da?

Dann werde ich singen, und zwar richtig schöne Sachen!

Dann machen wir was richtig Tolles. In Farbe und bunt. Mit richtig großem Orchester und auch tollen Klamotten.

Mit Fernsehen oder lieber ohne Fernsehen?

Ohne Fernsehen!

In Berlin?

All over Germany.

Eine Tournee, eine Barbara-Tournee.

Worum beneiden Sie Sandra Maischberger?

Um all das, was sie sich an Wissen all die letzten Jahre so angelesen hat und offensichtlich auch gut memoriert hat.

Das ist ja auch schon wieder fast ein bisschen böse. Was sie sich so alles angelesen hat, die kleine Streberin.

Na, wenn die nicht viel liest, wer soll denn sonst viel lesen. Um diese politische Sendung, die sie mal eine Zeit lang gemacht hat, bestreiten zu können … und das habe ich sehr, sehr bewundert. Ich finde überhaupt, dass Sandra Maischberger ganz, ganz, ganz toll ist.

Inwiefern sind Sie eine glaubwürdige Milchbotschafterin?

Ich finde es ganz toll, als Frau für Milch und Honig zu stehen.

Man könnte Sie aber auch unter Champagnerflötenverdacht haben?

Das geht ja beides. Und ich bin sicher, würde man beides mischen, das ginge auch irgendwie runter. Ihnen tropft da ein Speichelfaden runter!

Nein, mir tropft da gar nichts.

Wie viele Male in der Woche bittet Sie Ihr Freund, endlich mit dem Arbeiten aufzuhören, weil sein Einkommen locker für zwei reicht?

Das stimmt. Aber eigentlich hat er neulich gesagt, dass er irgendwann aufhört, damit wir beide von meinem Einkommen leben.

Das ist schöner, weil es Ihnen mehr entspricht?

Ihm?

Nein, weil es Ihnen mehr entspräche.

Ja, auf jeden Fall! Also, wenn ich mir jetzt vorstellen würde, ich würde in Othmarschen nur noch mit dem Tuareg rumfahren, um Blumenkübel zu besorgen, und dann diese leise schließenden Tore …. Nee. Das wäre nichts für mich.

Wir fahren nirgendwo mehr mit einem Tuareg hin, wegen der Klimakatastrophe! Wir fahren alle nur noch Kleinwagen. Das hat sich doch rumgesprochen.

Ja, genau!

ANDREAS KNIERIEM *Süßwasserfische sind doof.* **(2014)** *Natürlich nicht alle. Aber manche.*

Es tut so gut, wenigstens gegenüber Süßwasserfischen für einen kleinen Moment rücksichtslos sein zu dürfen.

In diesen Zeiten, in denen so viele sehr gute und super-gute Menschen unterwegs sind, die immer eine Goldwaage am Mann oder an der Frau tragen. Für den Fall, dass eine bestimmte Gruppe durch eine Unbedachtheit oder eine

Flapsigkeit diskriminiert wird. Nach Meinung der dann
selbstverständlich empört schreibenden Zuschauer, hat der
Interviewer in genau diesem Moment sein wahres Gesicht als
Frauenfeind, Rassist, Sadist, Schwulenfeind oder insgesamt
Nazi gezeigt. Die Moralwahrer machen manchmal mürbe
und müde. Meistens setze ich aber auf das Verständnis und
das positive Vorurteil der Menschen, die uns zugucken.
Ich unterstelle, die meisten wissen, dass wir ein lebendiges
Gespräch vorführen wollen. Unter den vierhundert Gästen,
die wir begrüßt haben, war kein Rassist, kein Sadist und
eben auch kein Tierquäler.
Wobei über Dr. Andreas Knieriem wahrscheinlich einige
sagen, er würde als Chef der größten zoologischen Einrich-
tung Europas sein Geld mit dem Leid der Tiere verdienen.
Kurz bevor er in unsere Sendung kam, hatte der Kopen-
hagener Zoodirektor eine Giraffe erschießen und an die
Löwen verfüttern lassen. Danach stellten radikale Tier-
schützer wieder einmal unter Beweis, zu welcher Schrillheit
sie in der Lage sind. Mit dieser augenblicklich extrem
lauten Diskussion im Ohr ist es, als würde man eine schall-
dichte Tür zuziehen und sich in einen Sessel fallen lassen,
wenn Andreas Knieriem aus seinem Leben mit den Tieren
erzählt. Als der Mann zur Welt kam, arbeitete sein Vater im
US-Bundesstaat Georgia. Knieriem ist bis heute nicht nur

Deutscher, sondern auch Amerikaner. Wie jeder Mensch, der auf US-Territorium geboren wird. Heute spricht er allerdings mit dem Akzent der nächsten Station seines Lebens. Manche Glottallaute sind nur mit dem Ruhrgebiet, in seinem Fall Duisburg, zu erklären. Dort entdeckt er als 13-Jähriger den Zoo für sich. Er macht sich nützlich. Ist irgendwann kaum noch wegzudenken. Seine berufliche Richtung ist damit klar. Nur der Vater grollt kurz, als ihm der Abiturient Andreas darlegt, warum er Tier- und nicht Menschenmedizin studieren wird. An seiner ersten Arbeitsstelle, als stellvertretender Direktor des Hannoveraner Zoos, lernt er seine Frau kennen. Bei anderen Persönlichkeiten kommt er weniger gut an. Im Affenhaus scheint sich rumgesprochen zu haben, dass er der Typ mit der Spritze ist. »Noch die in der fünften Reihe haben mich erkannt«, sagt Knieriem. Er wird 2009 Chef im Münchner Tierpark Hellabrunn. Noch nicht 45 Jahre alt, aber eben schon Jahrzehnte Erfahrung im Zoo.

Größer als in Berlin geht es nicht. Denn der Tierpark im ehemaligen Ost-Berlin und der Zoo, der dem legendären Bahnhof im Westen den Namen gab, gehören zusammen. Wenn sich so was in einer Fernsehsendung feststellen lässt, dann ist der Zoodirektor mit sich im Reinen. Dick auftragen ist seine Sache nicht. Seine Frau sagt über ihn, dass er sich sogar langweilig kleidet. Sein Fachwissen steht ihm aller-

dings so gut wie einem Papagei sein prachtvolles Gefieder.
Selbstverständlich weiß er, was die Zoo-Gegner an seiner
Einrichtung empört. Aus deren Sicht ist er der oberste
Schließer in einem Knast, der den Tieren jede Freiheit raubt.
Spätestens wenn menschliche Begriffe wie »Freiheit« erwähnt
werden, entwickelt der sonore Knieriem Blutdruck. »Ein Tier
ist nicht in unserem Sinne frei. Stattdessen befindet es sich
vor allem zwischen zwei Zwängen: Was fresse ich, und wer
frisst mich?«, sagt er.

Wer einen Tierpark leitet, streichelt nicht Tag für Tag alle
ihm namentlich bekannten Tiere, die ihn nicht beißen. Knie-
riem soll auch Geld verdienen. Vor allem mit dem Tierpark,
der noch nicht so viele Besucher hat, wie der West-Zoo mit
den unzähligen Berlin-Touristen.

Nach zweimaligem Nachfragen gibt er allerdings zu, dass er
weinen musste, als sein Doktorfisch im 26. Lebensjahr starb.
Ein Salzwasserfisch, der Andreas Knieriem während des
Studiums so sehr Gefährte war, wie es einem Wassergeschöpf
möglich ist. Angeblich hat der Fisch erkannt, wenn die Fütte-
rung anstand.

Es ist nicht auszuschließen, dass Andreas Knieriem mit seinem
Fisch auch gesprochen hat. Wahrscheinlich ging viel politisch
unkorrekte Häme über Süßwasserfische hin und her.

DIE AKTE KNIERIEM

Mein Name ist Andreas Walter Alfred Knieriem. *Vergesse ich immer, dass ich so viele Vornamen habe, aber ja. Ich nenne mich nur einfach Andreas Knieriem.* 49 Jahre alt. *Stimmt auch.* Verheiratet. Vater einer netten 8-jährigen Tochter. Als promovierter Tiermediziner darf ich mich auch Dr. Knieriem nennen. *Darf ich, tue ich selten.* Weil mein Vater dort beruflich zu tun hatte, wurde ich in dem US-Bundesstaat Georgia geboren. Anschließend zogen wir ins Ruhrgebiet, und zwar nach Duisburg. *Wohl wahr.* Meine Begeisterung für den Zoo begann auch dort. Schon mit 13 Jahren verbrachte ich jede freie Minute mit den Tieren und Zoomitarbeitern. Nach meinem Studium war ich stellvertretender Leiter des Zoos in Hannover, anschließend machte ich mich als Direktor um den Zoo Hellabrunn in München verdient. Seit April dieses Jahres leite ich nun die größte zoologische Anlage Europas, nämlich den Berliner Zoo sowie den dazugehörigen Tierpark.

WAS ZU MEINEN GUNSTEN VORLIEGT:

Ich habe um meinen Doktorfisch geweint. *Das stimmt. Irgendwie wusste der immer genau, wann ich ihm Futter bringe, welches Futter ich ihm bringe, und dann baut man eine Beziehung auf zu einem Fisch. Fand ich auch interessant.*

Ich habe zwei Elefanten aus Brügge nach Hannover gebracht. *Stimmt. Auch schon länger her.*

WAS ZU MEINEN UNGUNSTEN VORLIEGT:

Auch unter meiner Regie als Zoodirektor bleiben die Tiere eingesperrt. *Das wird auch so bleiben.*

Ich kleide mich langweilig, sagt meine Frau. *Ja, stimmt auch.*

Meine Tochter verabschiedet sich nach dem Frühstück mit dem Gruß: »Bis morgen«. *Das hat sich ein wenig geändert. Sie will länger aufbleiben, und mittlerweile lässt sie das. Ich neige dazu, leider zu spät nach Hause zu kommen. Und meine Frau ruft meistens entnervt an, weil sie schon seit Langem Hunger hat und irgendwann auch mit mir zusammen essen möchte. Wir schaffen es trotzdem nicht. Aber das ist mein Los.*

DIE FIESEN SIEBEN

Welches Tier ist doof?
Äh, doof, so richtig … gut, es gibt Quallen, die sind wirklich ein bisschen doof. Muss man schon so sagen. Es gibt intelligente Fische und dumme Fische. Viele Salzwasserfische sind tatsächlich recht intelligent und Doktorfische erst recht.
Das heißt, man kann im Umkehrschluss auch sagen: Süßwasserfische sind doof? Also ein Karpfen ist ein Blödmann? Eigentlich?

193

Kann man so sehen, nicht alle, aber es ist häufiger. Gerade die Fressfeinde, die beutetiergreifenden Fische, nicht alle davon sind ja die typischen, wie Hecht, oder eben so ein Doktorfisch, oder Barsche, die können ein bisschen Intelligenz aufbringen. Sepias, Tintenfische, noch viel mehr. Sie sind zwar keine Fische, in dem Sinne …

Sondern wozu gehören die?

Mollusken.

Mollusken?

Weichtiere.

Aber die Intelligenz eines Tintenfisches kann man woran erkennen?

Weil der intelligent genug ist, um schwierige Sachen zu machen, beispielsweise den Deckel einer Flasche zu öffnen. Wenn Sie dem was reingeben in das Becken, untersucht er das richtig. Der analysiert richtig und kriegt auch raus, wie er damit Unsinn treiben kann.

Echt?

Ja. Ein Tintenfisch kann das.

Meine Damen und Herren, wehe dem, der Tintenfischringe isst. So ein intelligentes Geschöpf, und Sie essen es auf. Ich sag's nur.

Es gibt schon Tiere, Hühner, zum Beispiel, die nicht so intelligent sind im Gegensatz zu Keas, Papageien, Aras, Dohlen, Krähen. Man muss immer die Relation sehen.

Den Namen welches Tieres verwendeten Sie in erotischen Zusammenhängen am liebsten?

Gar keinen.

Worauf kommt es Ihnen besonders an, wenn Sie »Georgia on My Mind« singen?

Oh, habe ich noch nicht gesungen, obwohl ich da geboren bin. (*schmunzelt*) Schlechte Fragen für mich. »Georgia on My Mind«? In einem ganz entfernten »mind«, würde ich sagen.

Wie verhindern Sie, dass Ihre Tochter Humanmedizinerin wird wie der Rest der Familie?

Indem ich ihr erst einmal ein paar Pathologiebücher zeige. Kann aber auch den gegenteiligen Effekt haben.

Sie würden Ihrer 8-jährigen Tochter Pathologiebücher zeigen?

Nein.

Was ist in München toller als in Berlin?

Oh, nicht so vieles. Ich schätze Berlin, Berlin ist eine tolle Stadt. München hat einen großen Vorteil, der Marienplatz und der wirklich alte Kern. Und Sie haben dort wirklich noch das Gefühl von einem Stadtzentrum.

Aber Sie sind hier hingegangen, muss man dazu sagen, weil auch Ihre Frau Berlinerin ist und so gerne zurückwollte.

Aber ich wollte auch zurück, ja. Berlin gefällt auch mir.

Ach, das haben wir vergessen, Sie sind schon als Student – weil Sie hier studiert haben –, Sie sind schon als Student durch den Zoo gegangen, den Sie heute leiten.

Genau. Ja, ja.

Wenn Sie sich entscheiden müssten, wären Sie lieber eine Hyäne oder ein Wildschwein?

Lieber ein Wildschwein.

Weil?

Weil sie intelligenter sind.

Die Hyäne kommt mir vor, entschuldigen Sie diese krasse Sprache, aber die kommt mir vor wie das Arschloch der Wildnis, weil es andere Tiere lebendig ... also, die Tiere sind bei Bewusstsein, während die Hyäne schon ... Das habe ich in Afrika gesehen. Das ist ja fürchterlich.

Aber die Hyänen haben damit kein Problem. Sie sind ja nicht ethisch vorgebildet, so wie wir das sind. Für die Hyäne ist das kein Problem.

Ja, für die Hyäne ist das kein Problem, aber für das Opfertier ist es natürlich Horror.

Ja, aber die kommunizieren ja nicht vorher miteinander, die Gazelle und die Hyäne.

Wenn ein Löwe sprechen könnte, was würde er den Zoobesuchern häufiger sagen?

Oh, schaut mal, wie kräftig und groß ich bin! Ich bin immer noch euer Chef!

Ja?

Ja.

Weil das der Anspruch von Löwen ist?

Ja, doch. Er ist der König der Tiere. Das merke ich. Ich wohne ja dort. Das kriege ich im Sommer fast jede Nacht zu hören, wenn er sehr deutlich komplett Charlottenburg sagt: »Hier, hallo, der Chef bin immer noch ich!«

Ach, tatsächlich, Sie hören jeden Tag den Löwen brüllen?

Ja. Jetzt im Sommer, im Winter sind sie ja eher drinnen,

weil's da ein bisschen kalt wird, aber im Sommer, ja. Unregelmäßig, mitten in der Nacht, 2 Uhr, 3 Uhr, 4 Uhr, irgendwann schläft man gut.

Sie haben aber kein Problem, trotz der Lautstärke zu schlafen, weil Sie schon als junger Mann so viele Aquarien um sich herum hatten, dass die ganze Zeit über Pumpgeräusche zu hören waren?

Gut recherchiert. Ja, so ist es. Aber es liegt nicht daran. Wenn ich die Löwen höre, weiß ich, sie sind noch da. Da kann man dann beruhigt schlafen.

ANNETTE FRIER (2015) »Mach es ein bisschen lustig«, raunt mir unser rbb-Redakteur Justus Kaufhold vor jeder Sendung zu. Immer, geradezu ritualhaft. Insbesondere dann, wenn es mit dem Gast um Islamismus, Armut oder sonstiges Elend gehen soll.

»Von wegen lustig«, hatte ich mir allerdings für das Gespräch mit Annette Frier vorgenommen. Wir würden nur einen klitzekleinen Moment im Flockigen verweilen, aber dann käme richtig hartes Feuilleton. Wie sie ihre Rolle in dem Stück »August: Osage County« im Theater am Kurfürstendamm anlegen würde, würde ich mit einem so kultivierten

Gesichtsausdruck fragen, als schliefe ich abends immer über einem Reclam-Büchlein ein. Das war der Plan.

Schließlich ist das nur angemessen, bei einer Künstlerin wie Annette. Hat sich schon zigfach ereignet: Auf die Bühnenleinwand einer Preisverleihung wurde die Kategorie »Beste Schauspielerin« projiziert. Dann kam ein sehr berühmter Laudator, oder eine sehr berühmte Laudatorin. Redete. Bis der Name »Annette Frier« ausgesprochen und die Geehrte auf dem Weg zur Bühne war.

Bayerischer Fernsehpreis, Deutscher Fernsehpreis und die Goldene Nymphe beim Fernsehfestival in Monte Carlo waren auch schon dabei.

Wichtig: Schauspielerin! Als Komikerin durfte sie schon mehrfach den Deutschen Comedypreis entgegennehmen. Man könnte ihr aber auch ein Drehbuch ohne eine einzige Pointe geben. Rollen als Demenzkranke oder als Völkermörderin. Eben irgendwas Oscar-Taugliches. Könnte sie selbstverständlich auch.

Wer etwas richtig gut kann, muss nicht fürchten, als Hochstaplerin enttarnt zu werden. Annette Frier ist sich beruflich ihrer selbst sicher. Sollte es Bereiche des Lebens geben, die sie nervös machen, dann sind die ganz bestimmt nichts für die Öffentlichkeit. Sprachpomp, Kulturfloskeln und magensaure Berlin-Mitte-Bedeutungshuberei hat sie nicht nötig.

Deswegen kommt es zwischen uns nicht zum Äußersten, also zum Feuilleton. Stattdessen nimmt sie irgendwann den Ring ab und scheuert mir eine.

Denn ich möchte gerne wissen, wie sie im Film und auf der Bühne haut. Im Theaterstück fängt sich die Tochter eine. Als Anwältin Danni Lowinski hilft manchmal nur das Faustrecht. Beispielsweise gegen die Konkurrentin. Die im richtigen Leben seit ihrer Geburt von Annette Frier aufrichtig geliebt wird. Denn diese Rolle spielt ihre neun Jahre jüngere Schwester Caroline Frier.

Wir reden über ihre Dankesworte bei der Verleihung des Comedypreises. Annette bedankte sich bei ihrem Ehemann für »den fantastischen Sex«.

Bei der ein oder anderen Kollegin könnte das plump wirken. Manche Vertreterin der Muschi-Pimmel-Hihihi-Clique kann nirgendwo auftreten, ohne mindestens zu versuchen, zum Stabsunteroffiziershumor eines männlichen »Comedians« aufzuschließen.

Humor ist allerdings nicht simple Pointenmechanik oder Schamverletzung um jeden Preis. Humor ist Haltung.

Auch wenn sie sich selbst niemals so beschreiben würde: Annette Frier ist auch dann noch eine Dame, wenn sie sich bei ihrem Mann für seine Leidenschaftlichkeit bedankt. Wir Zuschauer denken nicht: Geil, sie redet über ihr Schlaf-

zimmer. Eher stelle ich mir die Frage, wie wichtig ein sinnlich ausgefülltes Leben für alle sein könnte. Womöglich noch wichtiger als Wohneigentum. Gut, dass wenigstens Annette Frier darüber spricht.

Wir führen kein wirkliches Interview. Es ist auch weniger ein Fernsehgespräch. Stattdessen sitzen wir beieinander wie zwei Leute, die eine sehr liebevolle Beziehung hatten, sich als Freunde trennten und sich dann auf einen Kaffee beim rbb wiedertreffen. Was für zwei Leute, die niemals zusammen waren, eigentlich eine reife Leistung ist. Wir zanken uns gemäßigt durch die Sendung. Ich zeige mich noch pikiert. Denn Annette findet es schön, wenn ihre Freundin Cordula Stratmann über sie sagt, der Annette »scheine die Sonne aus dem Arsch«.

Ich frage, ob sie denn bitte schön auf diese Weise von einem Mann in einer Bar angesprochen werden wolle. Das sei etwas völlig anderes, mopst Frau Frier.

Es ist Minute für Minute vor allem ungeheuer angenehm, mit dieser erfolgreichen Frau, verknallten Mutter und Kölner Heimatliebhaberin beieinanderzusitzen.

Auch ich glaube, dass da irgendwas zwischen ihr und der Sonne läuft. Kompromissvorschlag bei dem anstößigen Zitat: Sie scheint überall aus Annette Frier.

DIE AKTE FRIER

Mein Name ist Annette Wünsche, geborene Frier. Ich bin vierzig Jahre alt, *Entschuldigung, da muss ich weinen. Bisher stimmt alles …*, verheiratet und Mutter von zwei Kindern. *Äh, lass mich kurz überlegen, wann habe ich die das letzte Mal … Ja, ist richtig.* In Köln wurde ich geboren und ausgebildet. Ich habe in Köln geheiratet, meine Kinder zur Welt gebracht und bin auch sonst dort nicht weggegangen. *Stimmt nur teilweise.* Meine Eltern waren sehr nett zu mir, vielleicht lag es daran, dass ich die mittlere von drei Schwestern bin. Jedenfalls war ich bis zu meinem 14. Lebensjahr sehr in mich gekehrt und sprach kaum, *nein, bis zu meinem 9. Lebensjahr.* Ich konnte allerdings auch schon damals aus mir herausgehen, wenn ich auf die Bühne durfte. Eine erste Erfahrung war die Rolle des Josef im Krippenspiel in der 4. Klasse – *falsch, in der 2. Klasse.* Nach dem Abitur ging ich an die Schauspielschule des Kölner Theaters. Die Regisseurin und Schauspielkollegin Hannelore Hoger hat mich nach meinem Studium für das Kölner Schauspielhaus engagiert. *Falsch, während meines Studiums, da ist auch ein kleiner Genitivfehler drin …* an das Kölner Schauspielhaus engagiert. Übrigens nicht als Komikerin, sondern als Schauspielerin für alle möglichen Rollen. *Falsch, für die Rolle der kleinen Schwester in der ›Kleinbürgerhochzeit‹ von Bertolt Brecht.*

Das Fernsehen machte mich in einer Rolle der RTL-Serie »Hinter Gittern« bekannt. Es folgten Engagements in erfolgreichen TV-Shows, in denen ich als sehr, sehr, sehr, sehr, sehr, sehr, sehr lustige Frau in Erscheinung trat, wie bei »Switch« oder in der Sat1-»Wochenshow«. Auch in der »Schillerstraße« war ich an der Seite von Cordula Stratmann, *Klammer auf: wohnte mal am Griechenmarkt in Köln, Klammer zu,* und Bastian Pastewka, unverzichtbar. *Na ja, unverzichtbar ist Ansichtssache. Wenn jetzt ein schlecht gelaunter Zuschauer vor dem Fernseher sitzt, sagt der: »Das kann man nicht behaupten«, aber da kann ich jetzt auch nichts machen.* Im vergangenen Sommer startete dann die fünfte und letzte Staffel der Anwaltsserie »Danni Lowinski«, die mir auf den Leib geschrieben wurde. *Falsch. Zweiter Teil ist falsch, erst war die Serie und dann kam ich.* In anderthalb Wochen hat das Theaterstück »Eine Familie. August: Osage County« hier am Theater am Kurfürstendamm Premiere. *Richtig. Ich spiele die Hauptrolle. Kommen Sie bitte alle.*

WAS ZU MEINEN GUNSTEN VORLIEGT:

Alle lieben mich, mit Recht. *(nickt)*

Ich kann im Traumberuf meiner Mutter erfolgreich sein. *Das stimmt! Ich würde da ein »darf« einsetzen, statt »kann«.*

Ich kann meditieren, ohne einen Kurs belegt zu haben, denn ich bin ein Naturtalent im Dösen. *Sehr richtig.*

WAS ZU MEINEN UNGUNSTEN VORLIEGT:

Anlässlich der Taufe meiner Kinder ließ ich einen ganzen Ochsen braten.

Ich werde mittlerweile älter besetzt als ich bin. *Ja, das ist eine Unverschämtheit.* In meiner Rolle am Kurfürstendamm spiele ich eine 46-Jährige.

Ich bin in Dankesreden zu offen. Als ich im vergangenen Jahr den Comedypreis erhielt, dankte ich meinem Mann für den geilen Sex mit ihm. *Nein, nein, falsch, für den fantastischen Sex mit ihm, habe ich gesagt.*

DIE FIESEN SIEBEN

Ich muss dich mit den Fiesen Sieben konfrontieren.
Ach so, jetzt schon.
Ja.
Wann hast du ein Lebensalter erreicht, in dem du keine Nacktaufnahmen mehr machen möchtest?
Nächste Frage, bitte.
Ich habe mich gefragt, wann gab es denn die letzten von dir und wo finde ich die im Internet, wenn ich ganz doll gucke.
Du, das zeige ich dir gleich, das geht ganz schnell, da brauchst du zwei, drei Tricks. Du weißt doch, wie's läuft. Zum Beispiel »Annette Frier Füße«, das ist eine schöne Seite, die man anklicken kann.

Ja, aber ich möchte ja alles.

Ja, aber dann kommst du von da aus weiter. »Annette Frier Füße« ist der erste Klick und dann …

Hast du das schon einmal angeguckt, selber?

Nee, ich sehe das nur immer und frage mich, was das ist: »Annette Frier Ehemann«. »Annette Frier Cordula Stratmann«. »Annette Frier Füße«. Was ist da los mit den Leuten? In was für einer Welt leben wir eigentlich? Ist ja auch egal. Du bist dran.

Findest du das schlimm, wenn Leute deine Füße angucken?

Nein, aber ich weiß nicht, was es in dieser Reihenfolge zu suchen hat. Ich bin manchmal ein bisschen baff über dieses Internet, das sich sicherlich nicht durchsetzt.

Hast du schon mal »Cordula Stratmann Füße« eingegeben? Vielleicht …

Ha, das mache ich mal. Dann kommen vielleicht deine.

Das kannst du dir nicht wünschen.

Was wäre dir eine größere Ehre: Oberbürgermeisterin von Köln oder Oscar-Preisträgerin?

Das ist eine schwierige Frage. Da möchte ich nicht entscheiden müssen.

Musst du aber.

Oscar-Preisträgerin als Bürgermeisterin von Köln in der Rolle ihres Lebens.

Du hast im Interview gesagt, dass dein Mann zu Hause alles macht, außer seinerzeit das Stillen. Was könntest du auch machen, wenn du nicht zu faul dafür wärst?

Im Stehen pinkeln.

Das war gar nicht die Frage. Das ist keine …

Was jetzt? Ich habe die Frage nicht verstanden. Das kann ja jedem mal passieren. Das macht die Dunkelheit.

Das macht mich hilflos. Das macht mich hilflos, Annette.

Ich habe die Frage nicht verstanden.

Es geht darum, was du im Haushalt machen könntest.

Es ist doch egal, was ich im Haushalt machen könnte. Das interessiert keine Sau.

Doch.

Nächste Frage.

Nein. Die Leute schauen uns zu und denken sich: »Kann denn die feine Frau Schauspielerin auch mal ein Spiegelei«.

Och. Ja, ich mache auch ein Spiegelei. Ich mach auch ein super Spiegelei im Ofen übrigens, aber das ist eine andere Geschichte. Ich finde das so uninteressant, ob einer kochen kann.

Ich aber nicht.

Weiter! Ich aber.

Aber du bist doch hier bei mir. Ich bin doch der Interviewer.

Ja, aber …

Was ich nicht wissen wollte, war, dass du im Stehen pinkelst. Das, finde ich, ist eine fürchterliche Vorstellung.

Wenn ich nicht zu faul dafür wäre, habe ich gesagt.

Was kannst du als Schauspielerin besser: vor Verzweiflung weinen oder vor Wut ausrasten? Die Frage hat die Sendung eigentlich bereits beantwortet, aber ich frage trotzdem.

Was ist denn deiner Meinung nach das, was ich besser kann?
Natürlich Ersteres.
Vor Verzweiflung weinen? Gut.

Was, Annette, wäre dir für die Dankesrede bei einer Preisverleihung zu intim?
Dass du mir die schreibst. Das wäre mir echt zu intim. Da gehe ich vorher nach Hause, da sage ich den Preis ab.
Das wäre eigentlich eine schöne Schlagzeile.
Schreibst du eigentlich Laudatios und so was?
Habe ich schon gemacht, ja.
Schreibst du für Preisverleihungen die Dankesrede für Schauspielerinnen?
Das habe ich schon gemacht, für einen Schauspieler.
Die Dankesrede? Du hast eine Dankesrede für einen Schauspieler geschrieben?
Ja, für einen sehr berühmten Hollywood-Schauspieler aus Deutschland, der gesagt hat …
Armin Mueller-Stahl?
Nein. Ich sage den Namen nicht. Denn es war so: Als er es zum ersten Mal gelesen hat, hat er in den Saal reingerufen: »Welches dumme Arschloch hat das denn geschrieben?«
Hoooch! Nein!
Das heißt, ich habe meinen Job offenbar nicht so gut gemacht. Obwohl: Ich bin auch böse auf den Schauspieler.
Nein, du hast ihn offenbar sehr gut gemacht, deinen Job.

Welcher Schauspieler wäre dir zu aufregend, um mit ihm eine Liebesszene zu drehen?
Wie heißt dieser Typ, der auch moderiert?

George Clooney?

Nee, der produziert.

Ja, also wer wäre dir zu aufregend?

Ach, komm. Nee, weiß ich nicht. Nächste Frage. Keiner. Was soll das? Was soll die Frage? Wer mir zu aufregend wäre? Das kann es nicht geben, das wäre doch super.

In Fernsehsendungen wie dieser sagen Schauspielerinnen und Schauspieler immer: »Leute, das ist ein Job. Auch eine Liebesszene ist ein Job«.

Leute, das ist ein Job. Auch eine Liebesszene ist nur ein Job.

Aber wenn man zwei Getränke getrunken hat mit dem einen oder anderen Schauspieler bei der einen oder anderen Veranstaltung, dann heißt es plötzlich: »Oh Mann, das war *hot,* das hat geprickelt. Uuu, wir haben …«

Weißt du, was wirklich komisch war? Den jetzigen Verlobten meiner Schwester zu küssen bei »Danni Lowinski«. Er spielte da mit, und die beiden wurden gerade ein Paar. Das war komisch.

Aber auch schön?

Das war irgendwie schräg. Das ist echt schräg, denn du denkst: Die küssen sich ja privat, und wir küssen uns jetzt beruflich. Das war komisch. Das war eigenartig.

Und wie fand er es?

Ich glaube, er fand es ähnlich bescheuert wie ich, und wir haben da einen Witz daraus gemacht. Aber das war eigenartig.

Küsst du im Fernsehen so wie du schlägst? Du schlägst als Schauspielerin ja absichtlich daneben. Also küsst du dann auch daneben?

Das geht dich überhaupt nichts an, Jörg.

Doch.

Nein.

Ich bin in der vergangenen Woche an Häusern berühmter Schauspieler vorbeigegangen.

Du hast also noch andere Hobbys?

Nein, das ist ganz normales Stalking. Und da wurde darauf hingewiesen, dass die Schauspielerin Elizabeth Taylor eine Hundehütte hat bauen lassen für ihren Hund, und die Hundehütte war klimatisiert. Wenn jetzt ein Fremdenführer an deinem Haus Leute vorbeiführt, was für Spleens von Annette Frier könnte der erzählen?

Gar nichts. Der geht da am Whirlpool vorbei, dann stehen da die vier Porsche Cayenne, dann kommt langsam die Einfahrt. Dann haben wir da …

Ganz normal.

… dann haben wir da vierzehn Katzen. Eigentlich kann ich mir nicht vorstellen, dass sich jemand darüber wundert. Nee.

Okay.

Bei uns ist alles normal.

Du bist auf dem Boden geblieben.

Absolut, und du, die drei Millionen, die ich für den nächsten Film kriege, weißt du – ein Achtzehntel wird gespendet.

Danke schön, im Namen all derjenigen, denen das zugutekommt.

GREGOR GYSI *Seit Gregor Gysi im Dezember 1989* **(2014)** *in der DDR in die Politik geraten ist, befindet er sich im Kampf um Gerechtigkeit. Das ist sein Dauerthema, es scheint ihm wirklich darum zu gehen, unfaire Verhältnisse zu beseitigen. Dafür tritt er immer wieder aufs Neue an. Seit 25 Jahren als Politiker. Aber eigentlich hat er schon sehr früh dafür gekämpft, dass die Welt gerechter wird: »Sie haben, als Sie acht Jahre alt waren, dem Kulturminister der DDR,*

Johannes R. Becher, einen Brief geschrieben. Da standen
Forderungen drin: manche Filme müssten freigegeben
werden für Kinder …«, und schon unterbricht Gysi den
Moderator. Und empört sich, als ob der Brief gestern
geschrieben worden wäre und nicht vor mehr als fünfzig
Jahren. »Das ist doch wirklich eine Frechheit gewesen!«,
schimpft Gysi. »Es gab die Grenze ›6‹ und dann die Grenze
›14‹. Da wurdest du mit dreizehn Jahren wie ein Sechsjäh-
riger behandelt. Na, ich bitte Sie!« Das kann ihn tatsächlich
heute noch aufregen.

Schon damals ging es allerdings nicht nur um die Ungerechtigkeit, es ging auch um das Aufbegehren an sich: »Sie
wollten als Kind auch in die Oper …« – »Ja, aber ich durfte
nicht, das war zu spät.« – »Aber warum wollten Sie denn als
Achtjähriger in die Oper?« – »Weil's verboten war.«

Gregor Gysi – das ist heute der kleine, clevere Anwalt, der
antritt gegen die Mächtigen. Der Oppositionelle gegen die
Arroganz der Regierenden. Der Fraktionschef, der mühsam
immer wieder versucht, Ost- und Westlinke in einer Partei
zusammenzubinden. Der Mann, der niemals aufgibt. Der
rastlos unterwegs ist. Und der offenbar nicht aufhören kann.
Obwohl: Auch bei Gysi scheint es mittlerweile Momente
zu geben, in denen er sich nach Ruhe sehnt: »Heute liebe
ich ja die Oper sehr. Wie sich das alles im Alter so ändert.

Inzwischen liebe ich auch Tierfilme, die konnte ich als Jugendlicher auch nicht ausstehen.«

Eigentlich eine schöne Vorstellung – Gregor Gysi, sonst auf den Barrikaden, sitzt entspannt auf dem Sofa und schaut einen Tierfilm.

DIE AKTE GYSI

Mein Name ist Gregor Florian Gysi. *Das ist richtig. Zumindest steht es so in der Geburtsurkunde.* Ich bin 66 Jahre alt. *Stimmt auch.* Zweimal geschieden. *Stimmt auch.* Und Vater von drei Kindern *und so weiter. Das stimmt alles so ungefähr.* Berlin ist ganz und gar das Zentrum meines Lebens. *Das stimmt.* Ich habe immer in Berlin gewohnt. Ich wurde hier geboren und bin hier aufgewachsen. Ich habe in Berlin studiert, als Rechtsanwalt gearbeitet und Politiker wurde ich selbstverständlich auch in Berlin – *aber vorübergehend war ich auch in Bonn.* Momentan bin ich der wichtigste Oppositionspolitiker im Deutschen Bundestag. *Na ja. Weiß ich nicht. Der Wichtigste würde ich zu mir nicht sagen, aus Bescheidenheit.* So denn, ich bin Vorsitzender der Fraktion Die Linke …

WAS ZU MEINEN GUNSTEN VORLIEGT:

Ich bin 2013 zum souveränsten Politiker Deutschlands gewählt worden.

Ich genieße über Parteigrenzen hinweg großen Respekt. Peter Gauweiler von der CSU lässt sich mit mir gemeinsam interviewen. Helmut Kohl traf ich immer wieder zum Gespräch. *Allerdings erst, nachdem er nicht mehr Kanzler war.*

Die Literaturnobelpreisträgerin Doris Lessing war meine Tante.

WAS ZU MEINEN UNGUNSTEN VORLIEGT:

Ich bin sehr deutsch, habe jedenfalls Deutschland nie für einen längeren Zeitraum verlassen.

Ich kann aufbrausend sein. *Hmm. Aufbrausend bin ich eigentlich kaum.*

Ich sollte Schauspieler werden, habe aber dann meine Eltern mit einem Jurastudium enttäuscht. *Ja, und auch enttäuschen wollen, weil so weit war ich schon noch oppositionell, wenn die mir Schauspieler vorschlagen, dass das nicht infrage kommt.*

DIE FIESEN SIEBEN

Was wäre in Ihrem Leben anders gelaufen, wenn Sie dreißig Zentimeter länger gewachsen wären?
Also, das wäre insofern furchtbar gewesen, weil ich dann beim Sport immer gleich zu Beginn drangekommen wäre, denn die Großen standen ja immer vorne. Und da hätte ich eine schlechtere Note bekommen. Ich war der Kürzeste, stand hinten. Mich hat der ja gar nicht mehr mitgekriegt. Das hat meine Note deutlich verbessert.

Wenn Sie Ihre Biografie als Westbiografie neu erfinden müssten, welchen westlichen Geburtsort würden Sie sich aussuchen?
Na ja, dann wahrscheinlich doch Berlin-West.
Ach tatsächlich, Sie würden bei Berlin bleiben? Sie würden nicht sagen, oh, ich wollte immer schon einmal Hamburger sein oder in München eingeboren …
Nein, es gibt Städte, die ich mag. Dazu gehören komischerweise neben Berlin Hamburg und München. Aber ich sag Ihnen, Hamburg ist die sozial gespaltenste Stadt, die ich kenne. Da haben die einen ihren Fußballverein, die anderen haben einen anderen. Die einen haben ihre Straße, die anderen haben ihre Straße. Die einen haben ihr Theater, die anderen haben ihr Theater. Das gibt es in Berlin nicht. Wir haben hier im Zentrum eine ganz andere soziale Durchmischung als Hamburg. Aber trotzdem finde ich wieder, Hamburg hat auch was Edles, so ist es nicht. Ich mag die Stadt.

Ich mag auch München, wieder aus ganz anderen Gründen. Aber wohnen, nee, wohnen würde ich immer am liebsten in Berlin.

Sie haben Fidel Castro zu seinem 82. Geburtstag gratuliert, und zwar haben Sie sein kampferfülltes Leben und sein erfolgreiches Wirken an der Spitze der kubanischen Revolution gepriesen. Welche anderen Diktatoren sind Ihnen sonst noch sympathisch, außer Fidel Castro?
Na ja, wissen Sie, Fidel Castro, zu ihm habe ich ein zwiespältiges Verhältnis. Was ich wirklich gut finde, ist die Zeit der Revolution, als er Batista davongejagt hat. Also so zwanzig Leute, die ihren gesamten Mut zusammennehmen, ihr Leben hing ja nur an einem seidenen Faden, um da zu kämpfen. Das ist schon beachtlich. Dann haben sie ein für Lateinamerika wirklich unverhältnismäßig gutes Gesundheits- und Bildungssystem eingeführt, aber das ist es dann auch. Der Rest hinkt so was von hinterher. Sie müssen sich politisch öffnen, demokratisch öffnen. Ich war ja bei ihm, hab ihm das … Er hat mich gefragt, woran die DDR gescheitert ist. Wissen Sie, da habe ich ihm einen Vortrag gehalten von anderthalb Stunden. Das stand dann in der mexikanischen Zeitung, von den zwei Stunden hätte ich anderthalb gesprochen, was bei Fidel Castro eigentlich unmöglich ist. Normalerweise redet er anderthalb Stunden und du nur eine halbe. Weil es ihn interessiert hat. Er hat mir gesagt, dass Rumänien untergeht, war ihm klar, aber die DDR nicht. Und dann hab ich versucht zu erklären, woran die DDR gescheitert ist.
Was für ein eigenartiges Gespräch. Dass Fidel Castro sagt: »Ach, Rumänien, das war eh klar.«

Ja, aber wirklich, aber das hat mich auch sehr beeindruckt, muss ich sagen. Also, ich sehe schon, was er in seiner Jugend geleistet hat, aber ich weiß, wie immer in Diktaturen entsteht Stillstand, keine Weiterentwicklung, du kommst auf keine neuen Ideen, du bietest der Jugend das an, was du einmal für gut befunden hast, mit siebzehn, achtzehn, merkst nicht, dass du achtzig bist, dass die Zeit weitergegangen ist. Na ja, all das, was in Diktaturen leider drinsteckt, einschließlich natürlich auch der Verfolgung von Menschen aus politischen Gründen.

Wen haben Sie eher verführt, Wähler oder Frauen?
Ich verführe überhaupt nicht. Ich gewinne. Ich bitte Sie.

Was würden Sie machen, wenn eines Ihrer Kinder in die Junge Union eintreten würde?
Das wäre ein leichter Schock, und dann würde ich mit ihm diskutieren, aber mich niemals trennen. So was gibt's für mich nicht.
Würde Sie das auch ärgern? Also …
Na klar würde es mich ein bisschen ärgern.
So nach dem Motto, »Wie kannst du da hingehen?«
Na ja, so würde ich es nicht machen. Das hat ja keinen Sinn. Wenn er sich so entschieden hat, hat er ja Überlegungen. Dann möchte ich die Überlegung kennenlernen und würde versuchen, sie ein bisschen auszuräumen, Schritt für Schritt, aber ich würde mich nicht trennen. Wissen Sie, als meine Schwester in den Westen ging …
1985.
1985, ja. Da hat mein Vater sich eben sehr, sehr herzig von ihr verabschiedet. Es gab Eltern, die haben dann kein Wort geredet. Das hätten meine Eltern wiederum nie gemacht. Sie

blieb ja ihre Tochter, Punktum, und es blieb meine Schwester, und die Verbindung blieb immer aufrechterhalten. Man lässt aus politischen Gründen nicht eine Beziehung sausen.

Wie werden Sie in Ihrem Ruhestand noch populärer als der angesehenste Rentner Helmut Schmidt?

Na, das werde ich nicht schaffen. Das muss auch gar nicht sein. Wissen Sie, ich weiß, welche Privilegien man hat, wenn man bekannt ist, aber ich weiß auch, welche Nachteile man hat, wenn man bekannt ist. Weil sie vorhin fragten, zehn Minuten schlafen, aber stellen Sie sich mal vor, ich laufe betrunken durch die Straßen, na, dann kann ich mich aber auf Überschriften gefasst machen oder so was. Also man muss sich ja beherrschen, wenn man so bekannt ist, und deshalb fahr ich zum Beispiel im Urlaub immer ins Ausland, weil die – also wenn ich nicht auf deutsche Touristen treffe –, die kennen mich ja nicht, und das hat den Nachteil, dass ich keinen Platz in der Gaststätte kriege, wenn sie voll ist, wo sich hier vielleicht doch noch eine Ausnahme durchsetzen lässt. Aber es hat den großen Vorteil, ich kann mich ein bisschen gehen lassen.

Das heißt, es kann passieren, Herr Gysi, dass Sie in der Kneipe, im Restaurant stehen in Berlin und sagen: »Wissen Sie nicht, wer ich bin?«. Das machen Sie?

Nein, nein, nein.

Sondern Sie hoffen, dass die Leute das wissen.

Ja. Wenn sie mich nicht kennen, sage ich natürlich nichts. Das kommt natürlich auch vor, aber wenn sie mich kennen, meistens rufe ich ja an, um noch zwei Plätze zu bestellen. »Sind Sie *der* Herr Gysi?« Sage ich: »Hmm.« »Na gut, sind noch zwei Plätze frei.«

KATHARINA *»Guten Morgen«, musste sie sagen.*
WACKERNAGEL *Immer wieder.*
(2006) *Tür auf, Kamera außen – Guten Morgen.*
Tür auf, Kamera innen – Guten Morgen.
Verlässlich ging dieses Lächeln in ihrem Gesicht auf.
Beim ersten, beim dritten und beim zwölften Mal
»Guten Morgen«.
Ich wäre wahnsinnig gern gemeint gewesen, bei diesem
Lächeln von La Wackernagel.

Stattdessen war es quasi beruflich.

Katharina spielte die Hauptrolle in »Die letzte Lüge«.

Eine schön übermütige Liebesgeschichte. Der Regisseur und Drehbuchautor, Katharinas Bruder Jonas Grosch, sah mich in der Rolle eines verklemmten Postboten. Der trägt braune Socken in Wandersandalen und kämpft mit der Ohnmacht, als er Katharina ein Päckchen übergibt. Guten Morgen.

Katharina kann, was sie macht. Besser als andere, denn sie ist eigentlich immer dabei, wenn es im deutschen Film und Fernsehen wuchtig wird. »Die Luftbrücke«, »Der Baader Meinhof Komplex« oder die unterschiedlichen Wunder. Das von Lengede im Bergbau und das von Bern, im Fußballstadion 1954.

Im Jahr nach unserem Gespräch wird sie für ihre Rolle in einem ARD-Contergan-Drama mehrfach ausgezeichnet. Bei der Verfilmung der Adlon-Familiengeschichte für das ZDF im Jahr 2013 ist sie das rote Schaf der Familie, also eine kämpferische Sozialistin. Sie geht als Kommissarin Nina Petersen in Stralsund in Serie, und die Zuschauer wollen sie unbedingt behalten. Kein Wunder.

Klar, der Beruf eines Schauspielers ist es nun mal, komplett verschiedene Charaktere ausfüllen zu können.

Aber so, wie ich bewundere, wie eng Marco Reus den Ball

am Fuß führen kann, so sehr fasziniert mich Katharina
Wackernagels Wandlungsfähigkeit.

Im »Wunder von Bern« nimmt sie als Frau des Sportrepor-
ters auf eine so anmutige Weise ein Bad, dass sich bitte nie
mehr ein haariger Dickwanst in diese Wanne legen soll.
Denn es droht Entweihung. Der Nagellack schimmert, die
Augen leuchten, die Lippen glänzen. Dieselbe Frau knat-
tert einige Monate später auf einem Moped durch diesige
brandenburgische Einsamkeit. Jetzt ist sie Johanna. Eine so
wenig beachtete junge Frau, dass sich ihre Umgebung nicht
einmal Zeit für den kompletten Vornamen nimmt. »Joe«
wird sie stattdessen gerufen. Joe krempelt sich vor allem
weg, versteckt sich in ihrem Parka und in dem Grau, das
sie umgibt. Das Boxen wird ihre Hoffnung, deswegen heißt
der Film »Die Boxerin«. Aber ist diese Boxerin wirklich die
Katharina Wackernagel, die in der Badewanne lag?
Eigentlich mag ich es, wenn sich berühmte Menschen
zwischendurch so benehmen, als wäre es ganz toll, berühmt
zu sein. Katharina Wackernagel würde das aber nur dann
tun, wenn sie eine Rolle als berühmte Persönlichkeit ange-
nommen hätte. Sie hat viel zu viele Leidenschaften, um mit
Hingabe Promi zu sein und Inselfotos mit Bikinihintern zu
verursachen. Sie ist Donna Katharina, die eine Art Clan
zusammenhält. Da gibt es »The Busters«, eine lebensfrohe

Ska-Band, die sie auch schon zum Singen auf der Bühne hatte. Wenn ihr Bruder einen Film macht, wie zuletzt die sehr sehenswerte Komödie »Beste Freunde«, dann steckt sie mit dahinter. Und in der Figur der Hauptrolle.

Wie jede Clanchefin kann sie auch ungemütlich werden. In politischen Diskussionen lässt sie die Luft brennen und wird womöglich laut. Schön laut, auch wenn ich ihr das in einem solchen Moment nicht sagen würde. Denn sie ist dann gereizt genug.

Bedrohlich war es auch, als wir gemeinsam einen Kirschkuchen für das Team von »Die letzte Lüge« backen wollten. Da müsse aber ein Schuss Mineralwasser an den Teig, sagte Frau Wackernagel. Ich wollte etwas Intelligentes fragen, wie »Echt?«. Schwieg aber lieber, denn sie ließ eine Stimmung aufkommen, für die wohl das Wort »Drohkulisse« erfunden wurde. Ich sah mich schon auf mein Zimmer geschickt in einem Dunkel liegen, das nie wieder durch ein »Guten Morgen« erlöst würde. Schon gar nicht von Katharina Wackernagel. Das wollte ich beim besten Willen nicht riskieren.

DIE AKTE

Ich heiße Katharina Wackernagel und bin von Beruf Schauspielerin. Genau wie meine Oma, meine Mutter und mein Onkel. Alle Schauspieler. Mein Vater kommt als Regisseur auch aus der Branche. *Ich habe noch einen zweiten Vater, der ist Lehrer, das steht jetzt hier nicht drin, aber das ist wichtig. Für unsere Familie ist das wichtig, dass ich zwei Väter habe.*
Ich habe 1997 in der ARD-Serie »Tanja« angefangen und dafür sogar die Schule vor dem Abitur abgebrochen. *Wobei ich dazusagen muss, dass ich Fachabitur gemacht habe. Zwölf Jahre Schule, dann ein Jahr Praktikum, dafür bekommt man in Hessen das Fachabitur.*
Mittlerweile habe ich bei zig Kino- und Fernsehfilmen mitgemacht. Die dicksten Brummer waren wohl »Das Wunder von Bern«, »Die Luftbrücke« und »Das Wunder von Lengede«. Es waren aber auch andere feine Sachen dabei. Zurzeit bin ich im Kino als »Die Boxerin« zu sehen. *Ja!*
Weil wir da wahrscheinlich gleich darüber reden, will ich nur noch schnell erwähnen, dass ich aus Kassel komme, der Metropole Nordhessens. Unterhalb des Herkules gibt es dort den größten Bergpark Europas, in dem ich als Teenager viel gepicknickt und geknutscht habe. Heute picknicke ich im Volkspark Friedrichshain, denn ich bin schon seit zehn Jahren Berlinerin.
Sollte mir dieser Fernsehheini übrigens auch wieder sagen, dass ich ein Lächeln wie Julia Roberts habe, haue ich hier ab. *Ich hab ein Lächeln wie Julia Roberts?*

DIE FIESEN SIEBEN

Was ist die schwerste Prüfung, die dir in den nächsten Tagen bevorsteht?
Ich muss meine Führerscheinprüfung machen.

Warum sollte man dir mehr Hauptrollen geben als der beinahe gleichaltrigen Alexandra Maria Lara?
Wer sagt das? Warum? Warum sollte man das? … Keine Ahnung.
Warum sollte man das nicht? Ich möchte dich einladen, schlecht über Kollegen zu reden.
Jaja, ich merk das schon. Aber ich mach da nicht mit.
Du hast keine Lust auf doofe Fragen.

Was hast du verpasst, weil du schon mit 17 angefangen hast zu arbeiten?
Meine Abiturfeier.

Was ist denn das Aufregendste an dir?
Das Aufregendste an mir???
Da ist so viel, da reicht unsere Zeit gar nicht.
Darüber habe ich mir noch nie Gedanken gemacht. So was sagt man ja nicht über sich selbst.
Du hast doch bestimmt Mehrfachnennungen von Männern. Oder Frauen, die dich angucken oder mit dir zu tun haben und dir sagen: »Du hast so tolle Schulterblätter.« Oder »Mein Gott, so ein Schlüsselbein hätte ich gern.«

Sagen die Leute so etwas? Oder sagen sie: »Meine Knie sind so wulstig, deine sind so schön.«
Ich habe schöne Knie, ja. Ob die jetzt aufregend sind, weiß ich nicht. Aber meine Knie sind echt in Ordnung.
Also, du freust dich jeden Tag über deine Knie. Schön.
Über meine Knie, meine Ohren und meine Füße. Ob das jetzt aufregend ist …
Können wir die Ohren kurz sehen? … Das sind wirklich Prachtohren.
Das sind wirklich Superohren, oder?
Die sind natürlich ein ganz kleines bisschen elefantös.
Wieso?
Na, die sind ein bisschen groß, oder?
Was?

Warum fällt es dir so leicht, dich vor der Kamera auszuziehen? Wegen der schönen Füße und Knie?
Wieso ziehe ich mich denn … woher weißt du denn, dass mir das leichtfällt?
Weil diese Fragen hier suggestiv sind. Das heißt, sie unterstellen irgendetwas, das vielleicht gar nicht wahr ist.
Mir fällt das überhaupt nicht leicht.
Warum nicht?
Weil ich mich wahnsinnig geniere, wenn ich mich irgendwo ausziehen muss, wo alle drumrum stehen. Und vor allem, wenn man Nacktszenen dreht beim Film, dann ist es ja so, das wird ja dann vorher schon angesagt. »Leute, große Konzentration, es dürfen nicht alle Leute mit ans Set kommen, weil es heute eine Nacktszene gibt.« Dadurch sind alle vorgewarnt.
… und alle sind da und gucken.

Nein, es sind nicht alle da. Aber es ist einem natürlich so unangenehm, weil einem das Gefühl gegeben wird, es sei so anormal, dass man sich jetzt gleich nackt auszieht. Dann schämt man sich schon automatisch. Ich glaube, wenn alle da wären und es ein ganz normaler Drehtag wäre, kein closed set, dann wäre das alles völlig okay.

Glaubst du, dass es Frauenboxerinnen bedauern, nicht im Stehen pinkeln zu können?
Frauenboxer.

Ja, stimmt, »Frauenboxerinnen« ist doppelt gemoppelt. Ich finde es immer noch eigenartig, wenn sich Frauen dazu entschließen, dem Boxsport nachzugehen, obwohl sie es teilweise technisch auf höchstem Niveau tun. Aber man fragt sich doch, was haben sie für Sorgen, dass sie das machen.
Also, diese Frage besteht aus zwei Teilen, die muss man nochmal anders beantworten.

Der berühmte Hans Eichel kommt, wie du, auch aus Kassel. Hast du bei dem gelernt? Das ist ja fast schon eine politische Antwort: »Wissen Sie, diese Frage kann ich so nicht zulassen, sie besteht aus zwei Teilen.«
Den ersten Teil möchte ich zuerst beantworten. Es geht auch ganz schnell. Und zwar glaube ich, dass alle Frauen Männer darum beneiden, dass sie im Stehen pinkeln können. Weil es keine Freude ist, irgendwo im Wald, im Dunkeln, schnell nochmal irgendwo pinkeln zu gehen. Was für alle Männer total easy ist, und die Frauen landen in den Brennnesseln. Das ist das erste. Das hat mit Boxen gar nichts zu tun. Dass du das komisch findest, dass Frauen den Boxsport betreiben …

… liegt an meiner Borniertheit.

… nein, das müsstest du mir noch mal genauer erklären, was du daran komisch findest.

Das würde ich sicherlich machen, wenn ich zu Gast wäre in …

… in meiner Talkshow! Nein, aber dann würde ich noch mal was dazu sagen, warum ich das nicht komisch finde. Wenn du jetzt sagen würdest: »Ich finde es hässlich, wenn Frauen sich schlagen.« Oder …

Zu George Foreman ist seinerzeit gesagt worden, als er in der Jugendbesserungsanstalt war: »George, du bist so hässlich, geh boxen.« Und bei Frauen ist es ja genau andersrum. Also, ich würde doch jetzt nicht auf den Gedanken kommen, dich zum Boxen zu schicken. Nehmen wir mal an, ich wäre dein Onkel oder dein Vater … Nein, nehmen wir das lieber nicht an.

PROF. DR. THOMAS SÜDHOF (2014) *Nur 99 Deutsche haben bisher das geschafft, was Thomas Südhof geschafft hat – er hat den Nobelpreis gewonnen. 2013 erhielt er die höchste Auszeichnung zusammen mit den amerikanischen Kollegen Randy Schekman und James Rothman. Die drei Medizinnobelpreisträger haben die molekularen Prinzipien aufgedeckt, nach denen das zu transportierende Gut in einer Zelle zur richtigen Zeit zum richtigen Ort geliefert wird. »Von dem eigentlichen Ereignis war ich anfangs etwas befremdet, weil so viel Pomp und Getöse darum war«, erinnert sich*

Thomas Südhof an die Preisverleihung und nennt die
Zeremonie in Stockholm dann noch »eine sehr schöne
Erfahrung«. Im Laufe der Sendung wird klar: Das ist keine
Koketterie. Nobelpreis schön und gut, aber im Leben von
Thomas Südhof gibt es wirklich wichtigere Dinge. Seit Jahr-
zehnten bemüht er sich darum, die Prozesse zu verstehen,
die im Gehirn ablaufen. Er forscht über die Ursachen
von Alzheimer, Parkinson, Schizophrenie oder Autismus,
ist vielfach ausgezeichnet worden und gilt als einer der
weltweit besten Neurowissenschaftler. Könnte also dement-
sprechend stolz die Erfolge seiner Arbeit herausstellen.
Doch ein Ausnahmeforscher wie Thomas Südhof denkt
sympathischerweise anders. Bleibt trotz Nobelpreis geerdet
und konzentriert sich lieber auf das, was noch vor ihm
liegt, auf all die Rätsel, die noch nicht entschlüsselt sind:
»Kein Mensch weiß, was wirklich im Gehirn passiert. Die
Forschung, die wir gemacht haben, kann eine Basis für ein
Verständnis darstellen. Bei Alzheimer beispielsweise wissen
wir, welche Gene wichtig sind. Wir wissen, dass die Nerven-
zellen kaputtgehen. Wir wissen sogar, dass dieser Prozess
wahrscheinlich an den Synapsen beginnt. Aber: Wir haben
keine Ahnung, was wirklich passiert und warum.«

DIE AKTE

Also. Mein Name ist Thomas Christian Südhof. Ich bin 58 Jahre alt, *noch, bald 59,* in zweiter Ehe verheiratet und bald Vater von 7 Kindern. Mein Geburtsort ist Göttingen, mittlerweile wohne ich aber schon seit Jahrzehnten nicht mehr in Deutschland. Damit mich Weihnachtskarten erreichen, müssen sie an mein Haus in San Francisco adressiert sein, um genauer zu sein, in Stanford. Als Sohn zweier Ärzte war es wenig überraschend, dass auch ich Medizin studierte. Das tat ich in Aachen, Harvard und Göttingen, allerdings war irgendwann auch klar, dass ich nicht in der Klinik, sondern in der Forschung arbeiten würde. 1983 ging ich an das Southwestern Medical Center der Universität von Texas, ein sehr wichtiger Schritt für meine Entwicklung. Denn dort nahm meine Forscherkarriere die Richtung, die mich letztlich zum Nobelpreis führte. Den erhielt ich im Jahr 2013. Momentan bin ich als Gastwissenschaftler am Institut für Gesundheitsforschung hier in Berlin teilweise tätig.

WAS ZU MEINEN GUNSTEN VORLIEGT:

Ich bin einer der bedeutendsten Neurowissenschaftler der Welt. *Das würde ich nie von mir sagen.*

Ich lasse keinen Zweifel daran, dass der Forscherruhm meistens mehr als nur einer einzelnen Person gebührt. *Das*

229

ist vollkommen richtig. Forschung ist immer Zusammenar-beit, ist nie eine Einzelarbeit.

Ich freue mich am respektvollen Umgang der Deutschen mit der Wissenschaft. *Das ist absolut richtig, und das ist eines der Dinge, die ich in Deutschland wirklich sehr begrüße.*

WAS ZU MEINEN UNGUNSTEN VORLIEGT:

Ich wusste lange Zeit nicht genau, ob ich noch Deutscher bin. *Das stimmt, unter legalen Umständen, legalen Definitionen.*

Ich mache mir unter Ärzten keine Freunde, wenn ich sage, dass die Medizin viele Krankheiten überhaupt nicht versteht. *Ich weiß nicht, ob das stimmt, weil kluge Ärzte das eigentlich wissen müssten.*

Es passt überhaupt nicht zusammen, aber mein Fagottlehrer hat großen Anteil an meiner steilen wissenschaftlichen Karriere. *Ich finde, das passt sehr gut. Ich habe Fagott gespielt, weil meine ursprünglichen Versuche, Geige zu lernen, gescheitert sind. Ich war einfach nicht begabt genug. Und Fagott ist ein bisschen einfacher als Geige. Ich war begeistert von Musik, schon von ganz früh an. Und was mich das Fagottspielen gelehrt hat, das mir für meine wissenschaftliche Karriere letztlich enorm wichtig war, ist, dass es einerseits unerlässlich ist, wenn man erfolgreich sein will, sein Metier zu beherrschen, technisch. Das bedeutet üben, üben, üben, arbeiten, arbeiten, arbeiten. Andererseits aber kann*

man nicht einfach nur ein Techniker sein, der etwas gut be-
herrscht und das immer wieder gut machen kann, sondern
man muss über dem stehen.

DIE FIESEN SIEBEN

**Wie würden Sie die Fagott-Spieltechnik der Flatterzunge
erklären?**
Oh, das ist eine sehr interessante Frage. Ich würde sie so erklären, dass man häufig in der Musik einzelne Töne möglichst schnell hintereinander machen will. Und um das zu
können, muss man seine Zunge sehr schnell bewegen. Und
da gibt es eine Methode, diese Flatterzunge, die das erlaubt,
wo sich die Zunge sehr schnell bewegt.
Und Sie haben das auch gelernt?
Vor vielen Jahren, schon lange vergessen.
**Ich könnte Sie heute nicht mehr bitten, Flatterzunge zu
machen mit dem Fagott.**
Nein.

**In welcher Situation würden Sie eher darauf hinweisen,
dass Sie Nobelpreisträger sind: wenn Sie in einem Restau-
rant keinen Tisch mehr bekommen oder wenn Sie in der
Berliner U-Bahn beim Schwarzfahren erwischt werden?**
Weder noch. Das wäre mir viel zu peinlich.
Echt?
Ja.
**Ah, sehen Sie. Deswegen habe ich nicht die nötige cha-
rakterliche Reife, um Nobelpreisträger zu sein. Ich würde**

nämlich sofort sagen: »Ey Freunde, wirklich Schwarzfahren? Ich bin Nobelpreisträger.«
Mir wär's zu peinlich.

Sie haben am Tisch von Schwedens König Carl Gustaf gesessen. Was trauen Sie sich eher zu: für vier Wochen König von Schweden oder für vier Wochen Landarzt in Niedersachsen zu sein?
Für vier Wochen König von Schweden zu sein. Ich glaube, es ist einfacher.
Es ist einfacher?
Ja.
Was muss man da machen, Ihrer Meinung nach? Nur einfach schön frisiert sein und …?
Nein, man muss gute und interessante Konversation betreiben können, bis zu einem gewissen Ausmaße.

Warum essen Sie lieber nicht mit Messer und Gabel, sondern nur mit der Gabel, wie es die Amerikaner tun?
Ich esse ehrlich gesagt vor allem mit Stäbchen, Essstäbchen, weil meine Frau fast ausschließlich Chinesisch kocht. Und … (*lacht*)
Ja, wirklich?
Ja.
Also, Sie machen das dann auch vollendet? Sie können richtig gut mit Stäbchen essen? Das sieht dann todschick aus.
Es ist eine Notwendigkeit. Ansonsten würde ich verhungern.

Warum haben Sie der Welt einen größeren Dienst geleistet als Elvis Presley?

Das bezweifle ich. Ich glaube, Elvis Presley hat der Welt in vielerlei Hinsicht einen großen Dienst geleistet. Insbesondere hat er, jedenfalls einem Teil der Welt, den Glauben an das ewige Leben oder die Wiedergeburt gegeben.

Welches Ihrer Kinder wird welchen Nobelpreis gewinnen?

Ich glaube, meine Kinder werden keine Nobelpreise gewinnen, weil sie einfach nicht an Wissenschaft interessiert sind. Um ehrlich zu sein, ist mir das Wichtigste, dass meine Kinder etwas machen, was ihnen Spaß macht und was für die Gesellschaft, für unsere Gemeinschaft, wichtig und sinnvoll ist.

ROLAND KAISER (2012) »Sie sind ja auch zum Sexobjekt geworden«, unterstellte der Moderator dem Sänger Roland Kaiser. »Weil Frauen ihre Sehnsüchte auf Sie projiziert haben. Und Sie haben dem Affen auch noch Zucker gegeben.« Und dann moderierte er den Ausschnitt aus der Hitparade 1979, in der Roland Kaiser eine sehr figurbetonte Hose trägt, mit den schönen Worten an: »Sie singen hier gerade den Song ›Schach matt‹ und da können Sie, meine Damen und Herren, mal mitüberlegen, *was unter die weiße Hose von Roland Kaiser noch drunter*

passt.« Natürlich hatten wir uns mit dem Ausschnitt eine

Verlegenheitsreaktion im Rückblick auf diese schräge Hitpa-

radenzeit erhofft. Aber Roland Kaiser blieb cool: »Hätte ich

damals gewusst, dass ich heute mit Ihnen über diese Hose

reden muss, hätte ich eine andere angezogen.«

DIE AKTE KAISER

Mein Name ist Roland Kaiser. Ich bin 60 Jahre alt, zum dritten Mal verheiratet und Vater von vier Kindern. Aufgewachsen bin ich hier in Berlin unter meinem bürgerlichen Namen Roland Keiler. Gelegentlich arbeite ich als Texter unter meinem Pseudonym Wolf Wedding. *Gelegentlich ja, aber überwiegend unter meinem Namen Roland Kaiser.* Nach meinem Schulabschluss habe ich mich in einem Lebensmittelladen und einem Autohaus zum Kaufmann ausbilden lassen. *Auch korrekt.* Der Musikproduzent Thomas Meisel und mein Freund Peter Wagner haben mich dann auf dem Weg zum Ruhm begleitet. Sie erkannten den Schlagersänger in mir. Mein Durchbruch war der Hit »Santa Maria«. Im Jahre 1980 habe ich Millionen von Platten verkauft. *Eigentlich war mein erster großer Hit »Verde – Frei, das heißt allein« 1976. Der sich also auch schon in den Top 10 aufgehalten hat. Dann kam noch »Sieben Fässer Wein« und »Schach Matt« usw., aber egal.* 2010 habe ich meinen Rücktritt aus dem Konzertgeschäft angekündigt, um dann ein Jahr später ein furioses Comeback zu feiern. Zwischenzeitlich war ich schwer krank. Eine sogenannte chronisch obstruktive Bronchitis, Kurzform COPD, entwickelte sich bis zu einem lebensgefährlichen Stadium. Eine Lungentransplantation hat mir das Leben gerettet. *Korrekt.*

WAS ZU MEINEN GUNSTEN VORLIEGT:

Ich habe den Sex in den Schlager gebracht. *Sagen wir mal Erotik (lacht).*
Ich gehe respektvoll mit meinen Fans um. *Das stimmt.*

Ich habe zwischenzeitlich auch das gelebt, wovon ich sang.

WAS ZU MEINEN UNGUNSTEN VORLIEGT:

Ich kann so schlecht tanzen, dass ich aus der Jazztanzschule rausgeflogen bin. *Ja, das ist richtig. Das kann man auch ruhig mal erklären. Ich habe wirklich ernsthaft geglaubt, ich muss das tun auf der Bühne. Habe dann hier in Berlin bei einem Unterricht genommen, Milton Jones hieß der Mann, der hatte so eine Jazzdance-Schule, der kam aus Amerika. Ich hab mich dann in so eine Gruppe eingetragen und dann also mitgemacht. Und dann so nach zwei Wochen kam er zu mir und sagte: »Kann ich dich mal sprechen?« Ich sagte: »Na klar.« »Komm bitte in mein Büro.« Bin ich also hingegangen, und er sagte: »Ich hab hier dein Geld. Die anderen Kursteilnehmer haben mir gesagt, dass sie demotiviert sind von deiner Art, dich zu bewegen. Tu mir einen Gefallen, komm nie* wieder.« Ich habe das Geld genommen und bin auch nie wieder hingegangen. Also es stimmt.

Ich konnte die Wahlniederlage meiner Partei, der SPD, bei der letzten Bundestagswahl (2009) nicht verhindern. *Ich hätte sie auch nicht verhindern können, weil ich keine leitende politische Persönlichkeit in diesem Land bin.*

In meinen Liedern gibt es keine modernen Frauen, sondern nur heiße Hasen. *Jetzt kommt die Frage: Sind denn heiße Hasen nicht modern? Eine gute interessante Diskussion, lieber Herr Thadeusz. Das Lied »Santa Maria« zum Beispiel meinte damals eigentlich das Schiff von Columbus. Das haben wir dann fertig produziert, aufgenommen und dann der großen Schallplattenfirma vorgespielt. Die daraufhin meinten: »Na, so wird das nichts.« – »Wie?« – »Na, so geht das nicht. Das interessiert keinen Menschen, ein sich nach Amerika bewegendes Schiff zu beschreiben.« Dann sind Norbert und ich nach Hause gefahren, haben eine Flasche Rotwein aufgemacht und haben uns tierisch aufgeregt darüber, dass man unseren Text nicht erkannt hätte. Und da haben wir beschlossen, wir machen uns einen kleinen Scherztext. Wir übertreiben mal einfach. »Hielt ich ihre Jugend in den Händen«, sagte Norbert. Ich sagte: »Das kann man machen. Muss man aber nicht. Komm wir machen das mal.« Dann haben wir das alles hingeschrieben. Bin ich am nächsten Morgen in die Plattenfirma, hab dem Plattenboss den Text hingelegt und sagte: »Hier guck mal, Thomas (Meisel).«*

Sagt er: »Das ist riesig.« Ich sag: »Stopp, halt. Das war nur ein Spaß.« Sagt er: »Nein, das ist ein Riesen-Text.« Ich sag: »Bitte Thomas, das ist jetzt wirklich nur – wir wollten nur einen Scherz machen.« Er sagt: »Das nehmen wir auf.« Na gut, und dann haben wir das Lied am Abend aufgenommen. Das ist jetzt 33 Jahre her.

DIE FIESEN SIEBEN

Was fasst man genau an, wenn man die Jugend einer Frau in den Händen hält?

Tja, das ist so eine Worterfindung von uns. Was fasst man genau an? Ich glaube, das kann man nicht fassen, nur fühlen. Also fassen kann man das nicht, glaub ich *(lächelt).*

Das ist nicht eine bestimmte Stelle?

Nein, nein. Ich weiß, worauf Sie hinauswollen. Das mein ich nicht. Sie müssen sich jetzt mal lächeln sehen. Zum Glück guckt die Kamera mich an und nicht Sie.

In welcher Richtung hätten Sie sich mehr anstrengen müssen, um ein Rock 'n' Roller sein zu können? Oder sind Sie das?

Ich möchte kein Rock 'n' Roller sein. Ich möchte sein wie ich bin. Ich möchte deutschsprachige Musik präsentieren, so wie ich sie mache.

Ist es leichter, sich ehemalige Liebhaberinnen nach ihrem echten Namen oder anhand eines Spitznamens zu merken?

Können Sie das noch mal wiederholen, bitte?

Ist es leichter, sich ehemalige Liebhaberinnen nach ihrem echten Namen oder anhand eines Spitznamens zu merken? Also sagen wir jetzt Hasi, Schatzi.

Ich würde sagen, da ich ja nun eine recht überschaubare Anzahl hatte, kann ich mir die Namen merken. Es waren ja gar nicht so viele, lieber Herr Thadeusz.

Was fanden Frauen an Ihnen immer wieder schön?
Da müssen Sie die Frauen fragen. Ich weiß es nicht.
Das werden die doch gesagt haben: Mein Gott, dein Rücken. Mein Gott, dein Nacken.
Na, ich weiß nicht. Nein, nein, nein. Nein, das glaub ich nicht. Ich glaube, das ist dann eher so – wie soll man sagen, vielleicht der Humor, ja vielleicht der Humor. Wir wollen es mal Humor nennen.
Ich habe erst kürzlich von einer Freundin das Kompliment bekommen, sie würde das Schlachterhafte an mir mögen.
Bitte?!
Ja, das sind vergiftete Komplimente, die man bekommt.
Was soll an Ihnen schlachterhaft sein?
Der Nacken und andere Stellen.
Sie kommen mir eher wie ein Gentleman vor und nicht wie ein Schlachter.
Das ist sehr reizend von Ihnen. Und das werde ich ihr nämlich weitersagen, Herr Kaiser. Vielen Dank. Der Roland Kaiser hat gesagt, ich sei ein Gentleman und kein Schlachter.

Warum schlafen Menschen besser, die sich ein Plakat mit Ihrem Konterfei und dem Konzerttitel »Wir sind Sehnsucht« über das Bett hängen? Das habe ich nämlich auf der Roland-Kaiser-Fanartikelseite gefunden. Das ist ein Ensemble: Da ist das Bett, also das Ehebett für zwei Leute

und oben drüber hängt ganz groß – also, Sie haben so einen tollen Anzug an und drüber steht Sehnsucht.

Das ist eine gute Frage. Ja, ich weiß nicht. Vielleicht schläft ja sie besser und er nicht. Ich weiß es nicht.

Er schläft unruhig, weil er sich denkt: »Oh Gott, der steigt gleich aus dem Foto runter.«

Vielleicht ist es ja auch so, das ist auch wieder so ein typisches Beispiel – man sollte da vielleicht nicht so viel hineingeheimnissen. Vielleicht mag sie das Bild einfach gerne. Oder mag mich und ihn trotzdem. Ich weiß es nicht.

Welches ist Ihr Lieblingslied von Andrea Berg? Andere große, große Schlagersängerin. Wahnsinniger Verkaufserfolg. Immer wieder ausgezeichnet mit dem Echo.

Keine Frage. Ich glaube das meistgehörteste Lied von ihr ist irgendwas mit tausend Mal belogen.

Du hast mich tausend Mal betrogen.

Belogen.

Betrogen.

Belogen – ist ja egal. Reimt sich auf betrogen. Ist o. k. Ich glaub, das kenne ich am intensivsten.

Und das ist zum Beispiel ein Lied, wozu der Boxtrainer Ulrich Wegner seinen Boxer Arthur Abraham stretchen lässt. Und Arthur Abraham kann dieses Lied singen. Also, so mächtig ist der Schlager. Er singt es mit Verdruss, aber er singt es.

Welcher Roland-Kaiser-Song eignet sich am besten zur Untermalung einer erotischen Standardsituation? Was kann man zu Hause anmachen, damit man sich denkt: Ach, ist das schön. Ist dir auch so komisch *(beide lachen).*

»Lieb mich ein letztes Mal« vielleicht.

»Lieb mich ein letztes Mal«?

Ja natürlich, ja.

Lass es mich noch einmal spüren …

… bevor du gehst, Baby.

KATARINA WITT (2014) »Oh, die ist schwierig.« So raunten Kollegen und runzelten sorgenvoll die Stirn, als sie hörten, dass wir Katarina Witt als Gast in der Sendung haben würden. Und als wir fragten, was denn so schwierig wäre, kamen noch mehr düstere Prophezeiungen: Eine Diva käme da zu uns, bloß nichts Falsches fragen, sie würde über ganz viel nicht sprechen wollen und sei eben »im Umgang ganz schwierig«. Das würde man »so hören«.

Für Katarina Witt gilt, was wir mit den meisten unserer Gäste erlebt haben, die gerne als »kompliziert« oder »divenhaft« beschrieben werden: Sie ist eine sehr lustige und aufgeschlossene Gesprächspartnerin, die, sobald sie bemerkt, dass der Moderator wirkliches Interesse hat und auf das Gespräch gut vorbereitet ist, locker und unverkrampft wirklich jede Frage beantwortet. Noch dazu selbstironisch und mit offensichtlichem Spaß daran, sich zu unterhalten. Schwierig? Nein. Sehr, sehr lustig.

DIE AKTE WITT

Mein Name ist Katarina Witt. *Jawoll, das stimmt.*
Ich bin *hmmm* Jahre alt, *also 48,* unverheiratet und kinderlos. Geboren wurde ich in Staaken. Meine Kindheit und Jugend habe ich allerdings in Karl-Marx-Stadt verbracht. Dort hat meine Sprache auch ihren unverwechselbaren sächsischen Schmelz bekommen. *Stimmt.* Bereits im Alter von fünf Jahren habe ich entschieden, dass ich Eiskunstläuferin werden will. *Das stimmt, ich habe das selbst entschieden. Ich hatte niemanden, der mich gezwungen hat.* Tatsächlich wurde ich eine der erfolgreichsten Eiskunstläuferinnen aller Zeiten.
Das stimmt auch. Also, es gibt da noch jemanden, sie ist erfolgreicher, Sonja Henie, sie hat dreimal olympisches Gold gewonnen in den Dreißigern. Und dann kann es ja jetzt aktuell

in Sotschi, die Kim Yuna aus Südkorea schaffen, die in Vancouver 2010 Gold gewonnen hat und die jetzt ganz gute Chancen hat, noch mal Gold zu gewinnen. Und dann sind wir gleichauf. Dann bin ich nicht mehr die alleinige Erfolgreichste. Ich habe zweimal olympisches Gold gewonnen, war viermal Weltmeisterin, sechsmal Europameisterin im Eiskunstlauf. *Jawoll.* Mittlerweile habe ich in unzähligen Eislaufshows in den USA oder Europa mein außergewöhnliches Können gezeigt. *Wow, wer hat denn das geschrieben?*

WAS ZU MEINEN GUNSTEN VORLIEGT:

Ich war auch selbst schon Jurorin bei »Let's Dance« auf RTL. Leider klappt auch bei mir nicht alles. 2010 wurde die Austragung der Olympischen Spiele nicht nach München vergeben. *Ich glaube, das war 2011, das ist aber auch wurscht. Wir haben es nicht bekommen.* Obwohl ich die Präsentationschefin der Münchener Bewerbung war. *Ja, ich hab diese mit angeführt, das war natürlich eine große Mannschaft. Und natürlich war da auch der derzeitige IOC-Präsident, Dr. Thomas Bach, das Mastermind unserer Bewerbung. Aber es war ein tolles Team, und wir waren alle sehr traurig. Ich darf gar nicht darüber nachdenken. Ich hab da Rotz und Wasser geheult. Ich war echt mit den Nerven fertig, das hätte ich nicht gedacht.* Ich kenne das Gefühl, etwas besser zu können als der Rest der Welt. *Ach so, ja, das Eiskunstlaufen. Das ist schon ein schönes Gefühl, die Beste in der Welt zu sein. Das einmal zu schaffen, und dann habe ich das ja ein paar Jahre durchziehen können. Aber viel wichtiger ist es zu wissen, dass es wirk-*

lich nur eine Sache ist, in der ich besser bin. In allen anderen Dingen sind halt andere Menschen besser und haben ein Talent.

Die Katarina-Witt-Stiftung hilft Kindern.

Ja. Wir versuchen, dass Kinder und Jugendliche mit körperlicher Behinderung mehr Mobilität bekommen. Wir würden am liebsten noch mehr tun, doch es ist nie genug Geld da, aber wir versuchen so viel wie möglich. Wir haben mittlerweile fast über 160 Projekte unterstützen können. Da freut man sich auch über Dankesbriefe.

So,

WAS ZU MEINEN UNGUNSTEN VORLIEGT:

Nichts.

Ich habe mit Florian Silbereisen in einer Weihnachtsshow gesungen.

Erstens bin ich ja nun keine Sängerin, und der Gag war ja, dass sie mich angefragt haben, und da meinte ich noch: »Nicht, dass ihr mit der Idee kommt, ich solle singen.« Und die dann: »Hmm, ja, doch.« Das war wirklich ein lustiger Ausflug, und es war total nett. Und ich fand das auch total charmant.

Statt eine anständige Liebesszene zu haben, wurde ich in dem Actionfilm »Ronin« einfach auf der Eisfläche erschossen. *Also das finde ich allerdings auch. Ich hatte auch gehofft, ich würde eine Szene mit Robert de Niro kriegen.*

Ich war als Nachwuchseisläuferin alles andere als ein nettes Mädchen. *Das stimmt ein bisschen.*

DIE FIESEN SIEBEN

Warum ist die große Zeit des Eiskunstlaufs mit Ihnen zu Ende gegangen?
Die ist nicht überall zu Ende gegangen, die ist vielleicht hier in Deutschland zu Ende gegangen, weil …
Sagen Sie es ruhig …
Na ja, es ist vielleicht so wie im Tennis, da fehlt uns die Steffi oder der Boris. Und jetzt entsteht vielleicht erst wieder durch Sabine Lisicki ein neuer Boom. So war das auch bei uns auf dem Eis gewesen. Da gab es den Rudi Cerne, den Norbert Schramm, den Jan Hoffmann, die Anett Pötzsch. Und dann gab es mich, und danach hat sich der Trend woandershin verlagert.

Jetzt kommt eine ungalante Frage, Frau Witt, es tut mir leid, aber es sind die Fiesen Sieben.
Macht nüscht.
Woran merken Sie, dass selbst Sie älter werden – dass Sie schlecht Auto fahren oder dass Sie gelangweilter küssen?
Also, weder das eine noch das andere. Ich merk es daran, dass ich jetzt seit einem halben Jahr eine Brille habe, aber pssst …

Wie oft war Karl Marx in Chemnitz?
Karl Marx, Karl Marx, ich glaube, der war noch nie in Chemnitz, oder?

Richtig. Trotzdem hieß die Stadt Karl-Marx-Stadt.
Puuh!!

Welcher Mann sollte sich ganz bald für den Playboy ausziehen?
Welcher Mann? Nee, also ich muss keinen Mann nackig in der Zeitung sehen.

Sie finden nackte Männer nicht gut?
Ich finde, man muss nicht alles in der Öffentlichkeit zeigen.

… sagt die Frau, die sich für den meistverkauften Playboy ausgezogen hat.
Jaaa, aber ich glaube tatsächlich, nackte Frauen sind ästhetischer als nackte Männer.

Wie kommen Sie denn darauf? Sie haben die ganze Zeit mit Sportlern zu tun, Sie haben die ästhetischsten Männer schon nackt oder beinahe nackt …
Ja, aber ich meine das so als Gesamtbild sozusagen. Ein toller Oberkörper – das muss ja auch stimmen. Der Gag ist ja immer, wenn die dann pumpen und obenrum so gut aussehend sind und unten in den Beinen ist dann nichts mehr drin – weder ein Po noch ein Oberschenkel noch eine Wade. Das muss ja stimmen, gehört ja alles zusammen, und das hast du ja meistens nicht bei den Freizeitsportlern.

Aber ganz ehrlich, dann sehe ich lieber jemanden noch ein bisschen verdeckt und lasse der Fantasie den Rest.

Das heißt, wenn man Ihr Bediensteter ist und man hat grade fertig gebügelt … und man kommt dann noch und fragt, ob Sie noch einen Wunsch haben, dann hat man nur so ein Tuch um als Mann!?
Das kommt darauf an, wo das Tuch hängt *(lacht laut)*. Wie spät haben wir es eigentlich hier?

Sehr spät, die Kinder sind schon alle im Bett.

Gut.

Wenn Sie ein Mann wären: Wie groß wären Sie als Eiskunstläufer rausgekommen?

Ach, wissen Sie: Wäre, Wenn und Aber gibt es bei mir nicht. Ich bin eine Frau und ich bin da, wo ich bin. Ein Glück, dass ich kein Mann geworden bin. Ich bin eigentlich ganz froh, dass ich eine Frau bin. Und mein Bruder ist wahrscheinlich froh, dass er mein Bruder und ein Mann ist.

Robert de Niro hat Ihnen ja – wie wir besprochen haben – immer wieder Blumen geschickt. Was schicken Sie Robert De Niro?

Also, das ist übertrieben. Als wir uns kennengelernt haben und den Film gedreht haben, sind wir bisschen in Verbindung geblieben, und da hat er mir mal Blumen geschickt, als ich in New York war. Das fand ich sehr aufmerksam. Ich habe ihn jetzt durch Zufall wiedergesehen. Als der Film »The Diplomat« gezeigt wurde …

Das ist ein Film über Ihr Sportlerleben, können wir dazu sagen.

Über mein Leben, genau, ein Film, der im amerikanischen Fernsehen lief, als Dokumentation. Und als ich in Tribeca in New York beim Festival war, habe ich ihn dort getroffen und gesehen, das war sehr schön.

Einfach so mal wiedersehen, schön.

Na ja, wenn wir uns mal wiedersehen, irgendwo, dann sehen wir uns eben wieder …

HORST BRANDSTÄTTER (2012)

Er reibt sich die Nase, reibt sie weiter, und dann ruft er irgendwann: »Ich hab's.« So rettet der kleine Wikingerjunge Wickie immer wieder die starken Männer aus Flake mit seinen Einfällen.

So einfach kann es eigentlich in keiner Realität sein. Aber immer wieder werden Unternehmensgeschichten so erzählt. Im Fernsehen ist dann gern ein Schnauzbartträger auf einem verwitterten Schwarz-Weiß-Foto zu sehen. Dem ist 1897 was ganz Tolles eingefallen, und deswegen ist seine Familie bis heute stinkreich.

Horst Brandstätter musste nicht von ganz unten anfangen und sich nur durch das Reiben seiner Nase nach oben kämpfen. Seit 1876 stellte das Unternehmen seiner Familie in Fürth Metallspielzeug und Kaufladeneinzelteile für Kinder her. Brandstätter musste sich an seinen offenbar recht gehässigen Onkeln vorbeidrücken, um im Unternehmen endlich etwas zu sagen zu haben. Sein erster großer Erfolg war der Hula-Hoop-Reifen. 1958 kam diese Mode aus Kalifornien in Deutschland an. Die Firma Brandstätter hatte sich auf Kunststoff umgestellt und verdiente an den kreisenden Hüften.

Anfang der 70er-Jahre brauchte Horst Brandstätter allerdings dringend eine Idee. Die Ölkrise brachte auch die Kunststoffindustrie in Bedrängnis. Mehr als einen Spielzeugtraktor aus Plastik aus dem Hause Brandstätter brauchte keine Familie.

Hans Beck möge sich ein System-Spielzeug ausdenken, bat der Chef. Wobei Hans Beck nicht »Hans« heißt, sondern für Horst Brandstätter auch in unserem Gespräch immer nur »der Herr Beck« genannt wird.

Im deutschen Haus auf der Expo2000 gehörte Hans Beck

zu den einhundert Deutschen, denen eine eigene Statue
gewidmet ist. Zum Zeitpunkt unseres Gesprächs in Zirndorf
bei Fürth sind 2,8 Milliarden der Figuren verkauft, die sich
Hans Beck Anfang der 70er-Jahre ausgedacht hat.

Horst Brandstätter hielt irgendwann die Prototypen von
drei Figürchen in der Hand, die Arme und Beine bewegen
können. Alles nur kinderhandgroß. Wenn alles wäre, wie im
Zeichentrickfilm, dann hätte einer von beiden sagen müssen:
»Wir haben es!«

Stattdessen dachte Horst Brandstätter, dass er damit dann
wohl mal auf die Spielwarenmesse im benachbarten Nürn-
berg gehen sollte. Hans Beck sagte wieder einmal nichts,
denn »der Herr Beck redet ja nicht«. Brandstätter redete
auch nach dem Tod seines Entwicklers immer noch so, als
wäre Beck noch anwesend.

Brandstätter wusste schlicht nicht, ob diesen Püppchen die
Zukunft seiner Firma gehören könnte. Die Einkäufer auf der
Messe waren da schon viel sicherer im Urteil. »Das ist der
größte Krampf, den Sie sich jemals haben einfallen lassen«,
urteilte ein Spielzeugvertriebsmensch, der es mit Brand-
stätter ansonsten eher gut meinte.

Ein holländischer Einkäufer sah allerdings Potenzial in dem
Bauarbeiter, dem Indianer und dem Ritter. Er bestellte für
eine Million Mark von den Figuren.

Die ihren Namen »Playmobil« übrigens bei einem Zwischen-
durch-Gespräch in einem Treppenhaus der Firma bekamen.
Wenn Horst Brandstätter erzählt, wie sie sich mal eben den
Namen ausgedacht haben, müssen Werber der heutigen Zeit
eigentlich unruhig werden. Denn die brauchen Meetings,
Videokonferenzen und einige Dienstflüge, ehe es nur einen
neuen Namen für ein Kaubonbon gibt.
Mit Horst Brandstätter zu sprechen, war vor allem überra-
schend.
Denn keine Antwort war glasiert, kaum ein Satz darauf
geprüft, wie er wohl wirken könnte.
Frage: »Warum loben Sie Ihre Mitarbeiter nicht mehr?«
Antwort: »Ich habe anderes zu tun, als den Menschen auf die
Schultern zu klopfen.«
Frage: »Irgendwann war klar: Playmobil ist ein Erfolg. Wann
gab es Champagner?«
Antwort: »Nie.«
Frage: »Wie nie, warum denn nicht?«
Antwort: »Da bin ich nicht der Mensch zu. Es gab immer
irgendwas zu tun.«
Was sich hier womöglich grimmig liest, war im wirklichen
Gespräch überhaupt nicht böse oder altersbitter.
Er konnte ein so breites Lächeln, das sich über mehrere
Plätze im Tennisverein werfen ließ. Es musste aber wahr-

scheinlich für Horst Brandstätter immer einen guten Grund geben, um den Charmeur in sich auftrumpfen zu lassen. Wenn ihn nicht unbedingt kümmerte, was andere Menschen von ihm dachten, könnte das daran liegen, dass nur 1315 Menschen auf der Welt reicher waren, als Horst Brandstätter.

Er ist am 3. Juni 2015 gestorben.

Selbstverständlich hat er im Interview darüber gesprochen. Über »den Tag X«. Mag sein, dass er sich über sein Lebensende noch ganz andere Gedanken gemacht hat. Im Gespräch war ihm aber nur wichtig, dass er in der Firma alles vorbereitet hat. Die Kinder sind sich zu uneinig, behauptete der Patriarch. Deswegen habe er sie »gut ausstaffiert«, die Blutsverwandten. Daneben gebe es aber »eine gute Familie von Mitarbeitern«. Die würde ihre Sache so gut machen, dass es Playmobil auch in zwanzig Jahren noch gibt.

DIE AKTE BRANDSTÄTTER

Mein Name ist Horst Brandstätter, ich bin 79 Jahre alt, Vater von zwei Kindern und verheiratet. Geboren wurde ich hier, in Zirndorf bei Nürnberg.

Nicht verheiratet, sondern geschieden. Aber zwei Kinder stimmt. Ich habe mich zum Formenbauer ausbilden lassen und bin schon mit 19 Jahren in das Familienunternehmen

»Jeobra Brandstätter« eingestiegen. Die Firma wurde von meinem Urgroßvater gegründet.

Mein erster großer Erfolg war der Hula-Hoop-Reifen, den ich in Deutschland einführte. Wichtiger war allerdings, dass ich als junger Firmenchef einen Thüringer Möbeltischler namens Hans Beck einstellte. Der stellte mir Anfang der Siebzigerjahre drei kleine Figuren auf den Tisch. Daraus machten wir einen Erfolg, denn aus diesen ersten Prototypen wurden mittlerweile mehr als 2,8 Milliarden Playmobil-Männchen, die bis heute verkauft wurden.

WAS ZU MEINEN GUNSTEN VORLIEGT:

Ich habe unzähligen Kindern mit meinem Spielzeug schöne Stunden bereitet.
Ich hoffe es.

Ich habe dafür gesorgt, dass Playmobil nicht in China hergestellt wird.

Ich habe rechtzeitig für meine Nachfolge gesorgt.

WAS ZU MEINEN UNGUNSTEN VORLIEGT:

Ich hatte an den Playmobil-Figuren anfänglich durchaus Zweifel.
Das ist ganz normal. Ich habe dem Herrn Beck den Auftrag gegeben, ein System zu finden, und es sollte etwas mit Figuren zu tun haben und mit dem Umfeld. Das Umfeld, das sind

die Autos und die Traktoren und die Lastwagen … Und dann hat der Beck mir nach gut einem Jahr Nachdenken und Musterarbeit – ich kam aus einem Urlaub zurück – gesagt: »Ich möchte Ihnen etwas zeigen.« Er hat mir eine Figur gezeigt, die haarscharf so ausgesehen hat wie die jetzt, aber die war mit der Hand gemacht. Und was der Herr Beck mit der Hand macht – der war ein fantastischer Handwerker. Er hat mir eine Figur gezeigt und mich gefragt, ob mir das jetzt gefällt. Bin ich still gewesen. Ich habe um Gottes willen nie, da muss ich intensiv widersprechen, ich habe mich nie gegen Playmobil in irgendeiner Weise ausgesprochen. Nur, und das ist doch verständlich, ich hatte keine Meinung. Das war doch völlig neu. Das war doch für alle Menschen neu.

WAS NOCH ZU MEINEN UNGUNSTEN VORLIEGT:

Winzer aus der Bordeaux-Region könnten böse auf mich sein, denn mir schmeckt kein Wein, der teurer als zehn Euro ist.
Wein, der teuer ist, ist meistens alt, aber nicht immer gut.

Ich lobe meine Mitarbeiter nur sehr sparsam.
Naaa, wenn es angebracht ist, lobe ich schon. Aber nicht viel, nicht zu viel.

DIE FIESEN SIEBEN

Wann haben Sie das letzte Mal Geld verschwendet?

Oh, da kann ich mich gar nicht erinnern. *(lacht)*

Was fanden Frauen über die Jahre aufregender – Ihren Erfolg oder Ihren Schnauzbart?

Hmm, weder noch. Mehr die Person.

Wie haben Sie das überhaupt hingekriegt, dass Sie sich so jung gehalten haben? Wie machen Sie das? Das ist jetzt keine fiese Frage, sondern reine Neugier.

Na ja, ich bewege mich viel. Ich gehe jeden Tag Golfspielen, so wie ich früher jeden Tag zum Tennis gegangen bin. Und ich bewege mich und … na ja, sooo jung bin ich auch nicht mehr.

Seit wann sind Sie reich?

Ha! Wenn ich da zurückrechne, na dann so seit zwanzig Jahren vielleicht. Aber ich bemerke das nicht.

Wie misst denn ein Geschäftsmann Ihrer Erfahrung Reichtum?

Wie er das misst?

Woran macht er das fest? Wenn ich Ihnen jetzt sagen würde: »Übrigens, Herr Brandstätter, ich habe 300 000 Euro gespart.« Bin ich dann Ihrer Meinung nach reich? Oder ab wann wäre ich reich?

Na, wir haben relativ sparsam gewirtschaftet und haben auch

Geld zurückgelegt. Wir müssen, Gott sei Dank, die Bank nicht fragen, wenn wir eine neue Maschine kaufen wollen. Und wenn ich mein Konto anschaue: Ich bin zufrieden.

Welches Lego-Spielzeug können Sie Eltern empfehlen?
Alle. Lego ist super.

Haben Sie kein bisschen Gram mit denen? Die hatten auch plötzlich Figuren.
Nein, Gram habe ich nicht. Was mir nicht ganz so gut gefällt, ist, wie der Herr Beck, auch das ist mir sehr gut in Erinnerung, vor vielen Jahren sagte: »Schauen Sie mal, vor einem Jahr hatte Lego keine Schachtel mit einer Figur drin, keine, null. Und jetzt, ein Jahr später, gibt es keine Schachtel mehr, in der nicht mindestens eine Figur ist.« Damit hat er natürlich etwas sagen wollen. Nämlich, dass seine Entwicklung, Playmobil, Lego stark beeinflusst hat, die hatten dann auch Figuren und manch anderes. Das ist tatsächlich so. Da hätten sie sich nicht ganz so deutlich von Playmobil inspirieren lassen müssen.

Welches Land würden Sie lieber regieren – Deutschland oder die Vereinigten Staaten von Amerika?
Ich will eigentlich gar kein Land regieren. Ich würde ja das Land dann so regieren, wie ich meine Firma regiere.

Also ohne Lob und ohne Ausschweifungen?
Vor allem: In meiner Firma muss ich so wirtschaften, dass ich am Jahresende mit meinem Umsatz meine Kosten decke. Das sollte man doch in einem Land auch können. Wir zahlen doch genug Steuern. Also ich verstehe nicht, warum man nicht versucht, mit den Steuern alles zu finanzieren, das muss doch gehen.

Hatten Sie schon jemals politische Ambitionen? Spätestens, als Sie merkten, dass es mit Playmobil sowieso läuft?
Nee, ich hatte nie politische Ambitionen. Ich habe auch keine Ämter.

RENATE KÜNAST (2008/2010) *Eine Frau, die es liebt, über ihren Markt zu gehen und an einem bestimmten Stand eine Thai-Suppe zu essen. Zumindest erzählen Leute, dass sie dort und dort in Schöneberg dieses Suppenritual habe.*

Eine Frau, die zwar recht illusionslos, aber wohltemperiert und angenehm von der politischen Kommandobrücke dieses Landes erzählt. Wir hatten uns nicht dazu verabredet, aber ich hatte schon einmal die Gelegenheit, bei einem Glas Wein mit Frau Künast zusammenzusitzen.

Von der angenehmen Renate Künast ist bei unserer zweiten Begegnung im Fernsehen recht wenig zu sehen.

Sie ist auf Angriff eingestellt. Renatenwerferin würde man das Gerät nennen, mit dem sie Argumente in die Diskussion schießt.

Dabei sitzen wir an einem Ort, an dem sie wenige Wochen zuvor einen großen persönlichen Schritt gewagt hat. Am 5. November 2010 ließ sich Renate Künast im Berliner Museum für Kommunikation zur Spitzenkandidatin der Grünen bei der Abgeordentenhauswahl aufstellen. Na endlich, haben viele in Berlin gedacht. Eine Politikerin mit Format. Gleichgültig, was der ein oder andere an der Entwicklung hin zu viel mehr »Bio« zu mäkeln hat: Die todschicken Bioläden müssten sich in den Eingang bis heute ein großes Künast-Porträt hängen. So energisch hat diese Frau als Verbraucher- und Landwirtschaftsministerin im Kabinett Schröder für gesündere Ernährung und die sogenannte »Agrarwende« gekämpft.

Eine Herausforderung für den Regierenden Bürgermeister Wowereit: Jurist gegen Juristin. Junge aus einfachen Verhältnissen gegen Mädchen aus einer Recklinghauser Arbeiterfamilie. Geburtsberliner gegen Überzeugungsberlinerin seit 1976.

In unserer Sendung deutet sich dann aber auch schon an, was sich als letztlich unüberwindbares Hindernis für die Kandi-

datin Künast erweisen soll: zu streng, zu kühl ist die Ratio.

Renate Künast korrigiert Kleinigkeiten in den Fragen. Sie

fordert »systematische Arbeit«. Obwohl wir eigentlich über

eine goldene Zukunft Berlins unter Renate Künast reden

wollen, ist sie plötzlich beim Ekelthema BSE.

Sie könnte darüber sprechen, wie sie sich ein Berlin erträumt.

Mit dem modernsten Nahverkehrssystem, mit Radfahrer-

luxus, mit den besten Wissenschaftlern aus aller Welt, die

auch wegen des prallen Kunstangebots unbedingt in die

größte deutsche Stadt wollen.

Aber nein. »Hausaufgaben machen«, fordert sie. Wirft

Wowereit den Umgang mit Thilo Sarrazin vor und spricht

dann von »Plattformen«, die gegründet werden müssen, um

dem Lärm am Flughafen entgegenzuwirken.

An verschiedenen Stellen wird klar, wie schwer der Schaden

ist, zu dem die deutsche Sprache in linksalternativen Kreisen

gekommen ist. Hauptsache abstrakt. Formelsprache, als

sei das ganze Leben vor allem ein Beachten des Klein-

gedruckten. Das ist nicht »Mehr Berlin wagen«, in einer

Abwandlung des Willy-Brandt-Satzes von 1969. Und schon

überhaupt nicht »Yes, we can« des erfolgreichen Wahl-

kämpfers Barack Obama.

Frau Künast sieht die Versetzung Berlins gefährdet und

erweckt den Eindruck, wir hätten bald alle Stubenarrest,
wenn wir so weitermachen.

Der Redner Klaus Wowereit hat sein Publikum auch höchst
selten in einen Rausch geredet. Berlin ist schließlich auch
Deutschland, und hier steht eine politische Rede nun mal
auch als Synonym für Langeweile. Aber er konnte sich als
der lockere Klaus aus Tempelhof inszenieren. Der kannte
seine Zahlen und las seine Akten. Diese Mühen ließ er aber
nicht aufscheinen. Sondern gab den obersten Bürger unter
Bürgern, mit dem bei einem zufälligen Treffen eine Curry-
wurst oder ein Glas Crémant jederzeit möglich erscheint.

Hätte ich Frau Künast gefragt, ob unter ihr Berlin denn auch
wirklich sexy bleibt, dann hätte sie mich wahrscheinlich
angebarscht, was denn das bitte schön für eine Kategorie zur
Beurteilung einer Stadt sei.

Bei den Fiesen Sieben und dem Architekten Egon Eiermann,
der die Gedächtniskirche gestaltete, ist dann endlich doch die
lockere, sacht hämische Renate Künast zu sehen.

Die Temperatur steigt, und ich denke nach unserem
Gespräch, dass es vielleicht doch klappen könnte und Berlin
die erste grüne Ministerpräsidentin stellt.

Aber dazu kommt es nicht. Kaum jemand spricht Renate
Künast Kompetenz und Format ab. Nur kommen viele
Wähler wohl an der kalten Schulter nicht vorbei.

Klaus Wowereit gewinnt die Wahl. Renate Künast holt für die Grünen 17,6 Prozent. Vier Prozent mehr als vier Jahre zuvor. Mehr ist nicht drin. Meine Stimme war dabei. Denn ich glaubte, die Suppe gefunden zu haben, die Renate Künast auf dem Markt gerne isst. Sehr gut, vor allem herzwärmend.

DIE AKTE KÜNAST

Mein Name ist Renate Elly Künast. *Das ist richtig.* Ich bin vor 52 Jahren in Recklinghausen zur Welt gekommen. Seit mehr als dreißig Jahren lebe ich in Berlin. Hier habe ich mich zur Sozialarbeiterin ausbilden lassen. *Falsch, das war in Düsseldorf, und hier habe ich dann das Anerkennungs-jahr gemacht, in Reinickendorf in der Jugendgerichtshilfe und in Tegel im Gefängnis.* Und mein Jurastudium mit beiden Staatsexamen abgeschlossen. *Das stimmt für Berlin.* Ich bin unverheiratet und habe keine Kinder. *Stimmt auch.* Mein Geld verdiene ich in der Spitzenpolitik. *Das hört sich ja an! Gut, ja.* Ich war vier Jahre lang Bundesministerin für Ver-braucherschutz und Landwirtschaft. *Verbraucherschutz, Er-nährung und Landwirtschaft.* Und sitze seit Ende der Re-gierung Schröder, *Schrägstrich Fischer fehlt,* für Bündnis 90/ Die Grünen im Deutschen Bundestag.

WAS ZU MEINEN GUNSTEN VORLIEGT:

Ich habe mich so wirkungsvoll für eine Agrarwende eingesetzt, dass eigentlich alle Biobauern ihre Töchter Renate nennen müssten. *Stimmt!*

Meine Kompetenz hat mir selbst bei meinem politischen Gegner Respekt eingebracht, Gerhard Schröder hat mich wegen meines Winds als »echte Granate« bezeichnet. – *Das kann ich jetzt nicht negieren. Was ja am schärfsten war, war der Bauernverband, die immer dachten »wir haben bisher noch alle Agrarminister kleingekriegt«, und dann merkten sie, das klappte nicht.*

Ich muss heute niemandem mehr etwas beweisen und kann mir mittlerweile erlauben, weicher aufzutreten. *Das hat aber nicht nur was mit beweisen zu tun, sondern es ist für Frauen, wenn man in der Politik ist oder in Regionen landet, wo fast nur Männer sitzen, nicht einfach. Gut.*

WAS ZU MEINEN UNGUNSTEN VORLIEGT:

Wieso steht das überhaupt auf dem Zettel?
Ich werde niemals Bundeskanzlerin, obwohl ich das gut könnte. *Ja, solange Die Grünen nicht 50 Prozent haben, stimmt das.*

Ich will immer recht behalten und werde manchmal unangemessen scharf im Ton. *Also, scharf kann ich schon sein. Aber ich will nicht immer recht behalten.*

Ich habe zu selten öffentlich Kleider getragen. *Nö, das stimmt nicht. Hosen sind einfach praktischer.*

DIE FIESEN SIEBEN (2008)

Was hat Jürgen Trittin, was Sie nicht haben? Das ist der andere Spitzenkandidat bei der Bundestagswahl. Es heißt, Sie würden sich nicht ganz so doll liebhaben. Was hat der, was Sie nicht haben?
Bisschen längere Regierungserfahrung, und er ist körperlich größer.

Das war's dann aber auch?
Ja.

Herr Ratzmann hat sich wegen seiner bevorstehenden Vaterschaft aus dem Rennen zum Grünen-Bundesvorsitz genommen. Warum hätten Sie niemals auf die Karriere verzichtet? Auch nicht für Kinder.
Doch, hätte ich schon.

Was ist Ihre bäuerlichste Eigenschaft?
Ich kann stur sein wie ein Westfale.

Was ist das Schönste an Ihnen?
Dass man – wenn man mich näher kennt – weiß, dass ich Humor habe.

Wie weit hätten Sie es als Mann gebracht?
Allenfalls drei Zentimeter weiter.

In welcher Beziehung drei Zentimeter?

Drei Zentimeter, vielleicht wäre ich politisch anders oder wäre anders eingestiegen, früher. So habe ich eher nachgedacht »Kann ich das?«, eine der schlechten weiblichen Eigenschaften.

Wie heißt das markanteste Schimpfwort, das Sie in den vergangenen Jahren hinter seinem Rücken für Joschka Fischer verwendet haben?

Ich schimpfe nicht über ihn. Das Markanteste war höchstens »Was hat der Alte gesagt?«.

Der Alte? Den nehmen Sie als alt wahr?

Der Alte, nee, das ist gar nicht so … Es gibt ja auch »Der Pate«. Da meint »der Alte« nicht das Alter, sondern steht eher für einen Patron. Der da oben steht, der der Alte ist, der, der die Erfahrung hat. »Der Alte« haben wir oft gesagt. Ich auch.

Wer ist die schönste Frau, in der deutschen Spitzenpolitik?

… denken Sie jetzt so lange nach, weil Ihnen keine schöne Frau einfällt oder weil Ihnen viele schöne Frauen einfallen in der deutschen Spitzenpolitik?

Ach, erst habe ich daran gedacht, dass immer alle sagen, Frau Enkelmann sei die schönste, warum eigentlich?

Sie meinen die von der Linkspartei.

Ja. Warum eigentlich? Und dann denk ich, »die ist doch gar nicht so …«. Und dann denke ich über Schönheit nach. Man muss nicht aussehen wie Carla Bruni, um das Attribut »schön« zu verdienen.

Weil Sie jetzt Carla Bruni sagen: Könnten Sie sich vorstel-

len, wenn Sie jetzt Bundeskanzlerin wären, dass Sie sich einen gut aussehenden Sänger als Mann nehmen würden, damit es ein bisschen …?

Nein, ich hab ja schon eine Beziehung, und der ist Strafverteidiger. Was soll ich mir denn einen Sänger suchen?!

DIE FIESEN SIEBEN (2010)

Ich muss Sie jetzt mit den Fiesen Sieben konfrontieren, und der Ungerechtigkeit, die dem Ganzen innewohnt. Ich hätte jetzt viele Antworten auch nicht gewusst, aber ich konnte das nachschlagen, Sie können das nicht.

Och nö.

Was sind die beiden Endhaltestellen der U9?

Keine Ahnung. Ich gehe nicht nach Nummern.

Die Orange, Nord-Süd. Und oben ist die …

Dann sind es »Osloer Straße« und »Steglitz«. Machen wir jetzt eine Art Berlin-Quiz?

Wir machen eine Art Berlin-Quiz, weil das das Fieseste ist, was mir einfiel.

Schön, dass Sie dabei sind.

Ich bin der Quizmaster und Sie die Kandidatin, und Sie bekommen nachher noch nicht mal Geld, wenn Sie fünf von sieben Fragen richtig haben.

Wohin müssen Sie höchstens zwei Stunden fahren, um einen grünen Bürgermeister zu treffen? Wusste ich auch nicht vorher.

Wüsste ich auch nicht.

Malchow, MeckPom, Joachim Stein.

Ja.

Kennen Sie den?

Ja. Wie fahr ich denn da, wenn ich da zwei Stunden fahre?

Sie fahren da, glaube ich, Malchow ist in der Nähe ... Müritz-Seen, Dingsda ...

Da müssen wir aber mindestens noch mal in einen Bus steigen.

Jetzt kommt meine Lieblingsfrage. Welche Bedeutung hat Egon Eiermann für Berlin? Na gut. Egon Eiermann hat – Kollegen, die mit uns die ganze Sendung betreuen, wussten, dass er Designer ist – noch nicht mal das wusste ich. Aber Egon Eiermann hat tatsächlich die Gedächtniskirche als Architekt betreut. So wie sie aussieht, haben wir sie Egon Eiermann zu verdanken. Das ist vielleicht eine schöne Geschichte, wenn Sie mal wieder Gäste haben.

Ja, aber vorher hat jemand einen Teil zerstört, also können wir nicht alles auf Eiermann schieben.

Was schreiben Sie in ein Grußwort der extremen Sexszene in Berlin – zur Erinnerung, Klaus Wowereit ließ 2005 schreiben: Die bevorstehende Sadomasoparty wäre Lebensfreude pur.

Ich habe einen dringenden anderen Termin.

Sie würden da gar kein Grußwort schreiben?

Nö.

Wem gönnen Sie den Aufstieg in die 1. Bundesliga? Hertha oder Union?

Oh, gerade jetzt stellen wir fest, Hertha hat kein einziges Tor geschossen in den letzten drei Spielen. Gönnen würde ich es beiden, aus Pflicht zur Neutralität. Aber Hertha ist schon länger zusammen. Die haben angeblich – laut Trainer – sehr aktiv gespielt, aber wieso kriegen die kein Tor?

Aber ist es nicht so, dass beim Fußball total Ihr Herz schlagen würde? Oder haben Sie womöglich so eine innere Schranke?

Ach, ich bin immer bei der deutschen Nationalmannschaft dabei. Diese jungen Männer sind immer so flott, und im Augenblick ist sowieso die eigentliche Frage: Wie weit kommen unsere Frauen nächsten Sommer?

Was können Sie besser, Frau Künast: tanzen oder singen?

Singen.

Was singen Sie?

Alles! Ich kann auch am Strand entlanggehen und das gesamte Liedgut aus Kinderzeiten singen. Aber jetzt nicht, weil ich noch so ein bisschen erkältet bin. Aber es gibt Aufnahmen von mir, auf denen ich Weihnachtslieder singe, ja.

Tatsächlich?

Können Sie bei der ARD abfragen. »Die Kinderreporter« haben's geschafft.

Und würden Sie das im Wahlkampf einsetzen als Stilmittel? Gesang?

Nö, ich sing für mich selbst.

Und tanzen?

Es gibt ja einen Obdachlosenchor, mit denen würde ich

gerne mal singen, weil ich die Idee brillant finde. So was zusammen zu machen.

Tanzen … als Verbraucherschutzministerin …

Na ja, für einen Walzer reicht es immer, aber die große Schule wäre natürlich Rock ’n’ Roll mit Überwurf. Dafür muss man aber erst mal den richtigen Tänzer finden, dem man traut.

CHRISTIAN LOHSE (2010)

Christian Lohse lädt ein. Vor allem dazu, sich in ihm gründlich zu täuschen.

Robuste Statur, Anpackhände, ein kräftiger Mann. Die Frisur ist praktisch, der Blick sendet zuerst eine misstrauische Botschaft. Als hätte man irgendwas gemacht, vor allem nichts Gutes, so kann Lohse gucken. Der Sound unverkennbar westfälisch. Sauberer in den Nuancen als ein Mann aus dem Ruhrpott spricht. Womöglich bisschen was Besseres. Gibt es schließlich auch in der Gegend, in der man mit Stolz auf den Sieg der heimi-

schen Barbaren gegen die Römer zurückblickt. Auf dem
Gendarmenmarkt in Freizeitkleidung könnte man ihn für
einen Deutschlehrer halten, der die Jahrgangsstufe 12 eines
Gymnasiums aus Höxter nach Berlin begleitet.

Den internationalen Spitzenkoch sieht man nicht sofort. Wenn
er mit der Sauciere am Tisch im Restaurant »Fischers Fritz«
im piekfeinen Regent-Hotel auftaucht, ist das schon was ganz
anderes. Er träufelt eine weitere Meisterkomposition von
Sauce um ein kunstvoll aufgetürmtes Gemüse. Wie es nur
jemand kann, der das lange und bis zur Perfektion gelernt
hat. Lohse hat sich in Frankreich ausbilden lassen. In Dijon.
Berühmter Senf, berühmter Essig und ein Küchenchef, der
dem Lehrling Lohse verdeutlicht, dass Spitzenküche kompro-
misslos ist. Beste Produkte und niemals weniger als perfekter
Umgang damit. Natürlich Fantasie und Ideen.

Aber Christian Lohse möchte gewiss nicht als vergeistigter
Künstler gefeiert werden. Würde er es wie die Fußballer mit
ihren Meisterschaften machen, könnte er sich zig Sterne an
die Kochjacke heften. Im »Fischers Fritz« hat er zwei Sterne
erkocht. Vorher im Schlosshotel Grunewald einen und in
seinem eigenen Restaurant »Windmühle« in seiner ostwest-
fälischen Heimat bereits zwei. Vor allem die beiden Sterne zu
Hause haben ihm aber gar nichts genutzt. Denn in der »Wind-
mühle« bewegte sich irgendwann gar nichts mehr. Pleite. Auch

in dieser Angelegenheit verbrämt Lohse nichts. Er beschreibt es als zweite, wichtige Lehre. Sterneküche braucht den richtigen Ort. Lohe, ein Stadtteil von Bad Oeynhausen, war es nicht. Selbstverständlich kann Lohse über einen Steinbutt kundig sprechen. Wahrscheinlich über beinahe jeden Fisch, den man essen kann. Bei ihm kommt viel Ware aus Frankreich. Da gibt es noch Kontakte. In diesem Punkt lässt seine Auskunftsfreude etwas nach. Es wird aber klar, dass es im Nachbarland noch genug Leute gibt, die sich so gut an den robusten Christian aus Deutschland erinnern, dass sie ihm die richtig feinen Sachen liefern.

Wie viele heutige Chefköche beeilt er sich zu betonen, wie sehr sich der Ton in der Küche verändert hat. In seiner Zeit als junger Koch sei noch geschlagen worden. Da wo es in einem Restaurant im Wortsinn heiß hergeht, trotzt heute ein »Team« dem Stress und den Temperaturen. Autorität spielt dort aber auch noch eine andere Rolle als in einem Start-up-Unternehmen von komplett unabhängigen Hedonisten. Wird mir praktisch klar. Lohse hat ein Onsen-Ei ins Studio mitgebracht. Eine Spezialität im »Fischers Fritz«. Ein in der Schale blanchiertes Ei. Als ich es unbeholfen zu schälen versuche, greift Chef Lohse bereits ein. Er muss überhaupt nicht sagen, dass es so unbeholfen nun wirklich nicht geht.

Womöglich hätte ich in der Küche noch gehört, wie Meister

Lohse fragt, ob man eigentlich wirklich so doof sein kann,
wie ich mich gerade anstelle.

In seinem Restaurant habe ich den Eindruck, ich sei durch
die Eingangstür aus Berlin ausgereist. So fein ist es dort.
Kristallleuchter, elegante Teppiche, die einem nicht entgegen-
schreien, wie elegant sie gemeint sind.

Der Empfang, die Kellnerinnen und Kellner, der Sommelier,
alles Champions League. Deswegen kann es sich Küchenchef
Lohse erlauben, manche Gäste in seinem »Fischlokal« zu
begrüßen. Als würde er gleich ein paar Fischstäbchen in die
Tavernen-Fritteuse werfen. Hat er auch schon fertiggebracht.
Vor uns stand ein Traum von einer filigran ausgebackenen
Riesengarnele. »Wie bei ›Nordsee‹«, tönte Christian Lohse
und keckerte sein selbstbewusstes Lachen.

Nur einmal verging ihm das Lachen. Als er an seinem Alster-
wasser nippte und sich plötzlich kaum noch bewegen konnte.
Stattdessen nervös immer wieder die Lippen schürzen
musste. »Die Schweine«, murmelte er, »haben mir den Glas-
rand mit Chili eingerieben.«

Er erzählt, dass es sich um einen Racheakt handelte. Denn er
hatte am Vortag seinem Patissier einige Pralinen zubereitet.
Gefüllt mit schwer genießbarem Kaffeesatz.

Ich halte für möglich, dass selbst diese böse gemeinten
Pralinen aussahen wie die Werke eines Künstlers.

DIE AKTE LOHSE

Mein Name ist Christian Lohse, ich bin 43 Jahre alt, verheiratet und Vater einer Tochter. Aufgewachsen bin ich in einer sehr gesunden Stadt in Ostwestfalen, die viele nicht richtig aussprechen, Bad Oeynhausen. Nach dem Abitur habe ich mich zum Koch ausbilden lassen, an wirklich guten Adressen in Frankreich, zum Beispiel in Dijon in Burgund oder an einem Pariser Nobelrestaurant, dem »Guy Savoy«. In meinem eigenen Restaurant, der »Windmühle«, Bad Oeynhausen, war zwar das Essen super, aber das Geschäft lief nicht.

In Berlin habe ich dann einen Neustart hinbekommen, zuerst im »Schlosshotel Vier Jahreszeiten«, Grunewald, und seit einigen Jahren im »Fischers Fritz« im Regent-Hotel am Gendarmenmarkt.

WAS ZU MEINEN GUNSTEN VORLIEGT:

Ich habe zwei Michelin-Sterne und neunzehn Gault-Millau-Punkte. Weil das sonst keiner hat, bin ich der beste Koch Berlins.

Ich habe dem Ei in der Luxusgastronomie wieder einen Platz geschaffen.

Ich habe in meiner Küche geregelte Arbeitszeiten für die Mitarbeiter eingeführt.

Ich lehne den kulinarischen Fortschritt ab. *Das stimmt nicht ganz.* So habe ich die Molekularküche schon als Bastelscheiß abgetan.

Ich habe keine eigene Kochshow.

Ich nehme Hobbyköche nicht ernst.

DIE FIESEN SIEBEN

Mit welchen Komplimenten würden Sie einen Tester von Michelin oder Gault Millau überhäufen, wenn Sie ihn in Ihrem Lokal erkennen, was man normalerweise nicht so leicht kann, wie ich gelernt habe?
Gar nicht.
Sie würden ihn nicht mit Komplimenten überhäufen? »Es ist so schön, dass Sie hier sind …«
Nein, ich finde, die klare Auseinandersetzung mit Kritikern ist wichtig. Auch Kritik von außen ist wichtig. Sollte er persönlich verletzen wollen, werde ich ihm die entsprechenden Sätze dazu sagen.

Das Regent Hotel ist ein Laden für internationale Prominenz. Wer ist Ihnen zu zickig, dass Sie Lust hätten, für sie oder ihn zu kochen?
Wenn jemand zu zickig ist, dann koche ich auch nicht mehr. Das können dann andere machen.

Als Sie im Dorchester Hotel in London gearbeitet haben, haben Sie für den Sultan von Brunei gekocht. Sie mussten für ihn einen Hummer organisieren.

Und das war nachts um vier Uhr, glaube ich. Die hatten Scampis bestellt, wollten dann aber Hummer haben. Sie haben mir dann erklärt, dass die Scampis Scheren haben. Das war dann auch mein letzter Arbeitstag. Nachts um vier, das war zu bunt. *(lacht)*

Was würden Sie sich besorgen lassen, wenn Sie der Sultan von Brunei wären?

Das Paradies. *(lacht)* Tauben, die mir in den Mund fliegen, Bäche aus Schokolade.

Tauben sind eine sehr leckere Angelegenheit.

Unglaublich. Stellen Sie sich vor, Sie liegen unter so einem Baum und die Taube kommt, in Blätterteig gehüllt, mit schwarzem Trüffel angeflogen, direkt in den Mund.

Aber die Taube wird erstickt.

Ja. Aber das ist ja nichts Schlimmes. Mit einem Schlag ist das Ding ja tot. Wird ja nicht gequält wie die Tiere auf den Tiertransporten. Das ist ein Riesenunterschied.

Welcher Fernsehkoch hat keine Ahnung?

Viele. *(grinst)*

Brodelt es da ein bisschen in Ihnen?

Viele.

Viele? Das heißt, Fernsehköche sind nicht so Ihre Spezialität.

Doch. Es sind ja ehrenwerte Kollegen, aber sie stehen halt unter dem Druck, dass sie immer und ewig vor der Kamera neue Dinge präsentieren müssen. Und ich bin der Meinung, eine Fernsehsendung sollte sich mit einer Sache beschäftigen. Ich mach eine Mayonnaise, dreißig Minuten lang, und dann die Ableitungen von der Mayonnaise. Ich muss nicht immer Gänge-Menüs kochen. Ich find auch diese Shows, bei denen die aufeinander losgelassen werden wie bei den Gladiatoren – sie bekämpfen, bekochen sich gegenseitig, das find ich auch nicht gut.

Mit welchem Gericht haben Sie eine Frau ins Bett gekocht?
Das kann ich Ihnen ganz genau sagen. Das war eine Taube, vom Holzkohlegrill, mit Linsengemüse und einfach einem bisschen Aceto Balsamico.
Das werden wir, meine Damen und Herren, ins Internet stellen, das ist Ihnen klar.

Zu welchen Gerichten passt Maggi?
Zu allen.
Ja?
Ja.
Zu allen. Ist auch für Sie überhaupt kein Problem, wenn man …
Überhaupt nicht.
Ich bitte Sie, Herr Lohse. Wenn ich bei Ihnen im Restaurant sitze und sage: »Habt ihr ja ganz schön gemacht, aber kann ich …«
Kriegen Sie Maggi, wenn Sie es haben wollen.
Das haben Sie doch gar nicht da, höchstwahrscheinlich.
Na klar haben wir Maggi da.

Die französische Küche ist zum Weltkulturerbe erklärt worden, wie besprochen. Warum hat die deutsche Küche das nicht verdient?

Zu lange geschlafen.

ARMIN *Achtung: In die Akte, die jeder Gast in unserer*
MUELLER-STAHL *Sendung verliest, können sich*
(2015) *Fehler einschleichen. Unübersichtlich und*
widersprüchlich ist oftmals die Materiallage in den Zeitungs-
archiven, und auch das Vorgespräch bringt nicht immer
Aufklärung in allen strittigen Fragen. Wir haben Gästen
schon drei statt zwei Kinder angedichtet, nachlässig abge-
schrieben aus dubiosen Quellen. Gäste stammen mitunter
aus Orten, an denen sie nie gewesen sind. Oder haben in
Filmen mitgespielt, an die sie sich beim besten Willen nicht

erinnern. Das ist jedes Mal nicht angenehm, ein »Sechs,
Setzen!«-Gefühl stellt sich augenblicklich ein, wenn der Gast
in der Sendung den Fehler korrigiert.
Bei Armin Mueller-Stahl haben wir gleich mehrfach
gepfuscht. Und das ganz ohne Not. Denn der Mann hatte
gerade mit dem bemerkenswerten Buch »Dreimal Deutsch-
land und zurück« seine Erinnerungen vorgelegt, eine
bessere Quelle konnte man sich nicht wünschen. Wir hatten
trotzdem bei einigen Fakten lieber windige Interneteinträge
zur Recherche herangezogen – und damit schwer daneben-
gelegen.
Der erste Patzer allerdings war ein ganz und gar überflüs-
siger Schreibfehler: »Mein Name ist Armin Müller-Stahl«
las er vor, ließ resigniert das Blatt sinken, schaute über seine
Brille und sagte: »›Müller-Stahl‹ falsch geschrieben. Ich
werde mit ›ue‹ geschrieben.« »Oben in der Überschrift hab
ich's richtig geschrieben«, versuchte der Moderator noch,
dem Tadel zu entgehen. Mueller-Stahl lächelte milde und
sagte »Na gut, dann nehm ich das oben.« Selten hat jemand
so formvollendet und höflich auf eine offenkundig mise-
rable Leistung hingewiesen. Allein dafür hatte sich der Fehler
schon fast wieder gelohnt. Die beiden anderen von uns nach-
lässig recherchierten Sachverhalte – wir behaupteten, er
habe Abitur (hat er nicht) und er habe in Ostberlin Musik-

wissenschaft und Geige studiert (Westberlin) – korrigierte
er nachsichtig und endete die Verlesung der fehlerhaften
Akte mit den Worten: »Es tut mir leid, dass ich Sie auf einige
Fehler aufmerksam mache.«

DIE AKTE MUELLER-STAHL

Mein Name ist Armin Mueller-Stahl. *Mueller-Stahl falsch
geschrieben, ich werde mit ue geschrieben.*
Ich bin 83 Jahre alt – *gerade noch* –, seit mehr als vierzig Jahren mit Gabi verheiratet und Vater eines Sohnes. Mein Geburtsort hieß Tilsit, der heutige Name ist Sowetsk, er liegt in Nordwest-Russland, an der Grenze zu Litauen. Das Ende des Zweiten Weltkrieges erlebte ich als Vierzehnjähriger in der Nähe von Rostock. Nach dem Abitur – *stimmt nicht, ich habe das Abitur nicht gemacht* – studierte ich am Städtischen Konservatorium in Ostberlin Musikwissenschaft und Geige. *Stimmt auch nicht. Ich studierte am Stern'schen Konservatorium in Westberlin und nicht in Ostberlin.* Dieses Instrument spiele ich seit meinem sechsten Lebensjahr. *Mit Unterbrechung, dann kam der Krieg dazwischen.* Mein Schauspielstudium musste ich hingegen wegen angeblicher mangelnder Begabung vorzeitig abbrechen. Dennoch wurde ich nach einem Vorstellungsgespräch bei Helene Weigel im Jahre 1952 am Berliner Theater am Schiffbauerdamm engagiert. Damit begann meine Weltkarriere in drei Stufen. *Welche Weltkarriere, na gut, stehen lassen.* Denn ich reüssierte – *auch ein schönes Wort, reüssierte* – zuerst als

einer der bekanntesten Schauspieler der DDR, sowohl am Theater als auch beim Film und Fernsehen. 1980 verließ ich die DDR. In der Bundesrepublik fand ich schnell Kontakt zu Rainer Werner Fassbinder und war auch ansonsten sehr viel beschäftigt. Meine Frau und ich wanderten aber weiter nach Westen. Als ich nach Hollywood kam, war ich schon über fünfzig Jahre alt – *knapp sechzig*. Es hat aber auch dort fabelhaft für mich geklappt. Ich bekam Engagements in großen Filmen und wurde Mitglied der Akademie, die jedes Jahr die Oscars vergibt. Noch heute verbringe ich einen Teil des Jahres in meinem Haus in Los Angeles.

WAS ZU MEINEN GUNSTEN VORLIEGT:

Ich habe mit der Musik, der Malerei und der Schauspielerei gleich mehrere künstlerische Begabungen nebeneinander.

Ich war der Brad Pitt des Ostens, ehe ich der Armin Mueller-Stahl für die ganze Welt wurde. *Ist ein bisschen hochgestapelt. Ein bisschen tiefer wäre richtiger.*

Ich habe mit »Dreimal Deutschland und zurück« schon wieder ein sehr schönes Buch geschrieben. *Stimmt auch nicht, ich habe es nicht geschrieben, das hat Andreas Hallaschka geschrieben. Ich habe es ihm erzählt, das ist eher ein Buch wie ein Interview.*

WAS ZU MEINEN UNGUNSTEN VORLIEGT:

Ich habe den Ausstieg aus der Schauspielerei überhastet. *Überhastet? Nach 83 Jahren höre ich allmählich auf damit? Also »überhastet« ist ein großes Kompliment von Ihnen. 83 Jahren, na okay.*
Ich habe verpasst, den deutschen Schauspielern zu beweisen, dass der Charakter des Prof. Brinkmann in der Schwarzwaldklinik doch tiefer als eine Pfütze ist. *Meine Frau hat ein Stück des Drehbuchs der »Schwarzwaldklinik« gelesen. Weil sie Ärztin ist, habe ich gesagt: »Lies mal.« Und da sagte sie: »Du, das ist tief wie eine Pfütze.« Das sagte sie und nicht ich. Ich sagte mal in irgendeiner Fernsehsendung – da wurde ich gefragt nach der »Schwarzwaldklinik« und nach Klaus-Jürgen Wussow, mit dem ich zusammen am Theater war, für kurze Zeit, am Schiffbauerdamm. Bevor, nebenbei gesagt, Brecht das Schiffbauerdamm übernahm – jedenfalls sagte ich dort: »Diese Schwarzwaldklinik hat zwei Leute berühmt gemacht, den Wussow, weil er die Rolle gespielt hat, und mich, weil ich die Rolle nicht gespielt habe.« Denn alle haben darüber gesprochen. »Wie konnten Sie das ablehnen …?« Das hat mich berühmt gemacht.*

Mein Sohn ist beruflich dem Vorbild seiner Mutter gefolgt und Arzt geworden, nicht Schauspieler oder Musiker.

DIE FIESEN SIEBEN

Ein Mann am Klavier soll für Frauen schlicht unwiderstehlich sein. Wie oft haben Sie sich in diesem Zusammenhang über die Geige geärgert?

Einmal habe ich die Geige benutzt, um einer Frau zu imponieren, das fällt mir ein.

Warum haben Sie versucht, ihr zu imponieren? Was war da los? Hatten Sie Streit gehabt und Sie dachten …?

Nein, wir sprachen über die Geige. Das war eine berühmte französische Schauspielerin, die gastierte an der Volksbühne. Wir sprachen über die Geige, und ich hatte mich verknallt in sie, augenblicklich, in diese wunderbare Schauspielerin. Junger Spund. Und da war eine Geige in der Nähe und die nahm ich und habe ihr die Csárdás vorgespielt.

Und war das erfolgreich?

Ja, war erfolgreich.

Dankeschön.

Was lieben Sie an den Kostümanproben vor dem Beginn der Dreharbeiten besonders?

An Kostümen?

Anproben.

Gar nichts. Es gibt nur eine Kostümbildnerin, die ich sehr schätzte und die großartig ist. Die kannte meine Maße, da musste ich nicht viel anprobieren. Das stimmte immer. Barbara Baum, die für Fassbinder gearbeitet hat.

Deswegen frage ich danach. Sie gelten als totaler Anprobenmuffel.

Ja, bin ich auch.

Wann hatten Sie das letzte Mal Geldsorgen?

Gelegentlich mal. Ganz sicher war das, nachdem ich gewechselt habe, 1979/80.

Als Sie in den Westen kamen.

Als ich in den Westen kam. Da hatte ich noch 3000 Mark gehabt, und wir haben Urlaub gemacht und ich wusste, wenn die 3000 alle sind, ist Ebbe in der Tasche.

Aber ich hab das Gefühl, wenn man das so nachliest in Ihrer Geschichte, dass das nicht so wahnsinnig vordringlich ist.

Geld?

Geld und Geldverdienen.

Doch, ist es schon, ist es schon. Ich hatte das Glück, in meinem Leben immer etwas mehr verdient zu haben, als ich brauchte. Und das langte.

Wenn ich sage, ich folge dem Beispiel von Armin Mueller-Stahl, erwarten Sie dann, dass ich ein überragender Musiker oder ein toller Schauspieler werde?

Das soll ich jetzt beantworten?

Ja. Wenn ich jetzt sage: »Ich, meine Damen und Herren, ich folge dem Beispiel von Armin Mueller-Stahl.« Soll ich dann, nach Ihrer Vorstellung, ein toller Musiker sein oder ein toller Schauspieler?

Ich … kann das nicht beantworten. Für mich gehören diese beiden Berufe zusammen. Ich sehe da keinen Unterschied. Die Energien sind letztendlich die gleichen. Es ist egal, ob ich eine schwere Szene zu spielen habe oder ein schweres Stück zu spielen habe. Die Energien sind die gleichen. Sogar beim Malen. Malen und Schreiben haben aber einen großen Vorteil: Sie sind mit sich allein.

Das empfinden Sie als Vorteil.

Ja. Da guckt einem keiner über die Schulter und will mit Ihnen diskutieren, dass man das so nicht machen könne.

Sie haben als Junge einem Offizier die Pistole geklaut und Ihrem Vater aus dem Schreibtisch Likör und Schnaps – wann haben Sie das letzte Mal gestohlen, Herr Mueller-Stahl?

Das war's.

Das war's?

Ja.

Was ist das Patentrezept, Herr Mueller-Stahl, um zu verarbeiten, dass man von einer Frau einen Korb bekommen hat?

Was ist da zu verarbeiten? Dann kriegen Sie eben einen Korb.

Weil Sie erfolgsverwöhnt sind. Deshalb sagen Sie das so. Weil Sie das gar nicht kennen.

Na ja, ich gebe zu, als junger Schauspieler haben es einem die Mädchen sehr leicht gemacht. Also die Nicht-Körbe waren mehr als die Körbe.

CLAUDIA ROTH *Aha. Mit Sigmar Gabriel und mit*
(2011) *Norbert Röttgen würde sie in Sommerurlaub*
fahren. Mit beiden. Eigentlich soll sie sich entscheiden. So
sieht es jedenfalls meine Frage vor.
Wenn Röttgen und Gabriel keine Zeit haben, würde ich sie
sofort begleiten.
Denn Claudia Roth ist ein sehr angenehmer Mensch.
Soweit sich das nach mehreren rein beruflichen Begegnungen
beurteilen lässt. Nur taktisch folge ich ihr nicht. Denn wenn
sie ihrer Arbeit als Berufspolitikerin nachgeht, holt sie mir
zu oft die Empörung aus dem Werkzeugkasten. Die mag

mitunter berechtigt sein. Ich erinnere mich dann aber augen-
blicklich an die Nachmittage im Konfirmandenunterricht.
Als wir Bilder von Elend, Waffen und Umweltzerstörung
aus Zeitungen ausschnitten. Um sie auf eine große Pappe zu
kleben und als anklagende Überschrift etwas wie »Gerecht?«
drüberzusetzen.

Claudia Roth ist eine Politikerin, die mit der Welt viel mehr
Kontakt aufnimmt als andere. Im Gespräch erzählt sie von
einer Reise mit einer DFB-Delegation nach Nordkorea. Die
ehemalige Fußballerin und baldige Teamchefin der Frauen-
Nationalmannschaft, Steffi Jones, war beeindruckt von Roths
Unerschütterlichkeit. Auch im Zwiegespräch mit den Schergen
der Diktatur. Sie kennt sich in der Türkei bestens aus. Als die
CDU-Kulturpolitikerin Monika Grütters wichtige Dinge in
Istanbul zu besprechen hatte, nahm sie keinen Parteifreund,
sondern Claudia Roth zur Verstärkung mit.

Diese Frau ist Profi. Sie braucht keine Frage. Ein Stichwort
reicht, und sie nimmt Fahrt auf.

Als wir uns im April 2011 in der Heinrich-Böll-Stiftung
trafen, konnten die Grünen ihr Glück kaum fassen. In
Baden-Württemberg gewonnen und Umfragen, die der
Partei im Bund 28 Prozent voraussagten. Einen Monat vor
unserem Gespräch hatte die Katastrophe im Atomkraftwerk
Fukushima ihren Lauf genommen. Unzählige Deutsche, die

von dem Unfall beim besten Willen nicht betroffen waren,
ängstigten sich. Mit pathetischem Gratismut änderten viele
ihr Facebook-Profilbild in das berühmte »Atomkraft? – Nein
danke«-Logo. Die regierende Physikerin im Bundeskanz-
leramt wartete ausnahmsweise gar nichts ab. Sondern zwang
ihre schwarz-gelbe Koalition in die sogenannte »Energie-
wende«. Polizeibeamte lernen, wie man den Einsatzwagen
mithilfe der Handbremse um 180 Grad drehen kann.
Ähnlich behutsam war dieses Polit-Manöver, von dem den
vielen CDU-Atomkraft-Befürwortern dann auch prompt
schlecht wurde.

Die Grünen mussten nicht einmal sagen, dass sie vor dieser
Technik immer gewarnt haben. Jeder wusste, wem die katastrophalen Tatsachen in Japan recht gaben.

Es ist noch nicht lange her, und trotzdem fällt es schwer
nachzuvollziehen, wie und warum sich die Grünen dann
selbst die Klippe heruntergestürzt haben.

Bei der Bundestagswahl 2013 würden noch 8,4 Prozent übrig
bleiben. Claudia Roth würde zwischenzeitlich auch noch die
Mitgliederabstimmung um den Bundesvorstand verlieren.
Konnte sie alles nicht ahnen, als wir in der Böll-Stiftung
im Sonnenschein saßen. Sie war aber auch damals schon
zu erfahren, um sich in das Spielchen »Was wäre, wenn ich
Bundeskanzlerin sein könnte« verwickeln zu lassen.

Die Grünen sehen sich gern als mit Abstand intelligenteste
Partei, deren Mitglieder generell moralisch überlegen sind.
Jesuiten ohne Sexverbot. Das ist manchmal nur lächer-
lich, gelegentlich auch eklig. Aber die »Die Wirtschaft sind
wir«-Arroganz eines CDU-Mittelständlers ist auch nicht
besonders appetitlich.

Claudia Benedikta Roth duftet. Sie trägt ein Parfum, das
besonders gut zu ihr passt. Wenn sie über Filme spricht, die sie
bewegt haben, begibt sich jeder gern in ihre Gefangenschaft.
So leidenschaftlich ist sie dann bei der Sache. Sucht nicht
nach Worten, ein »Äh« gibt es nicht. Was ich als notorischer
Stammler uneingeschränkt bewundere. In fußballerischen
Angelegenheiten ist sie auch in den Details zu Hause, die dem
von Natur aus kleinkrämerischen Fußballfan so wichtig sind.
In der Vorbereitung auf das Gespräch lese ich, dass Claudia
Roth die Band »Ton, Steine, Scherben« irgendwie aus einem
300 000-Mark-Schuldenloch herausgeführt hat.

Bis dahin hatte ich angenommen, sie sei damals nur ein
Groupie gewesen, das viel Zeit mit der Lieblingsband
verbringen wollte.

Tatsächlich war sie eine wirkungsvolle Managerin, die Jahr-
zehnte später vor unserer Fernsehkamera sogar bestritt,
diese Zeit sei mit »Sex, drugs and rock'n'roll« verbunden
gewesen.

Als »Schneewittchen und die sieben Scherben« sieht sie sich
im Nachhinein.
Claudia Roth freut sich über diese Erinnerung. Wie sie
sich an ihrem FC Augsburg, an einem politischen Erfolg in
Baden-Württemberg, aber auch an Günther Beckstein von
der CSU freuen kann.
Als größten Berufswunsch gibt sie nach kurzem Überlegen
an, dass sie gern Bürgermeisterin von Istanbul wäre. Sollte
das klappen, sind Röttgen und Gabriel wahrscheinlich herz-
lich an den Bosporus eingeladen. Die sollten sich freuen.

DIE AKTE ROTH

Mein Name ist Claudia Benedikta Roth. Ich bin 55 Jahre alt
und ledig. Kinder habe ich keine. Mein Lebensmittelpunkt
ist Berlin – *und Augsburg. Theoretisch. Steht nicht drin, aber*
ist so. Allerdings habe ich noch eine Wohnung im Allgäu,
in Augsburg und in Bodrum in der von mir heiß geliebten
Türkei.
Ich habe mich schon als 17-jähriges Mädchen – *na ja, das*
stimmt nicht, ich habe mich schon als 13-jähriges Mädchen –
für Politik interessiert und engagierte mich damals bei den
Jungdemokraten. Beruflich entschied ich mich aber zuerst
für die Kunst. Ich war Dramaturgin an den Theatern von
Memmingen – *ich war ein Jahr lang Hospitantin in Mem-*
mingen und bin dann tatsächlich ans Theater in Dortmund
engagiert worden. Zwischendurch – ich ergänze das jetzt ein-

fach – zwischendurch gab es einen kurzen Ausflug, zwei Semester, ins universitäre Leben, Theaterwissenschaft, ohne Doktorabschluss. Anschließend arbeitete ich als Managerin für die legendäre Band »Ton, Steine, Scherben«. *Ja, das war unglaublich schwer. Das war sozusagen »Schneewittchen und die sieben Scherben«. Manager hat man ja da nicht gesagt, das war ja ein kapitalistischer Ausbeutungsjob. Sondern ich sollte eigentlich wirklich das Geld zusammenhalten, was aber nicht wirklich da war. Aber immerhin hat man mir dann hinterher gesagt, oder während der Zeit, dass die Band auch mal ein bisschen was von den Auftritten bekommen hat. Ich hab immer ein Drittel abgezweigt, und damit ist man dann zum Einkaufen gegangen und hat die Kühltruhe vollgemacht, dass man in den harten Zeiten auch was zum Essen hatte. Also die schwäbische Primärtugend …*

1985 suchte ich einen neuen Job und fand ihn als Pressesprecherin der Bundestagsfraktion der Grünen. *Der ist mir ja eigentlich zugefallen. Wir saßen beim Frühstück, so gegen nachmittags um Fünfe, und haben die taz gelesen, die Wiese, weil dort die letzte Produktion der Scherben beworben worden war. Das war eine Live-LP im Ufa-Zirkus hier in Berlin. Und da war eine Anzeige drin – gegen zehn Platten gab es damals bei der taz noch eine Anzeige –, und daneben, wirklich daneben, war eine Anzeige der Bundestagsfraktion der Grünen, die eine Pressesprecherin gesucht haben. Und dann hat die Band gesagt, das ist dein Job, das ist Parapsychologie, die haben es ausgependelt, politisch sowieso. Und so habe ich dann auch diesen Job gesucht und auch gefunden.*

Mittlerweile bin ich seit fast zehn Jahren – *mit einer Unterbrechung* – Vorsitzende der Partei.

WAS ZU MEINEN GUNSTEN VORLIEGT:

Ich weiß, wie man politische Macht organisiert.

Ich verfüge über Tugenden wie Hartnäckigkeit und Zähigkeit, ohne die es in meiner politischen Flughöhe gar nicht geht. *Das stimmt.*

Ich bin Fußballexpertin. *Ja, richtig leidenschaftlich.*

WAS ZU MEINEN UNGUNSTEN VORLIEGT:

Ich nerve, gelegentlich. *Das haben Sie freundlich formuliert. Manche fühlen sich dauernd genervt, warum auch immer.* Vor allem, wenn ich wieder moralisch werde. *Na, das muss man aber sein, sonst kommt unmoralische Politik raus.*

Ich bin Mitglied von zwei Fußballvereinen, nämlich dem FC Augsburg und ich bin Ehrenmitglied bei Hertha BSC Berlin, und zwar vor allem bei den Hertha-Jungs, der schwul-lesbischen-Fangruppe von Hertha.

Ich gebe nicht zu, dass ich mir das Amt der Bundeskanzlerin nicht zutraue. *Ehrlich gesagt, ich habe so viele andere Fragen, die ich mir stelle. Die Frage stelle ich mir definitiv nicht.*

DIE FIESEN SIEBEN

Über wessen Frisur haben Sie zuletzt schlecht gesprochen, Frau Roth?
Über meine, weil die nicht so gut saß.
Über Ihre eigene?
Ja, klar.

Wenn Sie eine Woche Strandurlaub mit einem Kollegen machen müssten, wen würden Sie eher mitnehmen: Norbert Röttgen oder Sigmar Gabriel?
Beide.
Sie würden beide mitnehmen?
Ja.
Das ist eine ganz merkwürdige …
Die würden aber bald wieder abfahren *(lacht)*. Weiß nicht, ob die mich aushalten würden.
Sie können sich doch entscheiden. Ist doch besser, wenn Sie nur einen gegenüber haben. Wer ist Ihnen denn neuer? Wo würden Sie denn erwarten, dass da …
Also unbekannter ist mir Röttgen. Seine Brille finde ich gut. Und deutlich näher ist mir Sigmar Gabriel. Aber ich gehe nicht davon aus, dass die mit mir in den Strandurlaub fahren würden.

Welches Lied, das Sie mögen, ist Ihnen peinlich?
Oh.

Kennen Sie »Ein Stern, der deinen Namen trägt« von DJ Ötzi?

Uuuh. Das mag ich nicht, ist mir aber auch peinlich.

Also, fällt Ihnen eins ein? Eins, bei dem Sie immer mitsingen und denken, das sollte ich nicht machen, ich bin Grünen-Vorsitzende.

»Die Hände, zum Himmel …«

Da singen Sie mit?

Beim CSD, nur beim CSD. Da werde ich ganz rot. *(lacht)* Da werden manche Lieder gesungen. YMCA. Ist zwar eine Hymne, aber eigentlich mag ich das nicht so gern.

Was spielt in Ihrer Zeit bei »Ton, Steine, Scherben« eine größere Rolle – Sex oder Drogen?

Kärrnerarbeit. Gar keine Zeit dafür.

Was denn, sagen Sie mal, Frau Roth, für was für eine Art Konfirmand halten Sie mich denn?

Sex, Drugs and Rock'n'Roll – das ist wieder so ein Klischee. Mensch, wir wollten die Welt verändern.

Natürlich wollten Sie die Welt verändern.

Auch mit Sex und Drugs, aber vor allem mit Rock'n'Roll.

Sie wollen die Frage nicht beantworten, sehe ich das richtig?

Nein, Sie haben die Band nicht verstanden.

Was ist an der Politik erotischer als am Musikgeschäft?

Erotischer? An der Politik?

Ja, das wissen Sie. Nicht ich. Ich bin nicht seit 25 Jahren …

Nix. Es kommt auf die Politik an. Aber erst mal … an der schwarz-gelben Politik ist nichts erotisch. *(lacht)*

In welcher Rolle finden Sie sich besser – als Verführerin oder als Verführte?

Ich würde ab und zu gerne mal verführt werden. *(lacht)*

In einer Illustriertengeschichte wäre das jetzt die Titelzeile. Das ist Ihnen klar.

Unter welchen Bedingungen würden Sie Senatorin werden: Wenn Renate Künast Regierende Bürgermeisterin in Berlin wird?

Hm.

Ist Ihnen das zu piefig, zu lokal?

Beauftragte für die Schwaben in Prenzlberg. *(lacht herzlich)*

Gibt's noch nicht. Ministerin? Irgendein Ministerposten, der Sie interessiert 2013?

Erstmal die Schwarz-Gelben ablösen.

Was wäre denn schlimm daran, wenn Sie jetzt sagen würden: »Aufgrund meiner internationalen Erfahrungen, aufgrund der Sachen, die ich in Brüssel geleistet habe, kann ich mir das Außenamt am besten vorstellen oder das Entwicklungshilfeministerium.« Oder so was. Also irgendwas, was nach draußen geht und nicht zu sehr nach drinnen.

Erst mal kann ich mir vorstellen, dass wir diese Regierung abwählen. Und dann kann ich mir viel vorstellen.

THOMAS QUASTHOFF *Die Sendung hatte*
(2007/2013) *gerade angefangen, und schon*
schlichen sich die ersten Sticheleien in das Gespräch: »Wenn
ich bei Ihnen Gesang studieren würde«, fragte der Moderator,
»und Sie haben mir aufgetragen: Üben Sie bitte ›Kein schöner
Land‹. Und ich komme dann und kann es noch nicht richtig.
Woran merken Sie, dass es daran liegt, dass ich faul war?« –
»Schauen Sie: Ich mach das jetzt fast zwanzig Jahre. Ich sage
immer zu meinen Studenten: Ich höre Mohrrüben wachsen«,
sagte Thomas Quasthoff und lächelte auf diese ganz bestimmte

Art, bei der man schon ahnt: Da kommt noch was. »Ich höre,
ob etwas gearbeitet ist oder nicht. ›Kein schöner Land‹ ist
ein relativ leichtes Stück. Wenn Sie das nicht innerhalb einer
Woche lernen, würde ich Ihnen doch dazu raten, vielleicht
lieber Fernsehmoderator zu werden.«

Es ist ein großes Vergnügen, einem Gespräch mit Thomas
Quasthoff zuzuhören. Denn da ist jemand zu Gast, der sich
nicht einfach nur befragen lassen möchte. Sondern der das
Gespräch für alle Beteiligten zu einer unterhaltsamen Ange-
legenheit macht. Denn Thomas Quasthoff hat auch noch
ein Gespür für Timing und Pointen. Ob er nicht als Kind
angegafft worden wäre, möchte der Moderator wissen. Ach
ja, sagt Quasthoff, das wäre aber doch normal, dass die
Leute gucken würden. Leute, die Pickel im Gesicht haben,
würden das ähnlich erleben. Und dann erzählte er seine
schönste Begegnung: »Ich war für die ›Schöpfung‹ in Lever-
kusen. Und fahre im Hotel morgens mit dem Fahrstuhl
runter. Die Fahrstuhltür geht auf, und da stehen zwei Beine
rechts und links vor mir. Ich wusste nicht, dass die jugo-
sawische Basketballnationalmannschaft auch in der Stadt
war. Und da stand also dieser 2,20-Meter-Mann vor mir
und versperrte mir den Weg. Und sagte nur von oben runter:
›Should I spread my legs?‹ Ich bin dann wirklich unter dem
Kerl durchgelaufen, es war eine großartige Szene.«

DIE AKTE QUASTHOFF

Mein Name ist Thomas Quasthoff, ich bin 47 Jahre alt und verheiratet. Meine Geburtsstadt ist Hildesheim. Bei der dortigen Kreissparkasse habe ich sechs Jahre lang in der Marketingabteilung gearbeitet. *Das stimmt nur bedingt, weil ich dort nur die letzten zweieinhalb Jahre gearbeitet habe, der Rest war Ausbildung. Oder Umbildung oder Unbildung, wie auch immer man das nennen will.*

Heute bin ich einer der besten Baritonsänger unserer Zeit – *das schränke ich ein bisschen ein. Sagen wir mal, ich bin relativ erfolgreich. Ob ich einer der besten bin, das ist ja auch immer Geschmackssache.*

Und das kam so:

Als ich zehn Jahre alt war, ist mein Vater mit mir zum NDR in Hannover gegangen – *war ein bisschen später, ich war 13.* Dort durfte ich einem Redakteur vorsingen, fünf Minuten hat mir der Redakteur dafür eingeräumt. Daraus wurden eineinhalb Stunden. Der Redakteur gab meinem Vater und mir den dringenden Rat, dass man mit meiner Stimme etwas machen müsse. Genau das habe ich getan, siebzehn Jahre Privatunterricht bei der Gesangslehrerin Charlotte Lehmann folgten.

Mittlerweile habe ich zig Preise gewonnen, darunter den Echo hier in Deutschland, dreimal den Grammy in den USA. Ich habe überall auf der Welt in den legendärsten Konzerthäusern gesungen und unterrichte als Professor für Gesang an der Hochschule für Musik »Hanns Eisler« hier in Berlin. Leider muss ich zugeben, dass meine Studenten nicht immer nur den charmanten Thomas Quasthoff kennenlernen, sondern auch den strengen Gesangsprofessor, der unangenehm laut werden kann. *Das möchte ich ein bisschen einschränken. Also, bis zu dem letzten Nebensatz hätte ich es gelten lassen. Unangenehm laut werde ich wirklich nur dann, wenn jemand faul ist. Was mir im Grunde genommen auch relativ egal ist. Nur, ich habe als Hochschullehrer die Ambition, dass meine Studentinnen und Studenten von dem Beruf mal leben können. Ich rede noch nicht mal von Karriere, aber dass sie leben können. Und das ist mit zunehmender Beschneidung sämtlicher Mittel für die Kultur immer schwieriger. Das heißt, Chorstellen werden nicht mehr besetzt, Theater werden fusioniert oder aufgelöst. Ganze Chöre sollen wegfallen – man hat es mit dem RIAS-Kammerchor hier auch probiert. Also ich weiß einfach, wie die Situation draußen ist, und wenn ich meine Studentinnen und Studenten nicht dazu anhalten würde, wirklich so fleißig und intensiv wie möglich zu arbeiten, dann wäre ich ein relativ schlechter Gesangslehrer. Also ich bin eher mahnend als wirklich immer laut.*

Mein Organ ist relativ laut. Wenn ich irgendwo in der Masse stehe, findet meine Frau mich immer – nicht optisch, aber stimmlich. Weil ich eben eine ausgebildete Stimme habe, ich glaube, das spielt eine große Rolle.

DIE FIESEN SIEBEN (2007)

In welchen Momenten, Herr Bariton, werden Sie zur Diva?

Nie.

Hundertprozentig nicht?

Hundertprozentig nicht.

Na gut.

Sie hatten schon unter Gaffern zu leiden. Wen gaffen Sie an?

Alles Ungewöhnliche. Geht mir genauso.

Gaffen Sie auch?

Ja.

Sind Sie auch schaulustig?

Nein, es sei denn, es liegt jemand verletzt dort, dann ja. Aber dann nicht schaulustig, sondern eher helfend.

Warum finden Sie Oper letztendlich doof?

Ich finde Oper nicht doof. Ich finde Oper manchmal einfach sehr schlecht inszeniert, deswegen möchte ich es lieber konzertant machen.

Also dieses ganze Aufgeplüschte und Kostümierte und so was.

Och, Kostüme sind ja ganz toll – für Leute, die sie tragen können.

Was kann André Rieu besser als Sie?

Ich glaube, er hat ein intensiveres Verhältnis zu seinem Friseur.

Aber es ist natürlich großartige Musik, oder?

Kein Kommentar.

Wie viele Biere vertragen Sie, ohne dass Ihnen der anschließende Auftritt verrutscht? Da haben Sie bereits gesagt, es wird nicht getrunken vor dem Auftritt.

Das fällt flach, weil ich das einfach nicht tue. Danach gern drei, vier ohne Probleme. Aber vorher nie.

Warum ist E-Musik für Kinder wertvoller als U-Musik?

Stammt nicht von mir, das Zitat. Dem ist ja nicht unbedingt so, wenn es gute U-Musik ist, zum Beispiel Stevie Wonder, Ray Charles oder wirklich gehobenes Niveau, dann finde ich U-Musik genauso spannend wie E-Musik auch. Ich mag diese Unterscheidung sowieso nicht, es gibt nur gute oder schlechte Musik.

Da schließt die letzte Frage an: Was ist denn dumme Musik, Herr Quasthoff?

Nachgemachte Volksmusik, die nur darauf schielt, dass sie verkauft wird. Das, finde ich, ist dumme Musik.

DIE FIESEN SIEBEN (2013)

Was würde Schubert zu Ihnen sagen, wenn er Sie singen hören könnte?

»Es ist im Großen und Ganzen ein Vergnügen, Sie beim Singen zu erleben.«

Was ist schöner? Das Kompliment aus dem Mund einer schönen Frau oder eines großen Dirigenten?

Beides schön.

Es gibt kein schöner?

Na, schöner wäre es vielleicht von einer schönen Frau, aber effektiver und vielleicht nützlicher vom großen Dirigenten, weil er einen wieder einlädt. Also, das kann ich jetzt schwer abwägen.

Was ist für Sie doofe Musik?

Unintelligente und nur auf Verkauf zielende Musik ist für mich doofe Musik.

Wozu fehlt Ihnen das Geld?

Um zweimal im Jahr auf die Malediven oder auf die Seychellen zu fliegen.

Wirklich?

Ja.

Kann ich mir gar nicht vorstellen, Herr Quasthoff. Sie sind doch bestimmt reich.

Wir sind zu dritt und haben einen Hund.

Sie gelten als außerordentlich sympathischer Künstler. Wer hatte zuletzt Ärger mit Ihnen?

Also richtig Ärger? Nein. Ach, doch, ein Journalist, der, glaube ich, dann irgendwann so blöde Fragen stellte, dass ich dann gesagt habe … Doch, das muss ich Ihnen erzählen, das war wirklich schön. Ich habe Parsifal gemacht in Wien und hatte wirklich eine relativ schwere Zeit. Meine Mutter lag im Krankenhaus nach einer Vier-Bypass-Operation und wurde nicht wach, einen Tag später war meine Premiere, und es wollte ein Journalist, die Zeitung nenne ich jetzt nicht, unbedingt noch ein Interview mit mir machen. Dann habe ich gesagt, okay, mache ich jetzt noch. Ich habe eigentlich keine Lust, aber ich mach es noch. Und dann setze ich mich zu dem an den Tisch, und er sagt: »Na, da wollen wir mal loslegen, Herr, äh …« Und dann fand er den Namen auf seinem Blatt nicht. Allen Ernstes.

Und da habe ich gesagt: »Wissen Sie was, ich stehe jetzt auf, Sie haben doch nicht alle Tassen im Schrank.«

Warum ist Bariton cooler als Tenor?

Weil ein Bariton und ein Bass immer erdiger klingen.

Männlicher.

Jaaa. Sexier auch, find ich. Ich finde, Tenöre klingen nicht sexy, das klingt oft nach Presswurst.

Ich freu mich schon, wenn der nächste Tenor hier ist …

Wer müsste Ihnen ein Lied schreiben, damit Sie beim European Song Contest für Deutschland antreten, Herr Quasthoff?

Klaus Hoffmann.

Klaus Hoffmann?

Den mag ich.

Dann machen Sie's?

Nein.

Das war die Frage, Herr Quasthoff. Wer müsste Ihnen ein Lied schreiben, damit Sie es tun?

Nein, dann keiner.

URSULA *Ursula von der Leyen ist keine deutsche*
VON DER LEYEN *Politikerin. Zumindest ihre*
(2007/2014) *Nonchalance wirkt eher angelsäch-sisch. Als sei sie seinerzeit aus Stanford, dieser Elite-Uni in Kalifornien, nicht richtig zurückgekehrt. Dabei legt sie Wert darauf, dass sie in die USA zuallererst ihren Mann, Professor Heiko von der Leyen, begleitet hat.*

Im Interview lässt sie mehr zu. Nimmt später als andere
die Abbiegung in den abstrakten Nebel, den Berufspolitiker
werfen, wenn es ihnen zu persönlich wird.

Sie gibt Auskunft über das Kämmerchen hinter ihrem
Büro, in dem sie übernachtet. Damit sie so viel wie möglich
im Dienst sein kann. Wir reden über den Kittel, den sie
als Frauenärztin wie eine Art Ehrenkleid trug. Dr. von
der Leyen erklärt, warum ein Arztkittel überhaupt keine
Uniform ist. Wie sie es gemacht und gemocht hat, mit einem
kleinen Hörrohr die Herztöne eines Kindes im Bauch einer
Schwangeren zu erlauschen.

Sie ist wieder einnehmend freundlich. Lacht und lächelt,
wie bei ihrem ersten Besuch 2007. Damals als Familien-
ministerin. Jetzt ist sie als Verteidigungsministerin da. Als
Inhaberin der Befehls-und Kommandogewalt (IBuK) über
die deutschen Streitkräfte. Das ist sie, nach Artikel 65a
des Grundgesetzes, in Friedenszeiten. Sobald der Verteidi-
gungsfall festgestellt ist, würde die Bundeskanzlerin zum
IBuK.

Aber Friedenszeiten? Als wir beieinandersitzen, hat die
Bundesregierung soeben beschlossen, deutsche Gewehre an
die kurdischen Peschmerga zu liefern. Denn kaum einer
kann die Bilder in der »Tagesschau« ertragen. Von den
Jesiden, die die Menschenschinder der Terrororganisation

Islamischer Staat in die nordirakischen Berge treiben. Oder
massenhaft töten.

An einer solchen Stelle kommt unsere Sendung an ihre
Grenzen. Denn wir wollen keine Politiker »grillen«, wie das
im journalistischen Umgangssprech heißt. Wir möchten eine
öffentliche Person als Menschen treffen und zeigen. Auch
wenn er oder sie als Politiker arbeitet.

Die Verteidigungsministerin ist oberkommandierende Zivi-
listin. Das ist durchaus so gedacht. Aber schon bei unserem
rau-humorigen Gast Peter Struck war zu spüren, dass dieses
Ressort letztlich bitterernst ist. Geplänkel also irgendwann
fehl am Platze. Ob sie als Ärztin nicht komplett die Seiten
gewechselt hat, frage ich sie. Aus der Gruppe derjenigen,
die jedes Leben unbedingt bewahren wollen, zu der Chefin
von Soldaten, die im schlimmsten Fall Leben auszulöschen
haben. Nein, ihre Einstellung habe sich nicht geändert. Es
gehe darum, Leben zu schützen, solange es geht. Auch als
Ministerin des Militärs.

Sie nennt den Völkermord in Ruanda und den Massenmord
in Srebrenica Sündenfälle. Wo der Schutz von vielen Leben
auch westlichen Politikern nicht wichtig genug war.

Man könnte fragen, ob eine Bundeskanzlerin Merkel und
eine Ministerin von der Leyen heute bereit wären, deut-
sche Fallschirmjäger nach Ostafrika zu schicken, um

Mördern in den Arm zu fallen. Nur würde die Antwort
zwangsläufig ins Nichts führen. Denn eine amtierende
Verteidigungsministerin kann nicht allen Ernstes im Fern-
sehen Was-wäre-wenn-Fragen diskutieren. Während gleich
an mehreren Orten die Luft brennt und die 185 000 deut-
schen Soldatinnen und Soldaten von ihrer Befehlshaberin
vor allem erwarten, dass sie weiß, wo sie hinwill.

Es ist eine Erleichterung, als wir darüber sprechen können,
was die CDU denn noch zu einer konservativen Partei
macht. Auch in dieser Angelegenheit ist Ursula von der
Leyen die falsche Ansprechpartnerin. Denn um probat
antworten zu können, müsste sie konservativ sein.

Es geht auch noch um Sigmar Gabriel. Der hat über ihren
angeblichen Drang, sich öffentlich zu inszenieren, einige
hämische Bemerkungen gemacht.

Davon wäre nichts mehr übrig, denn der SPD-Vorsitzende,
Koalitionspartner und Mit-Niedersachse habe sich bei ihr
entschuldigt. Sollten im Kabinett an alle von jedem Weih-
nachtsgeschenke verteilt werden, hätte sie gewiss auch etwas
für den Sigmar. In angelsächsischen Ländern sind sich
handelnde Politiker mitunter so spinnefeind, dass sie sich
nicht einmal auf ein gemeinsames Weihnachtslied einigen
könnten. Ursula von der Leyen ist manchmal auch eine sehr
deutsche Politikerin.

DIE AKTE VON DER LEYEN

Mein Name ist Ursula Gertrud von der Leyen. Ich bin 48 Jahre alt, verheiratet und Mutter von sieben Kindern.

Seit 2005 bin ich Bundesministerin für Familie, Senioren, Frauen und Jugend. Anders als andere Berufspolitiker habe ich einen richtigen Beruf gelernt und ausgeübt. Ich bin promovierte Gynäkologin und war vier Jahre lang Assistenzärztin an der Frauenklinik der Medizinischen Hochschule Hannover. *Da schieb ich mal was ein, ich weiß, wie empfindlich die Ärzte sind: Den Titel der Gynäkologin, den habe ich nie geschafft. In der Zwischenzeit sind viele Kinder geboren, ich war die ganze Zeit Assistenzärztin, aber diesen Abschluss, den habe ich nie geschafft. Also Fachärztin der Gynäkologie. Das habe ich nicht geschafft. Ärztin bin ich mit Leib und Seele gewesen. Eigentlich ein Teil meines Herzens heute noch.*

An der Stanford University in den USA habe ich Zusatzdiplome in Bevölkerungsmedizin und Gesundheitswesen erworben. *Richtig ist, dass ich dort studiert und diesen Master of Public Health an der Medizinischen Hochschule Hannover gemacht habe, aber (winkt ab) vielleicht auch nicht so wichtig.*

Mein Vater, Ernst Albrecht, war von 1976 bis 1990 Ministerpräsident des Landes Niedersachsen. Als er abgewählt wurde, bin ich gemeinsam mit meinen Geschwistern aus Solidarität in die CDU eingetreten. *Besser wäre: aus Trotz.*

Richtig politisch losgelegt habe ich aber erst im Jahr 2001, als ich stellvertretende Oberbürgermeisterin der Stadt Ilten bei Hannover wurde.

Nach dem Wahlsieg von Christian Wulff bei der Niedersächsischen Landtagswahl 2003 berief er mich als Familien- und Gesundheitsministerin in sein Kabinett. Als Angela Merkel Spitzenkandidatin der Union für die Bundestagswahl 2005 wurde, war völlig klar, dass ich zu ihrer Ministermannschaft gehöre, wenn sie die Wahl gewinnt. Weil das nicht geklappt hat, muss ich heute mit Sozialdemokraten am Kabinettstisch sitzen. Wenn es um Familienpolitik geht, kann man mit denen aber ohnehin mehr anfangen als mit so manchem konservativen Dickschädel in meiner eigenen Partei. *Dies sind die Worte von Herrn Thadeusz.*

DIE FIESEN SIEBEN (2007)

Warum wären Sie eine bessere Gesundheitsministerin als Ulla Schmidt?
Weil ich mich wahrscheinlich bemüht hätte, weniger Chaos anzurichten und das Ziel klar zu definieren und – ähnlich wie beim Elterngeld – konsequent, mit einer geraden Linie durchzusetzen.
Sie sind nicht zufrieden mit Ihrer Kabinettskollegin Ulla Schmidt.
Die letzten Wochen sind turbulent gewesen, und ich glaube, dem Thema Gesundheit hat es nicht so ohne Weiteres geholfen, dass es so gelaufen ist, wie es gelaufen ist.

Welcher sozialdemokratische Minister im Bundeskabinett ist Ihr Lieblingskollege?

Mein Lieblingskollege im Bundeskabinett ist Franz Müntefering, das ist für mich die Entdeckung des Jahres 2005 gewesen. Das war am Anfang sozusagen das Feindbild, der Erzfeind schlechthin. Und ich hab gestaunt, wie viel man entdecken konnte.

Fürchten Sie sich davor, sich in Ihrem Leben noch mal zu verlieben?

Man weiß, wie das Leben spielt. Aber man kann sich ja auch noch neu verlieben in den eigenen Mann.

Boah, das ist die evangelische Variante, Frau von der Leyen.

Ja, okay. Und die katholische war das auch. Aber fürchten tu ich mich eigentlich nicht davor.

Warum sind Sie als Köchin ein hoffnungsloser Fall?

Ich kann nur Masse kochen. Großküche, tonnenweise Kartoffeln, Karottenpötte, die sich gewaschen haben. Ich möchte klein und fein kochen, dazu braucht man Zeit – und die habe ich nicht.

Für welchen Artikel, der über Sie geschrieben wurde, hätten Sie dem Journalisten gern eine Ohrfeige verpasst?

Oh, ich glaub, da gab's einen Artikel, da hat jemand geschrieben, ich wäre eine Mischung aus Magda Goebbels und Pamela Anderson. Die Anderson, das ist mir wurscht, aber die Goebbels – die einzige Verbindung, die es zwischen dieser Frau und mir gibt, ist die Anzahl der Kinder, und das stimmt noch nicht mal ganz. Ich glaube, sie hatte sechs. Das

Unverschämte ist, einen in die nationalsozialistische Ecke zu stellen, nur weil man viele Kinder hat.

Warum wäre es für Sie imageschädigend, wenn Sie sich für eine Kurzhaarfrisur entscheiden würden?
Uuuh … Die würden mich alle gar nicht mehr … Oh nein, wahrscheinlich würden die meisten Leute sagen: Oh Gott, hat sie jetzt eine Krise, will sie ihre Persönlichkeit verändern? Als mein netter Kollege Christian Wulff seine Frisur verändert hat, was hat das – huuii – für Aufruhr geschaffen. Dies ist einfach, unkompliziert. Ich hab mich daran gewöhnt, und ich leb ganz gut damit.

Was ist wahrscheinlicher: Christian Wulff als Bundeskanzler oder Ursula von der Leyen als Bundeskanzlerin? In der Zukunft.
(herzliches Lachen)
Es wäre doch schön, auch mal Putschgerüchte aufzuwerfen.
Darf man auch Fragen zurückweisen? Ja, ich glaube, ich weise diese Frage zurück. Das ist diese Bandbreite zwischen »alles ist völlig undenkbar« bis »kann man mal abwägen«. Nee, viel zu riskant.
Sie würden für sich persönlich ausschließen, dass Sie jemals Bundeskanzlerin werden?
Ich wusste, dass solche Fragen jetzt nachgeschoben werden. Ich sag dazu nix.

DIE FIESEN SIEBEN (2014)

Wie sind Sie, wenn Sie beschwipst sind, eher redselig oder schläfrig?
Redselig.
Redselig?
Ich fang an zu singen.
Sie fangen dann an zu singen?
Ja.

Wenn Sie selbst Soldatin wären, womit hätten Sie größere Probleme: mit dem Zusammenwohnen mit sieben anderen Frauen oder mit dem Nicht-duschen-Können im Manöver?
Nicht-duschen-Können. Fände ich gar nicht gut. Aber das stimmt auch nicht, man kann da gut …
Man kann im Manöver duschen?
Ja, da gibt's auch Duschen.
Im Manöver gibt's Duschen? Wo denn? Also ich habe mal gehört … ich habe das natürlich immer nur als …
Also da, wo die übernachten, ist auch eine Dusche.
Wo die übernachten? Die wohnen doch im Loch, denke ich, die graben sich ein Loch.
Okay. Wenn sie im Loch übernachten, dann wird's keine Dusche geben. Das mag sein.
Vielleicht können Sie mir so ein Praktikum bei der Bundeswehr besorgen?
Die übernachten im Zelt, im Zelt. Ja.

Deswegen kann ich, wenn ich das mal lerne, in Ihrem Zelt … Aber es gibt das Schützenloch gar nicht mehr?
Ich weiß es nicht. Wir beide müssten ein Manöver bei der Bundeswehr machen.
Sehr gerne.

Was muss ich machen, damit ich zu einem Staatsbankett eingeladen werde, sobald Sie Bundeskanzlerin sind? Kennen Sie den Giftpfeil, der normalerweise, wie sagt man …
Ja, ja. Ich weiß, ich weiß. Da werden Sie lange bis unendlich warten müssen, denn wir haben eine wunderbare Bundeskanzlerin, und die heißt Angela Merkel.
Die für die nächsten dreißig Jahre im Amt bleibt.
Und da müssen Sie sich jetzt bei Angela Merkel bewerben fürs Staatsbankett. Ich wäre dann Ihre Tischdame.
Dankeschön!

Was ist nach wie vor Männersache, Frau von der Leyen?
Ui, da fällt mir ja gar nichts mehr ein.
Ihnen fällt nichts mehr ein?
Nee. Helfen Sie mir.
Zum Beispiel das Tragen von schweren Minen. Es gibt bei der Bundeswehr so Sachen, wo ich mir denke, oh.
Es gibt starke Männer, es gibt schwache Männer. Es gibt starke Frauen, es gibt schwache Frauen. Damit punkten Sie bei mir nicht.
Was ist denn nach wie vor Männersache?
Männersache, Männersache, hmm, na ja, mir fiele eine Sache ein, aber das wollen wir jetzt nicht vertiefen.
Doch, gerade wenn Sie das so sagen …
Nein, nein.

… entsteht in mir eine unglaubliche Begierde, genau das zu wissen.
Es hat etwas zu tun mit den Bienen und den Blüten und so weiter.
Aber das wollen wir jetzt nicht …?
Nein.
Nein.

Sie sind – bleiben wir bei dem Thema –, Sie sind im Februar 2013 von George Clooney zum ersten Mal geküsst worden. Inwiefern hat Sie die Nachricht von seiner bevorstehenden Heirat verletzt?
Ich gönn's ihm. Es ist eine wunderschöne Frau, soweit ich das auf den Fotos sehen kann. Es ist ein hoch charmanter Mann.
Ja, eben. Ich habe das Foto extra noch einmal angeguckt, als Sie von ihm geküsst werden, und Ihr ganzes Gesicht ist gelöst. Es ist alles wunderschön.
Das ist jetzt maßlos übertrieben. Aber … man muss auch genießen können.
Also, Sie gönnen es ihm. Aber es war auch schön, der Kuss?
Ja, wunderbar. Zauberhaft.

Welcher Kabinettskollege bekommt ein Weihnachtsgeschenk von Ihnen?
Och, die würden alle eins von mir kriegen. Wir verteilen üblicherweise keine Weihnachtsgeschenke untereinander, aber wenn wir diese Tradition einführen würden, dann schließe ich keinen aus.

Ach, so ist das. Dann erübrigt sich die nächste Frage eigentlich schon: Warum bekommt Sigmar Gabriel wieder mal nichts?

Der kriegt von mir auch ein Weihnachtsgeschenk. Da müsste ich allerdings sehr überlegen, was.

MICHAEL STICH (2014) *So könnte Michaels Albtraum aussehen:*

Sein Gesicht ist viel fülliger geworden. Auf seinem Kopf sitzt ein Balla-Balla-Geweih mit zwei Patsche-Schäufelchen.

Damit soll er sich mit einem Fernsehkomiker vor einem Millionenpublikum wegen einer früheren Frauengeschichte und ein paar dämlichen Tweets duellieren.

Michael Stich hat in unseren dreißig Minuten kein einziges Wort über eine Verflossene gesprochen.

Michael Stich setzt sich nichts Lächerliches auf den Kopf.

Michael Stich lässt in seinem Leben keinen Platz für Tweets gegen Komiker.

Michael Stich hat nicht zugenommen und ist ein sehr
beschäftigter Mann. Und – zum wieviel-tausendsten Mal in
seinem Leben – Michael Stich ist nicht Boris Becker.
Der kämpfte mit Oliver Pocher bei RTL.
Im feinen Elysée-Hotel an der Hamburger Rothenbaum-
chaussee sitzt mir ein spektakulär erfolgreicher Mann
gegenüber. Nach ihm hat kein deutscher Spieler mehr
in Wimbledon gewonnen. Neben seinen Siegen bei den
ganz großen Turnieren auf der Welt hing auch schon eine
Olympiamedaille um seinen Hals. 1992 in Barcelona.
Gewonnen im Doppel, gemeinsam mit wem? Genau, Boris
Becker.
Michael Stich schmeckt seinen großen Sportlermomenten
nicht bittersüß hinterher. Er beklagt sich nicht einmal
versteckt, dass ihn Verletzungen im Alter von 29 Jahren in
einen sehr vorzeitigen Sportruhestand versetzten.
Immer wieder spricht er von seinem »Job«, den er gemacht
habe. Mit seiner annähernd perfekten Technik, um die ihn
andere beneideten. Aber auch mit einer kühlen Zurückhal-
tung. Die manche deutsche Sportfans übelnahmen, weil sie
sich in einen Enthusiasmus-Zölibat gezwungen sahen. Er ist
mehr als nur begabt, er ist diszipliniert und er ist klug. Also
gewinnt er, und das muss reichen.
So sah und sieht Michael Stich seine Rolle. Gemeinsam mit

Steffi Graf und Boris Becker hat er in den frühen Neunziger-
jahren für einen Tennisboom gesorgt. Schön. Na und?
»Dünne Beine und nichts auf den Rippen«, so beschreibt sich
Michael Stich. In der Zeit, in der ihm der erfahrene Trainer
Niki Pilić anbot, aus ihm einen Tennisprofi zu machen. Stich
wird »der Elmshorner«. Der »den Leimener« im Wimb-
ledon-Finale 1991 schlägt und augenblicklich auf die Knie
fällt. Denn selbstverständlich waren da eine Menge Gefühle.
So weit kann es aber wohl nicht kommen, dass Michael Stich
sich vor einer Fernsehkamera in sein Inneres gucken lässt.
»Ich habe auch emotionale Momente gehabt«, sagt er und
strahlt aus, dass das als Umschreibung doch wohl reichen
muss.
In den zwei Jahrzehnten nach seiner Karriere hat er zig
Millionen für seine Michael-Stich-Stiftung gesammelt. Die
hilft HIV-positiven und aidskranken Kindern. Darüber freut
er sich aufrichtig. Er organisiert als Direktor das Tennistur-
nier am Hamburger Rothenbaum. Die Kollegen, die er nach
dem Ende seiner Karriere am meisten vermisste, trifft er nur
noch als Zuschauer auf der Tribüne. Denn die sind alle in
Rente.
In den ganz raren Momenten, in denen sie sich öffentlich
zeigt, erscheint Steffi Graf als eine zauberhaft entspannte
Stefanie aus Las Vegas. Wo sie mit Ehemann Andre Agassi

und Familie lebt. Michael Stich ist vor allem Michael Stich geblieben. Unaufgeregt, schlank, äußerlich viel besser in Schuss als die meisten Männer mit Mitte 40.

Offenbar mit sich so sehr im Reinen, dass er wohl nur höchst selten schlecht träumt.

DIE AKTE

Mein Name ist Michael Detlef Stich, Detlef, weil mein Vater so heißt. Ich bin 45 Jahre alt und in zweiter Ehe verheiratet. Mein Geburtsort ist Pinneberg. Eine Kleinstadt, etwa eine halbe Stunde vom Zentrum Hamburgs entfernt. Dort bin ich aufgewachsen.

Das ist falsch. Ich bin in Elmshorn aufgewachsen und dort auch zur Schule gegangen. In Pinneberg bin ich lediglich im Krankenhaus zur Welt gekommen.

Mit dem Tennis habe ich beim LTC Elmshorn begonnen und wurde deswegen anschließend immer wieder »der Elmshorner« genannt. *Das natürlich, weil ich in Elmshorn groß geworden bin und dort sehr viel Zeit verbracht habe.*

Mein erster großer Sieg waren die Deutschen Jugendmeisterschaften 1986. Nach meinem Abitur 1988 holte mich Niki Pilić nach München, das war der Beginn meiner Laufbahn. *Das stimmt, dazwischen lag noch meine Bundeswehrzeit. Ich hab noch die Grundausbildung gemacht und war dann bei der Sportkompanie in der Bundeswehr. Von daher musste ich noch ein wenig Panzerputzen, damals. Das war ein großes Entgegenkommen der Bundeswehr.*

WAS ZU MEINEN GUNSTEN VORLIEGT:

Kommt da noch was, was zu meinen Ungunsten vorliegt? Ah ja, da unten. Leider Gottes.

Nach mir hat kein deutscher Tennisspieler mehr Wimbledon gewonnen. *Das stimmt.* Ähnliches gilt für den Davis Cup oder für das Turnier hier am Hamburger Rothenbaum. Nach mir haben nur noch Spieler anderer Nationen gewonnen. *Das ist richtig.*

Ich habe 1994 mit meiner damaligen Ehefrau die Michael-Stich-Stiftung gegründet, die sich um HIV-infizierte und aidskranke Kinder kümmert. Mit diesem Engagement habe ich in den letzten zwanzig Jahren nicht nachgelassen. *Das ist auch korrekt.*

WAS ZU MEINEN UNGUNSTEN VORLIEGT:

Ich konnte dem HSV in der vergangenen Saison auch nicht aus der Krise helfen, weder als Mitglied des Vereins noch als bekennender Fan. *Das ist wohl korrekt. Kann ich nicht abstreiten.*

Ich habe der heutigen Generation von deutschen Spitzentennisspielern nicht das Geheimnis verraten, wie sie an die Ära von Steffi Graf, Boris Becker und mir heranreichen können. *Das habe ich ja versucht, aber es hören nicht immer alle zu. Von daher ist das nicht ganz einfach.*

Ich war als einer der erfolgreichsten Spieler der Welt zu sachlich, zu selten Star. *Ach, ich würde das nicht zu meinen Ungunsten werten. Also für mich persönlich eher zu meinen Gunsten.*

DIE FIESEN SIEBEN

Warum haben Sie Steffi Graf nie gesagt, dass sie die schönsten Beine des Tennisuniversums hat?
Sie hat mich nie gefragt, ob es so ist.
Na, so was sagt man ja auch unaufgefordert.
Macht man das?
Ja.
Dann hab ich das wahrscheinlich verschlafen.

Sie haben im Alter von 29 Ihre Karriere beendet. Zehn Jahre arbeiten, ein Leben lang reich – warum ist das ungerecht?
Das ist nicht ungerecht. Das ist, wie es ist.

Warum ist es beruhigend, dass es von Hamburg nur 270 Kilometer bis zu einer richtigen Metropole, also Berlin, sind?
Weil wir trotzdem die schönste Stadt der Welt sind.
Das empfinden Sie so, ja?
Das ist so.
Sie haben ja nun so viele Städte kennengelernt. Ich hab mich gefragt, warum Sie von hier niemals weggegangen sind – zum Beispiel nach Florida …
Was soll ich denn in Florida?

Ist schön warm. Nicht so fußkalt.

Was soll ich denn in Florida, da gibt es Rasen, da gibt es Palmen, sonst gibt es da nichts. Da sterbe ich ja an Langeweile.

Wenn man jetzt kunstinteressiert ist wie Sie, da gibt es natürlich auch tolle Kunststädte, zum Beispiel Barcelona. Hat Sie das nie gereizt?

Zum dort Leben? Nein. Hier ist meine Familie, hier ist mein Umfeld, hier komme ich her. Ich glaube, jeden verschlägt es immer wieder zu seinen Wurzeln. Und die anderen Orte kann ich ja besuchen. Wochenende in Barcelona – toll!

Ihre Frau ist Dressurreiterin. Was nervt Sie an Pferden am meisten?

Dass sie nicht sagen können, wo es ihnen wirklich wehtut.

Ach, da gibt es manchmal Schwierigkeiten mit denen …

Ja, die sind mal verletzt und können einem nicht sagen, wo es ihnen wehtut.

Das merkt man ihnen dann an …

Sie lahmen dann, und wenn sie lahmen, dann kann es der ganze Körper sein. Und so ein Pferd ist groß …

Können Sie das eigentlich unproblematisch ausprobieren? Sich von Ihrer Frau Sachen zeigen lassen? Also, könnten Sie jetzt aufs Pferd steigen und dann so Dressurübungen ausprobieren, und die Leute sagen dann: »Ach du Scheiße, der Stich!«

Sie sollten das nächste Interview mit einer Dressurreiterin machen. Müssen Sie wirklich mal machen, um sich Dressurreiten erklären zu lassen. Es ist extrem kompliziert, sehr schwer, und ich habe allerhöchsten Respekt davor, wie man so ein 700-Kilogramm-Tier im Endeffekt dahin bringt, dass es das macht, was es macht. Also, wenn ich Pferd wäre, würde ich das nicht machen. *(lacht)*

Uwe Seeler hat nie einen internationalen Titel gewonnen, Sie haben überall auf der Welt gesiegt. Warum ist es an der Zeit, dass man in Hamburg von »›Uns‹ Michael« spricht?
Ich glaube, da müssen noch fünfzig Jahre ins Land gehen. Was Uwe Seeler mit seiner Person als Identifikation für Hamburg geschaffen hat und dass er eben nicht ins Ausland gegangen ist damals und dem HSV die Treue gehalten hat, macht ihn zu dem, was er ist.

Bei welchen Gelegenheiten tragen Sie heute noch ein Stirnband?
Überhaupt nicht mehr.

Was finden Sie an Boris Becker attraktiv?
Habe ich nie drüber nachgedacht.
Was attraktiv werden könnte, ist diese Entschlossenheit, dieses Sich-auf-dem-Feld-Rumkugeln. Sie haben mal gesagt, dass Sie das heute stört, dass die Leute Tanktops tragen, sie fänden das mit den Kragen besser. Und wenn man an die sehr muskulösen Spielerinnen denkt – die Williams-Schwestern zum Beispiel. Oder wenn man Andrea Petkovic sieht, denkt man, die bestehe ja nur aus Muskeln. Finden Sie das attraktiv?
Nicht unbedingt.

EDMUND STOIBER *Wir haben getobt.*
(2012) *Er musste nur auf dem Bildschirm erscheinen.*
Edmund Stoiber konnte nichts sagen, was uns nicht in Rage
versetzt hätte. Er stand für alles, was wir mindestens für
falsch, wenn nicht gar für böse hielten.
Er stand für Atomkraft, für die Automobilindustrie, für eine
harte Haltung gegen den Ostblock. Gegen Einwanderung,
auch gegen ein liberales Schulsystem. Das uns gerade eben ein
nordrhein-westfälisches Abitur in die Tasche gesteckt hatte.
Wenn er von Freiheit sprach, konnte er niemals das meinen,
was wir uns darunter vorstellten.

Für Edmund Stoiber sprach lediglich, dass wir ihn uns nicht so schlimm vorstellen konnten, wie den Mann, den er in unserem Gespräch im Oktober 2012 wieder als Freund bezeichnete: Franz Josef Strauß.

Noch heute halte ich einen politischen Aschermittwoch der CSU für einen anti-modernen Umtrieb. Wenn die »Tagesschau«-Kamera über die anwesenden Biertrinker schwenkt, denke ich, dass wir wirklich noch viel reden müssen.

Bei unserer Begegnung mit Edmund Stoiber habe ich durchaus ein schlechtes Gewissen. Nicht, weil ich als junger Ökosozialist sein Fernsehbild angeschrien habe.

Sondern weil ich mich schon so oft lustig gemacht habe. Über seine missglückten Reden. Die Transrapid-Ansprache, die ihm unfreiwillig in den Dadaismus entglitt. Seine Nervosität, die ihn dazu brachte, Sabine Christiansen mit »Frau Merkel« anzusprechen. Der Begriff »Problembär«, mit dem sich der Ministerpräsident den viel gefährlicheren Tieren unter seinen Gegnern wieder einmal zum Fraß vorwarf.

»Hat mir bei der Bevölkerung überhaupt nicht geschadet«, grinst mein Gesprächspartner Edmund Stoiber in einer lauschigen Gaststätte in seinem Wohnort Wolfrats-hausen. »Eher schmunzelnd« habe er Spott und Häme hingenommen. Auch weil er wusste, dass einige Bayern ihre

Vorbehalte gegen ihn aufgaben, als er endlich nicht mehr nur
als perfektionistischer Aktenfresser rüberkam.
Ich wusste nicht, dass Edmund Stoiber als Kind manchmal
nicht zur Schule gehen konnte, weil seine Eltern das Fahr-
geld nicht aufbringen konnten. Die Begegnung 1979 habe
ich mir auch nicht vorstellen können. Damals sprachen der
CSU-Generalsekretär Stoiber und der Juso-Bundesvorsit-
zende Gerhard Schröder erstmals darüber, wie unbequem
ihr Aufwachsen in der Nachkriegszeit war.
Stoiber erinnert sich daran in unserem Gespräch und sagt
dann auch noch, dass es Schröder schwerer gehabt habe.
Wenn wir für unsere Sendung werben, oder es Medienjour-
nalisten gut mit uns meinen, dann ist die Rede von »dem
anderen Bild«, das das Gespräch von einer Persönlichkeit
zeigen würde. So gut das klingt, es ist nicht wirklich richtig.
Tatsächlich beweisen vor allem die Gespräche mit Politikern,
wie wenig die Frage »Wer sind sie eigentlich?« im journa-
listischen Alltag eine Rolle spielt. In einem Porträt in einem
großen Magazin geht es um die politischen Bezüge. Wie
stand und wie steht Edmund Stoiber zu Angela Merkel.
Warum hat er gegen Schröder verloren und von welchem
Charakter sind die Leute, die ihm einen so tristen Abgang
aus dem Amt bereitet haben.
Selbst Wolfratshausen ist in diesen Zusammenhängen kein

Idyll, in dem die meisten Berichterstatter gerne ein Haus hätten. Sondern nach jahrelanger mantraartiger Wiederholung lediglich eine Chiffre für die kleinbürgerliche Piefigkeit, in der jemand wie Edmund Stoiber am besten gedeiht.

Vor mir sitzt aber ein Mann, für den Millionen Menschen ihre Stimme abgegeben haben. Er hat mit Bill Gates und Michail Gorbatschow auf Augenhöhe geredet. Zwischenzeitlich waren zwei Drittel der bayerischen Wähler der Meinung, sie würden von Edmund Stoiber gut regiert. In den vierzehn Jahren, in denen er in der Staatskanzlei saß, ging es den Bayern gut und besser. Hat sich das von allein gemacht, oder hatte er damit womöglich zu tun? Warum wurde er zwischenzeitlich zur Lachnummer, während Sahra Wagenknecht in Talkshows manchmal gefeiert wird, als sei sie die Stimme irgendeiner Vernunft? Wagenknecht hat noch überhaupt keine Wahl gewonnen und auch kein Bundesland in seiner Blüte bewahrt. Ist es seine eigene Schuld, wenn er zwischenzeitlich für alle nicht mehr als der »Stammel-Ede« war? Oder ist die »allgemeine Wahrnehmung« doch oft recht lückenhaft?

Als Spitzenpolitiker musste er damit leben, dass sein persönliches Leben nicht nur Privatangelegenheit war. Auch da stand die öffentliche Erzählung schnell fest. Karin, die Frau an seiner Seite. Eine mindestens traditionell zu nennende

Rollenverteilung, und dann spricht er sie auch noch mit einem schwierigen Kosenamen an.

Bei mancher Schreiberin möchte man zurückfragen, ob ihr Liebster eigentlich mit »Schnuffel« bestmöglich zusammengefasst ist. Dann will auch nicht ins Bild passen, wie es bei Herrn und Frau Stoiber mit dem Fußball läuft. Klar, er sitzt im Aufsichtsrat des FC Bayern München. Allerdings war es seine Frau, die ihn fußballerisch an die Hand nahm. Sie bewies schon in den 60er-Jahren Expertise. Karin Stoiber zeigte ihrem Edmund einen Mann, der ihr wegen seines Talents aufgefallen war. Sie hatte nicht ganz unrecht. Denn der Mann wurde zu einer fußballerischen Weltgröße und heißt Franz Beckenbauer.

Unser Gespräch war wohltemperiert. Bevor wir die Kameras laufen ließen, geriet Edmund Stoiber allerdings in Wallung. Völlig unpolitisch. Ihn verstörte immer noch, dass einzelne Bayern-Spieler im Champions-League-Finale gegen den FC Chelsea im Elfmeterschießen nicht an den Strafstoßpunkt treten wollten. So ginge es ja wohl nicht, ereiferte sich Stoiber, obwohl das Endspiel schon vier Monate zurücklag. Beinahe hätten wir nach all den Jahren erleben dürfen, wie es aussieht, wenn Edmund Stoiber tobt.

DIE FIESEN SIEBEN

Wenn ich Sie vor die Wahl stellen würde, Herr Stoiber, nehmen wir an, ich wäre eine gute Fee, Sie sind noch mal 25, und ich biete Ihnen zwei Wege an. Ich sage einmal: Herr Stoiber, Sie können das Leben leben, das Sie bis jetzt gelebt haben bis zum 70. Lebensjahr, oder aber wir machen was anderes mit 25, ich biete Ihnen einen Vertrag bei Bayern München an, und Sie können Profifußballer werden. Was wählen Sie?

Also, wenn ich damals mit 25, dann hätte ich natürlich gesagt: »Klar, dem Kaiser nacheifern«.

... den Sie beobachtet haben und noch gar nicht kannten.

Als junger Mann, da war er noch gar nicht bekannt auf dem Trainingsgelände. Nur, ich meine, bei all den Problemen, die man natürlich erlebt, den Stress und die Anstrengungen und die ungesunde Lebensweise und so weiter, aber es ist eine tolle Chance gewesen, die mir gewährt worden ist, so lange für meine Heimat, für Bayern, und für Deutschland Verantwortung zu tragen und ein kleines Stückchen mitgeholfen zu haben, dass es uns insgesamt besser geht, in Bayern sowieso, als in den meisten Ländern auf dieser Erde.

Ihr Kollege, Bernhard Vogel, hat zuerst Rheinland-Pfalz und dann Thüringen regiert. Welches andere Bundesland hätten Sie sich zugetraut, außer Bayern?

Also, ich hätte mir das schon zugetraut, auch ein anderes Land zu regieren, aber vielleicht ist das problematischste

und schwierigste Land Berlin. Ich hätte mal auch gerne ausprobiert, ob man mit unserer Mentalität Berlin regieren
kann.
Das ist ja schön.

**Wie oft ist Ihnen der erschossene Problembär »Bruno«
schon im Schlaf erschienen?**
Nie.
Nie?
Nein, um Gottes willen.

**Woran merkt man, dass Angela Merkel keine Volljuristin
ist? Sie sind Doktor der Rechtswissenschaft, Herr Stoiber.**
Man merkt natürlich, dass sie Naturwissenschaftlerin ist,
dass sie, wie sie so schön sagt, alles vom Ende her sieht und
immer wieder versucht zu entscheiden, weil sie das vermu-
tete Ende im Auge hat. Sie hat das sehr schön, bei der Vorstellung dieses Buches, das sie vor vierzehn Tagen gemacht
hat, gesagt. Wir hatten die größte Auseinandersetzung um
die Gesundheitsreform. Sie ist ja mit der Gesundheitspau-
schale einen ganz strammen Weg gegangen. Den konnte ich
und wollte ich so nicht mitgehen. Sie hat selber gesagt, ich
habe recht, aber du hast mir damals auch dargelegt, dass
es nicht allein auf die reine sachliche Durchdringung ankommt, sondern auch darauf, wie die Leute das verstehen
und wie ich es vor allem den Menschen politisch erklären
muss. Das habe ich nachträglich als ein ganz großes Kompliment empfunden – damals sind wir ja unglaublich hart
aufeinander –, dass sie im Nachhinein festgestellt hat, ja,
du hast mir damals verdeutlicht, das geht so nicht. Ich sehe
vielleicht jetzt als Naturwissenschaftlerin die gesamte De-

termination, aber ich habe vielleicht, anders als du das gesehen hast, die politischen Wirkungen der einzelnen Schritte, die dann möglicherweise gar nicht mehr weitergeführt werden können, weil der Widerstand zu groß wird, das habe ich eigentlich gar nicht so bedacht.

Da muss ich jetzt allen dazu erklären, die sich nicht so stark für Fußball interessieren wie Sie: Es gab in diesem Jahr ein Champions-League-Endspiel, das Bayern München auf ganz unglückliche Art und Weise verloren hat. Das war ein ganz besonderes Champions-League-Finale, weil es hier stattgefunden hat, in München. Dazu hat nicht jeder, oder die meisten Mannschaften, die daran teilnehmen, haben dazu nicht die Gelegenheit, das Finale im eigenen Haus auszutragen.

Das hat es noch nie gegeben.

Was und wie viel haben Sie getrunken, nachdem dieses Endspiel zu Ende war. Weil es gibt ja auch immer diesen Salbeitee-Stoiber.

Nee, nee, nee. Das ist ja sowieso falsch. Ich habe ein einziges Mal bei einer politischen Veranstaltung Salbeitee getrunken, weil ich kaum mehr sprechen konnte.

Aus dem Bierkrug?

Ja, ja. Das hat sich dann fortgesetzt. Also Stoiber, der ja eigentlich kein Bier trinkt, nicht so lebenslustig wie Strauß ist, sondern der mehr Aktenmensch ist und der natürlich Salbeitee trinkt. Da wollte man eigentlich so sagen, das ist ja eigentlich ein komischer Ministerpräsident, der in Bayern Salbeitee trinkt. Das stimmt natürlich gar nicht. Und genauso war es nach dem Champions-League-Finale. Gut, wir saßen ja dann bei dem offiziellen Bankett, da waren nicht so viele wie es sonst gewesen wären, wenn wir gewonnen hätten, und ich habe nicht mehr getrunken als sonst. Also ein paar Gläser Wein.

Wie lange ist Ihnen das denn noch nachgegangen. Konnten Sie denn problemlos einschlafen nachher, oder sind Sie morgens wach geworden und haben gedacht, um Gottes willen.

Ja, das ist etwas, das ich vielleicht im Laufe der Jahre mir angeeignet habe. Im Moment war ich natürlich tief betrübt, wie jeder Fan, aber ich kann abschalten. Das ist Vergangenheit. Ich kann das nicht mehr ändern. Genauso wie ich nach meiner verlorenen Kanzlerkandidatur sehr schnell abgeschaltet habe. Okay, mir haben zwar nur 6000 Stimmen gefehlt, um vor Schröder zu liegen, aber, mein Gott, ich vergleiche das dann wieder mit dem Fußball, den herrlichsten Lattenschuss, über den die Leute viel länger diskutieren, wenn ein Ball an die Latte geht und vielleicht noch mal an die Latte springt, als wenn dreißig Meter vorbeigeschossen wird. Aber es ist dasselbe Ergebnis. Knapp verloren ist auch verloren.

Für welches körperliche Attribut bekommen Sie nach wie vor Komplimente? Bekommen Sie Komplimente dafür, dass Sie so schlank sind?

Ja. Das ist … na ja, so schlank bin ich gar nicht, aber jedenfalls sagen die Leute, wer so lange in der Politik steht und doch so, wie sagt man so schön in Bayern, guad beinand is und nicht alle Attribute eines ungesunden Lebens vor sich her trägt, also Bauch und so, das wird schon registriert. Aber ich tue auch was dafür.

Was muss Ihre Frau fürchten, wenn Sie plötzlich jeden Tag den ganzen Tag zu Hause sind?

Oh, ich glaube, Unordnung.

Also Sie verbreiten Unordnung?

Ja, nur. Da lasse ich dies liegen und jenes liegen, die Zeitungen liegen ungeordnet. Ich gehe und putze mir die Zähne, lass die Zahnpasta offen und die Zahnbürste, die liegt irgendwo. Dann stehen die Schuhe irgendwo, also zu Hause bin ich manchmal ein bisschen unordentlich, aber vielleicht bin ich auch verwöhnt, weil meine Frau dann immer ein bisschen mit großen Ermahnungen Ordnung schafft. Diese Ermahnungen haben dann kurzzeitig Erfolg, aber …

… auf lange Sicht funktioniert es nicht.

Ja. *(lacht)*

HEIKE *Es ist ein Spiel. Sagt Heike Makatsch, irgendwann*
MAKATSCH *im Lauf dieses Gesprächs. Übertragen*
(2009) *auf mein Lieblingsspiel, also fußballerisch
gesehen, bedeutet das: Wir starten mit einer langen Verletz-
tenliste in diese Begegnung.*

*Denn sie hat den Film »Hilde« dabei. In dem spielt sie ganz
toll. Aber die Filmkritiker haben zum Zeitpunkt unseres
Treffens noch blutige Münder, so sehr haben sie sich in dieses
Werk über die große Hildegard Knef verbissen.*

Ich möchte nicht, dass passiert, was vor Jahren geschah.

Damals besuchte ich Heike Makatsch an ihrem damaligen Wohnort London. Im Auftrag der WDR-Sendung »Zimmer frei«. Statt durch originelle Fragen mein Honorar wert zu sein, trottete ich damals dümmlich neben ihr her. Beinahe narkotisiert vom Charme dieser Frau.

Trotz dieser Ausgangslage makatscht sie unsere Sendung in Berlin.

Wie ihre Stimme klingt, wie der Blick wärmt, wie das Lächeln in der Fantasie Waldbrand nach Waldbrand legt – so geht Fernsehen. Wo viel mehr zählt als nur Worte.

Durch ihren Zauber kann sie verschwinden lassen, wie wenig sie auch an diesem Tag preisgeben möchte.

Über den Film redet sie, wie die Ministerpräsidentin ihres Heimatlandes Nordrhein-Westfalen über den Struktur-wandel im Ruhrgebiet. Also nicht gerade mit tosender Lust. Allerdings findet sie eine einleuchtende Formulierung, um klarzumachen, dass nicht das gesamte Leben und schon gar nicht die gesamte Hildegard Knef zu sehen sind. »Es ist eine Essenz dieser Persönlichkeit«, sagt Heike Makatsch. Sie ist nun mal schneller, intelligenter als andere und deswegen auch im Interview immer auf der Hut. Kein dummes Zeug reden, auch wenn Gespräche mit Journalisten dazu eigent-lich die beste Gelegenheit sind. Schließlich fragen die sehr häufig auch nur Quatsch.

Wir stellen uns imaginär an das Grab des bösen »G-Wortes«.
Denn Heike Makatsch hat irgendwann gesagt, dass sie
»Girlie« nicht mehr hören möchte. Wir zeigen ihr einen
Ausschnitt aus ihrer Zeit als quietschige Viva-Nerven-
säge. Dabei benutzen wir die sogenannte »Kachel«. Sie
wird unten rechts in den Clip eingeblendet. Die in elegantes
Schwarz gehüllte Frau. Die erfolgreiche Schauspielerin, mit
einer Frisur, die nicht nach Frisur aussieht, so gut ist ihr
Friseur. Dieser erwachsenen Heike Makatsch soll ein Gesicht
einfallen zu dem Moderationskind von damals.
Sie lächelt, und dafür hat sich das Damals-Video schon
gelohnt. Aber aus dem Nähkästchen plaudern mag sie auch
nicht. Spricht von den »Momenten, in denen es ihr Spaß
gemacht hat«.
Im Fußballbild: Ich rackere auf den Außenbahnen, schlage
Flanke nach Flanke in ihren Strafraum. Jede wird mit der
ganzen Erfahrung ihrer Abwehr sauber abgeräumt. Selbst-
verständlich ohne Foul.
Heike Makatsch ist hinreißend. Womöglich hört sie das gern,
wenn sie nicht in einem Fernsehstudio sitzt.
Als das Spiel abgepfiffen ist, gehe ich ganz bestimmt nicht als
Sieger vom Feld. Aber als Gewinner.

DIE AKTE MAKATSCH

Mein Name ist Heike Makatsch. Ich bin vor 37 Jahren in Düsseldorf zur Welt gekommen. Obwohl ich noch sehr jung bin, *hm,* habe ich schon eine äußerst erfolgreiche Karriere hinter mir, nämlich die als Journalistin und Fernsehmoderatorin. Mittlerweile arbeite ich seit mehr als zehn Jahren als Schauspielerin. Wenn ich danach suchen würde, könnte ich zu Hause eine Goldene Kamera, einen Bambi und einen Bayerischen Filmpreis finden. Habe ich für Filme wie »Männerpension« oder TV-Produktionen wie »Margarete Steiff« gewonnen.

WAS ZU MEINEN GUNSTEN VORLIEGT:

Ich bin die beste Hildegard Knef.

Wie Hildegard Knef kenne ich Deutschland auch aus der Außenperspektive, denn ich habe mehrere Jahre in London gelebt. *Stimmt alles. Ich dachte, da käme jetzt irgendwas …*

WAS ZU MEINEN UNGUNSTEN VORLIEGT:

Ich benehme mich Journalisten gegenüber manchmal mopsig. *Was genau ist mopsig?*

Ich esse nicht genug. *Das stimmt überhaupt nicht. Überhaupt gar nicht. Ich esse sehr viel und gerne.*

Unter Stress kann ich zu einer hibbeligen Nervensäge werden. *Ich glaube, das war früher mal so. Mittlerweile habe ich eine andere Art, mit Stress umzugehen.*

DIE FIESEN SIEBEN

Sie haben mit Margarete Steiff und jetzt Hildegard Knef bereits große Frauen gespielt – warum sind Jessica Schwarz und Yvonne Catterfield dennoch für die Rolle der Romy Schneider besser geeignet?
Sie sehen ihr ähnlicher.
Ach, das ist alles?
Soll ich lustig darauf antworten, oder kann ich einfach langweilige Antworten geben?
Sie können einfach Heike-Makatsch-Antworten darauf geben.
Okay, mir fiel nichts Besseres ein.
Sie können auch was Hasserfülltes sagen, wenn Sie möchten.
Warum?
Vielleicht ist Ihnen ja danach, was weiß ich. Ich kann ja nicht in Sie reinsehen, Frau Makatsch.
Nee, aber gucken Sie mich doch an!

Was ist unwahrscheinlicher? Dass Sie noch eine Tochter bekommen oder dass die Tochter Hildegard heißen wird?

Zweiteres ist auszuschließen.

Ihre Tochter wird nicht Hildegard heißen.

Nein.

Wie hat Ihnen der aktuelle James-Bond-Film gefallen?

Habe ich nicht gesehen.

Werden Sie lieber als »unglaublich begabt« oder »unglaublich unwiderstehlich« beschrieben? Das ist eine Entscheidungsfrage. Sie haben doch eben gesagt, Sie träfen gute Entscheidungen. Sie haben das Fernsehen gelassen, was für eine gute Entscheidung, Frau Makatsch. Also entscheiden Sie zwischen zwei Begriffen.

Jaaa.

Ich hab dann gleich noch eine Entscheidung für Sie ... nicht gucken!

Jetzt habe ich mir schon zu lange Zeit gelassen, das sieht ja aus, als wäre mir das irgendwie wichtig. Ist ja schrecklich.

Warum machen Sie dann so ein Ding draus, aus der Frage? Die Frage ist doch jetzt nicht so ...

Nein, nein. Dann bitte »unwiderstehlich begabt«. So hätte ich es gern.

Wären Sie lieber größer gewachsen oder hätten Sie lieber kleinere Füße?

Weder noch.

Ich finde, Sie haben unglaublich große Füße. Also in dem Hilde-Film denke ich, was ist denn jetzt los ...

Wie ich da auf dem Tisch liege?

Nein, wie Sie da so rumgehen ...

Das ist jetzt ein Witz von Ihnen.

Nein, das ist kein Witz. Überhaupt kein Witz. Ich habe den Film gesehen und gedacht, wie groß sind denn die Füße von der Frau?

Ich habe Größe 38!

Dann sind die komisch fotografiert, da müssen wir noch mal mit dem Kameramann sprechen.

Haaagen!!!!!! Ich habe ganz normal Schuhgröße 38 und ich bin 1,69 Meter groß, das geht schon.

Gut, ja, völlig in Ordnung.

Welche Partei würde Hildegard Knef bei der nächsten Bundestagswahl wählen?

Oh Gott, das will ich gar nicht laut sagen.

Sie sind aber aufgefordert, es laut zu sagen, außer, es widerstrebt Ihnen so stark, Frau Makatsch, dass selbst eine Essenz einer Antwort schon zu viel wäre.

Ich hoffe, sie hätte nicht die FDP gewählt oder so.

Das ist ihr aber zuzutrauen, oder?

Nee, wahrscheinlich die SPD. Ich finde, sie ist ziemlich apolitisch.

Aber an der einen Stelle, an der sie sich entscheidet, die Gesangskarriere anzustreben – zumindest im Film ist das so –, da sagt sie zu ihrem Ehemann, nachts, als sie nicht schlafen kann: »Mein Lieber, hier in Deutschland leben doch alle immer nur nach den gleichen ... also ...«

Jaja, ich weiß, was sie gesagt hat, aber dann sagt er ja: »Ist das hier irgendwie politisch oder was?« Und sie: »Red keinen Unsinn, ich hab keine Ahnung von Politik.«

OLE VON BEUST *Er hat es für sich behalten.*
(2012) *Dabei verbindet uns ein dunkles Geheimnis.*
Negativ-Schlagzeilen. Richtig große. »Bild«-Zeitung und
»Hamburger Morgenpost«.
»Bürgermeister verhöhnt Kanzlergattin«, freute sich die
MoPo mit vorgetäuschter Empörung.
In der von mir damals präsentierten Satiresendung »Extra3«
hatten wir unserem Gast Ole von Beust in letzter Minute
einen Text untergejubelt. Auf die Melodie von »Strangers
In The Night« sollte er über Doris Schröder-Köpf singen.
Wir hatten gedichtet: »Doris Schröder-Köpf, zartgliedrig

Geschöpf, willst auch am Rad drehen, und dein kleiner Mund tut dumme Wort kund«. Zweifelsohne nicht besonders filigran.

Am Klavier saß mein gesamtes Studioorchester namens Mark Scheibe. Ole von Beust hat damals nicht wirklich gesungen, denn ihm war klar: Dieser Text ist unfein. Nicht kollegial gegenüber dem damaligen Bundeskanzler Gerhard Schröder und auch überhaupt nicht hanseatisch-vornehm. Aber er stand neben uns, während wir schmähten. Was uns glücklich machte und den Boulevard-Leuten ebenfalls völlig reichte, um den Bürgermeister anzugreifen.

»Sie können sich nicht vorstellen, was für einen Ärger mir dieses Gesinge eingebracht hat«, raunte mir Ole von Beust Jahre später zu, als er Auszubildende öffentlich auszeichnete und ich ihn auf die Bühne rufen durfte.

Es war also deutlich wahrscheinlicher, dass er einen unsympathischen Hamster in Hagenbecks Tierpark nach mir benennen würde, als jemals nach Berlin in unsere Sendung zu kommen. Als er dann aber doch an unserem Tisch saß, war schnell klar: Ole von Beust erschüttert so schnell nichts in seiner Gelassenheit. Nicht nach zehn Jahren als Erster Bürgermeister Hamburgs. Nicht nach den diversen Erfahrungen, die ihm vor Augen führten, wie zufällig manche politische Karriere beginnt. Und logischerweise endet. Er *behauptet, er sei von Anfang an zweite Wahl gewesen.*

Nachdem dann eine Nummer Eins nach der andern ausfiel,

hätten sich seine Parteifreunde auf die Minimallösung

geeinigt. »Dann kann das auch der Ole machen«, hätten die

gesagt.

Von Beust entschließt sich in einer Zeit für die CDU, als

der Graben zwischen den politischen Lagern unüberwind-

lich tief ist. Ihn gruseln die Marxisten, die alles immer für

alle entscheiden wollen. Der junge Ole von Beust glaubt

daran, dass jeder Einzelne den Unterschied macht. Dazu

passend war er wohl schon in seiner Jugend ein Sonder-

ling der sympathischen Sorte. Tapezierte sein Jugendzimmer

mit Wahlplakaten aller möglichen Parteien. Schaffte sich

die charaktervolle Sprechweise Walter Ulbrichts und Erich

Honeckers drauf. Imitator statt Ideologe. In einem Fernseh-

ausschnitt aus den frühen 80er-Jahren können wir ihn als

prototypisches Bürschchen von der Jungen Union zeigen.

Wohlfrisiert und enorm beflissen. Ansonsten antwortet er im

Gespräch derart offen, dass sich ein Regierungssprecher im

Hintergrund die Adern öffnen würde, wäre von Beust noch

der Repräsentant der wirtschaftsstärksten Stadt Deutsch-

lands. Aber er ist Privatier, und so redet er auch. Warum

er niemals das Zeug zum Kanzler hatte. Wie ihn amüsiert,

was die Leute alles über ihn erzählen. Wie ihm das Lachen

verging, als ihn sein zwielichtiger Koalitionspartner, Ronald Barnabas Schill, im August 2003 zu erpressen versuchte. Mit einer miesen Privatgeschichte, an der nichts wahr war. »Ich will dich hier nie wieder sehen«, hat Ole von Beust zu dem Mann gesagt, der es im Sommer 2014 sogar als Kandidat im »Big Brother«-Container versuchen musste. Damit war die Koalition mit der sogenannten Partei Rechtsstaatlicher Offensive (PRO) zwar vorbei. Aber die Hamburger taten, was ihnen die CDU empfahl: Ole wählen. 2004 gewann er die absolute Mehrheit für seine Partei.

Ole von Beust hat fast zehn Jahre regiert und dabei zwangsläufig viele Fehler gemacht. Danach muss man nicht lange fragen, denn er zählt sie einem ohnehin gern auf. Wir wollten ihn unbedingt in der Sendung haben, nachdem er einen Deutschlandfunk-Moderator in einem Interview entwaffnete. Indem sich Ole von Beust als unperfekter Mensch zu erkennen gab. Für einen allwissenden Zeitfunk-Moderator und die immer alles peilende Profi-Polit-Szene ist das nicht hinnehmbar. Und beweist vor allem überflüssig viel Humor.

DIE AKTE OLE VON BEUST

Mein Name ist Carl-Friedrich Arp Freiherr von Beust. *Insofern falsch, als mein Name Carl-Friedrich Arp Ole Freiherr von Beust ist.* Weil sich das kein Mensch merken kann und weil ich bei dem Vornamen Ole an meine wunderbare Großmutter denken muss, nenne ich mich Ole von Beust. Seit dem 18. Lebensjahr ist dieser Name auch amtlich eingetragen. *Auch nicht ganz richtig, ich bin immer nur Ole genannt worden, ich habe mich auch selber so genannt, aber als Kind bin ich nur Ole genannt worden. Meine Großmutter hat mich Ole Pop genannt, das ist Plattdeutsch, heißt »alte Puppe«, das ist so eine mecklenburgische Koseform. Ich bin also Ole genannt worden, und weil ich von allen so genannt werde, ist es dann in der Tat der weitere Vorname geworden.* Mittlerweile bin ich als Ole, *richtig,* 57 Jahre alt geworden. Ich bin in Hamburg aufgewachsen, aber eben nicht zwischen den Schiffen, Heidi-Kabel-Theatern und Reeperbahnspelunken, sondern im Wald des Duvenstedter Brook. *Korrekt.* Es war eine wunderschöne Kindheit. *Korrekt.* Anschließend habe ich Jura studiert und abgeschlossen. *Richtig.* Allerdings habe ich nebenher auch schon meine politische Karriere in der CDU verfolgt. *Auch okay.* 1993 bin ich als Spitzenkandidat meiner Partei bei den Bürgerschaftswahlen in Hamburg angetreten. *Falsch. 97 war es das erste Mal. 93 war es noch nicht, 97.* 2001 habe ich es dann geschafft. Ich wurde Erster Bürgermeister meiner Stadt, allerdings mit der Partei Rechtsstaatliche Offensive und mit dem schillernden Vorsitzenden, Roland Schill. *Halb richtig, denn auch mit Hilfe der FDP, die auch mit an der Koalition beteiligt war.* Der Riesenknall, mit dem diese Verbindung endete, tat meiner Popularität keinen Abbruch. Im Gegenteil, im Wahljahr 2004 und 2008 wurde ich wiedergewählt. Spätestens nach der Wahl 2008 war die Politik mir kein Vergnügen mehr. Ich trat 2010 von meinen Ämtern zurück und wurde wieder Privatmann. *Richtig.*

WAS ZU MEINEN GUNSTEN VORLIEGT:

Ich bin nicht richtig CDU, ich bin vor allem Ole. *Da mach ich einen Haken hinter.*

Obwohl mich Helmut Kohl für einen »Sunny Boy« hielt, konnte ich mich in Hamburg durchsetzen. *Korrekt.*

Meine liberalen Auffassungen passen besser in eine moderne Großstadt als die vieler Parteifreunde aus der Provinz. *Ja, stimmt wohl auch.*

WAS ZU MEINEN UNGUNSTEN VORLIEGT:

Die Sache mit Roland Schill war von Anfang an geschmacklos. *Man mag sie geschmacklos nennen, meine Bewertung ist: Wir sind in einer Demokratie, und der Wechsel war trotzdem richtig.*

Ich habe Hamburg nie verlassen. *In der Tat, Nachteil.*

Ich habe viel zu früh aufgegeben. *Wiederum falsch, aus meiner Sicht. Ich bin nach Voscherau der am längsten dienende Bürgermeister gewesen und über neun Jahre, finde ich, sind schon eine ganz wackere Zeit.*

DIE FIESEN SIEBEN

Jetzt wollen wir mal die Fiesen Sieben ausprobieren, Herr von Beust.
Die Fiesen Sieben?
Ja. Um Ihren Mut gleich zu testen.
Ich merke schon, wie die Scheinwerfer ausgehen.

Wann haben Sie heimlich einen Hirsch in der Nähe Ihres Hauses im Duvenstedter Brook geschossen?
Nie!
Das beschreiben Sie so, wie Sie im Wald waren, huu, die Geräusche. Da war kein Hirsch dabei?
Ich habe mit einem Katapult auf Vögel geschossen, aber nie getroffen, aber einen Hirsch habe ich nie bedroht.

Woran merken Sie immer wieder, dass Hamburg leider eben nicht Berlin ist? Ich erinnere mich noch an diese fantastische Werbung im Hamburger Hauptbahnhof, von der Berlin-Werbung, großes Spruchbanner: »Nur noch 270 Kilometer bis Berlin«.
Und jetzt die Frage, woran merke ich, dass Hamburg nicht …

Woran merken Sie, dass Hamburg nicht Berlin sein kann, also dass es einfach …

Berlin ist ohne Zweifel weltstädtischer und urbaner.

Welche Termine als Bürgermeister hätten Sie am liebsten geschwänzt?

Alle die, die sich jährlich wiederholen, nachdem ich sie drei bis vier Mal absolviert habe.

Wie heißt dieses eine jährliche Festessen da?

Matthiae. Ach, das war ganz nett irgendwie, da trifft man viele Bekannte, aber es gibt viele Dinge, die sich jedes Jahr wiederholen und da sind immer die gleichen Leute, immer die gleichen Rituale. Und nach drei, vier Mal ist es dann nur noch … Hafengeburtstag eröffnen und so was … Ach, das ist auch noch ganz nett, da kann man ja auch schnell wieder weg.

Welchen der beiden Hamburger Fußballvereine finden Sie sympathischer?

HSV.

Ja? Sympathischer als St. Pauli?

Ja, als St. Pauli. Ich weiß auch nicht, warum. Mein Herz schlägt für die Raute.

Wenn Sie jetzt schon eine Art politisches Vermächtnis vorlegen …

Ui.

… Sie haben dieses Buch geschrieben, wie wollen Sie später als alter Mann die Zeit totschlagen?

Erst noch ein bisschen arbeiten und hinterher mit Reisen.

Bei welchen Gelegenheiten wird man als prominenter Mann auf sein Äußeres reduziert?

Bei Wahlplakaten.

Ja?

Ja.

Ist da viel gemacht worden, mit Photoshop?

Nee, relativ wenig, wenn Sie gucken, haben wir wenig gemacht.

Das sieht dann charakterstark aus.

Genau. Das ist der Grund, ja.

Wovor fürchten Sie sich mehr: sich besinnungslos zu verlieben oder allein zu sein?

Allein zu sein.

DR. WOLFGANG SCHÄUBLE (2007 / 2013) *war zum Plaudern da. Was stimmt an diesem Satz nicht? Es gibt Begriffe, die einfach nicht zu diesem Mann passen. Plausch, Schwatz, Small Talk. Journalisten, die ihn auf Dienstreisen begleiten, erzählen, er wäre höchst charmant, wenn er die IWF-Präsidentin Christine Lagarde trifft. Die mag er, und sie mag ihn. Von seinem badischen Heimatort ist es schließlich nicht mehr weit nach Frankreich.*

Sein starker badischer Akzent, der so klingt, als würden die Worte auf eine Weise zermatscht, dass man aus ihnen Wein

machen kann. Heimat ist zweifelsohne wichtig für Wolfgang
Schäuble. Es gibt schöne Fotos von ihm. Umgeben von Idylle
in der ganz südwestlichen Ecke Deutschlands. Als gemüt-
lichen Badener, den guter Speck und ein prächtiger deutscher
Rotwein selig macht, kann ich mir ihn allerdings nicht
wirklich vorstellen.

Für mich war und ist er jemand, vor dem ich mich nicht
blamieren möchte. Gleichzeitig erscheint vor allem das sehr
leicht möglich. Mein politisches Interesse begann sich mit
vierzehn oder fünfzehn Jahren zu regen. 1981 nahm ich
an der Friedensdemonstration im Bonner Hofgarten teil
und war wie die anderen 300 000 Teilnehmer absolut im
Recht. Wir waren Frieden. Alle, die nicht unserer Meinung
anhingen, bedeuteten Krieg und Nukleartod. Wolfgang
Schäuble wurde 1981 parlamentarischer Geschäftsführer
der CDU/CSU-Bundestagsfraktion. Obwohl er und seine
Leute uns in den sicheren Atombombentod getrieben hatten,
saß ich ihm als 39-jähriger Mann in einem Fernsehstudio
gegenüber.

In der Zwischenzeit hatte er den Einheitsvertrag ausgehan-
delt. Helmut Kohl setzte auf ihn wie auf keinen Zweiten.
Kränkte Schäuble aber dann, als er 1998 wieder als Spitzen-
kandidat in die Bundestagswahl zog. Statt dem womöglich
aussichtsreicheren Wolfgang Schäuble Platz zu machen.

»Wir leben in einer Demokratie, da gibt es keine Kronprinzen«, verneint Schäuble in der Sendung diese Version von Zeitgeschichte. Dann die Parteispendenaffäre. Kohl verheimlichte die Spender, Schäuble musste Geldumschläge einräumen und war seinen Platz als Vorsitzender los. Angela Merkel rettete die CDU. Bei uns in der Sendung sitzt er als Bundesinnenminister im Kabinett Merkel. Kabarettisten und Opposition treiben mit ihm ihre Mätzchen. Erklären ihn zu einem Anhänger des Polizeistaats. Früher wollte er uns alle verstrahlen, jetzt macht er mit seinen Belausch-Ambitionen die Demokratie kaputt.

Wenn man in Berlin-Kreuzberg oder in der Kölner Südstadt bei einem ökologisch angebauten Rotwein beisammensitzt, ist das alles richtig. Völlig unbewiesen, nicht diskussionsgeprüft, aber irgendwie schon schlüssig. Vor allem dann, wenn man schön SPD wählt und niemand zwischendurch »Otto Schily« ruft. Spätestens seit dem Gespräch mit Wolfgang Schäuble traue ich dem Bild nicht mehr, das sich »die Öffentlichkeit« von einer öffentlichen Person macht. Es gibt gute Argumente, die sich gegen Schäubles politische Positionen setzen lassen. Es gibt aber keinen guten Grund, sich die Reflexe der Politikerverachter anzugewöhnen. Der Doktor der Rechtswissenschaft, der Wirtschaftsjurist Wolfgang Schäuble hätte ein sehr wohlhabender Anwalt werden können. Den Weg hat er aber nicht eingeschlagen. Seine politischen Gegner nehmen für sich deutlich häufiger in Anspruch, sie würden einen »gesamtgesellschaftlichen Prozess« anführen. Ihm geht es aber bestimmt nicht weniger um das Beste für Land und Leute.

Was für eine gekonnte Lässigkeit, wenn der amerikanische Präsident Barack Obama vom Rednerpult mit dem Präsidentensiegel plötzlich einen Al-Green-Song anstimmt. Kann sein, dass Wolfgang Schäuble Al Green gar nicht so gut kennt. Mir zeigte allerdings eine Dame in der Berliner Philharmonie, wo immer Schäubles Rollstuhl steht, wenn er ein Konzert miterlebt. Was er regelmäßig tut. Schauspieler erzählten mir, dass er sie nicht zum Wein bittet, damit ihn ihre Prominenz schmückt. Stattdessen kommt er zu ihnen ins Theater und sieht sich die Stücke an.

Wolfgang Schäuble konnte sich nicht aussuchen, wie hoch der Preis ist, den er für seine politische Karriere bezahlt. Am 12. Oktober 1990 ereignete sich kein Attentat. Wolfgang Schäuble sagt, er sei an diesem Tag einem Unfall zum Opfer gefallen. Denn der Mann, der dreimal auf ihn schoss, war psychisch krank.

Wir zeigen ihm den Ausschnitt aus der damaligen »Tagesschau«. Bilder der Gaststätte in Oppenau in seinem Wahlkreis. Zerrupfte süddeutsche Gemütlichkeit. Er selbst

auf einer Trage, bewusstlos, mit einem Beatmungsschlauch
im Mund.

Wolfgang Schäuble sieht den kurzen Film, der sehr alt
wirkt. Die Bilder wirken nach siebzehn Jahren verwaschen.
Er erinnert uns an den Polizisten, der sich in den dritten
Schuss warf und verletzt wurde. Selbstmitleid ist Schäuble
so zuwider, dass er es nicht einmal sagen muss. Es ist seiner
Miene sehr deutlich abzulesen. So gibt der Protestant, der
Mann der Ratio, der ganz und gar beherrschte Sicherheits-
minister Schäuble zu erkennen, dass ihn die Bilder seines
eigenen Schicksalsschlages berührt haben: »Diesen Film
habe ich zum ersten Mal gesehen. Das ist für mich nicht nur
Geschichte.«

DIE AKTE SCHÄUBLE

Mein Name ist Wolfgang Schäuble. *Das ist richtig.* Ich bin
65 Jahre alt. *Das ist leider auch wahr, obwohl man es nicht*
sehen würde. Ich bin seit 38 Jahren verheiratet und Vater
von vier Kindern. Meine Heimat ist Südbaden. Dort lebe
ich auch nach wie vor. Ich bin studierter und promovierter
Wirtschaftsjurist und arbeite seit 35 Jahren als Berufspolitiker. *Also, ich bin jedenfalls seit 35 Jahren Mitglied des Deut-*
schen Bundestags, das kann man auch als Berufspolitiker be-
zeichnen. Ich war auch in der Steuerverwaltung vorher, und

ich bin dann als Rechtsanwalt tätig gewesen. In der Tat bin ich auch Chef des Kanzleramts gewesen, in den 80er-Jahren. Ich war auch lange Zeit Fraktionsvorsitzender der CDU/CSU-Fraktion. *Das war eines der Ämter, das mir am meisten Freude gemacht hat.* Und ich bin jetzt zum zweiten Mal tatsächlich Bundesinnenminister.

WAS ZU MEINEN GUNSTEN VORLIEGT:

Ich bin für die CDU unverzichtbar. *Na, das glaube ich so nicht. Keiner ist wirklich unverzichtbar. Wir sind nur immer in der Versuchung, es selbst zu glauben. Jeder kann auch ersetzt werden. Also, ich habe natürlich relativ viel Erfahrung. Da steht:* Es gibt keinen, der so viel Erfahrung hat wie ich. *Das ist ein bisschen in der Zuspitzung übertrieben, aber ich gehöre zu den Älteren und zu denjenigen, die schon am längsten mit dabei sind.*

Ich bin schon so lange im politischen Geschäft, dass mir Umfragen zu meiner persönlichen Beliebtheit herzlich egal sind. *Sie glauben gar nicht, ich freue mich immer noch, wenn die Werte besser sind, als wenn sie schlechter sind, aber ich habe mir angewöhnt, mich nicht zu sehr danach auszurichten. Man darf nicht immer nur auf die kurzfristige Zustimmung schauen. Sonst könnten wir ja politische Führung durch Meinungsumfragen ersetzen, und das halte ich dann eher für einen Fehler.*

Ich kann Hochdeutsch. *Das wird bestritten.*

WAS ZU MEINEN UNGUNSTEN VORLIEGT:

Da kann eigentlich nichts vorliegen, aber es steht hier:

Ich bin intelligenter als viele Kollegen *– das stimmt so nicht, kann ich nicht bestätigen –,* und in meiner Zeit als Vorsitzender der CDU/CSU-Fraktion ist aufgefallen, dass ich das schlecht verbergen kann. *Ja, das weiß ich, dass mir das gelegentlich vorgehalten worden ist. Manchmal bin ich auch ungeduldig. Ich bemühe mich, mich zu bessern.*

Ich bin Anhänger des FC Bayern München. *Auch das ist wahr, allerdings, ich bin auch Anhänger des SC Freiburg. Und ich bin genügend Baden-Württemberger, um am Samstag nicht zu traurig gewesen zu sein, dass der VfB Stuttgart sich ein bisschen aus seiner Krise herausgelöst hat. Aber ich gebe zu, über die ganze Dauer gesehen, sind die Bayern meine Lieblingsmannschaft. Deswegen haben sie mich auch in letzter Zeit ein bisschen enttäuscht, aber das kann ja nur besser werden.*

Ich mache nicht, was meine Frau sagt. *Nicht immer, aber immer öfter.*

DIE FIESEN SIEBEN (2007)

Wer hat Ihrer Karriere massiver im Weg gestanden: Helmut Kohl oder Angela Merkel?
Weder noch.
Die Bundespräsidentensache 2004?
Mit Angela Merkel arbeite ich eng und vertrauensvoll zusammen. Über Kohl haben wir alles schon gesagt.
Ja, aber Sie …
Die Antwort lautet: »weder noch«.
Gut.

Hätte es 1998 auch einen Regierungswechsel gegeben, wenn Sie und nicht Helmut Kohl Kanzlerkandidat gewesen wären?
Meine Überzeugung war vor der Wahl und nach der Wahl, dass die Chancen, nach sechzehn Jahren erfolgreicher Regierungszeit eine Verlängerung dieser Regierungszeit unter der Führung der Union zu erreichen, gering gewesen sind. Deswegen glaube ich, dass das Wahlergebnis unabhängig vom Kanzlerkandidaten gewesen ist.

Welcher SPD-Politiker hat Ihr intellektuelles Format?
Das ist eine Frage, die kann man nicht beantworten, weil ich nicht zu denjenigen gehöre, die glauben, dass der andere grundsätzlich ein anderes intellektuelles Format hat. Jeder soll sich anstrengen.

Worum beneiden Sie Joschka Fischer?

Ich beneide ihn gar nicht, aber ich habe Respekt dafür, dass er, vor dem Hintergrund seines Lebenswegs, diesen Weg gegangen ist. Ich habe ihn einmal beneidet um die Disziplin, mit der er schlank und fit geworden ist. Was er sich so mühsam errungen hat, hat er dann wieder ein bisschen aufs Spiel gesetzt. Das ist eigentlich auch wieder schade.

Wie weit ist Ihre Frau politisch von Ihnen entfernt?

Meine Frau ist politisch sehr interessiert. Sie engagiert sich politisch im weitesten Sinne. Sie ist Vorsitzende der Welthungerhilfe. Und da macht sie nach Auffassung vieler Menschen, auch nach meiner Auffassung, eine hervorragende Arbeit. Sie engagiert sich ungeheuer. Sie weiß von vielen Problemen in der Welt und von vielen Teilen der Welt viel mehr als ich. Ich unterstütze sie bei ihrer Arbeit, sie unterstützt mich bei meiner Arbeit. Ich vermute, dass sie sich über Kritik an mir, wenn sie nicht berechtigt ist, mehr ärgert als ich, weil sie sich ja nicht wehren kann. Und deswegen denke ich manchmal: Hauptsache, meine Frau liest nicht so einen Unsinn, der gelegentlich in manchen Zeitungen geschrieben wird.

Sie sind schon 38 Jahre verheiratet. An dem Hochzeitstag oder kurz vorher, da befällt ja viele Menschen Angst, Frau wie Mann: »Soll ich das wirklich machen? Um Gottes willen, das ist für immer gemeint.« Erinnern Sie sich an den Tag, ob Sie da Furcht hatten?

Nein, ich habe mir so viel Mühe gegeben, meine Frau zu überreden, mich zu heiraten, dass ich richtig froh war, als es soweit war, und ich habe es noch nicht ein Mal bereut. Es ist, wie Sie sagen, schon lange her, in der Tat. Jetzt sind wir seit 38 Jahren verheiratet. Ich sage manchmal, im Spaß natürlich, dass ich vermutlich klüger bin als meine Frau, weil ich sie geheiratet habe und nicht sie mich.

Was werden Sie Ihrem Amtsvorgänger Otto Schily in der diesjährigen Weihnachtspostkarte wünschen?
Och, ich werde ihm ein gesegnetes Weihnachtsfest wünschen und dass ich hoffe, dass er glücklich ist mit seiner neuen Lebenssituation.

Woran merken Sie, dass die Bundeskanzlerin zwölf Jahre jünger ist als Sie?
Das ist unübersehbar.
Also einfach nur an der äußeren Schönheit?
Auch. Verstehen Sie …
Ich muss mir das eigenartig vorstellen: Sie sitzen im Kabinett, Sie haben die allermeiste Erfahrung von den Leuten, die da um den Tisch herum sitzen …
Ich meine, die Bundeskanzlerin hat ein solches Maß an Schaffenskraft, an Dynamik, an Energie. Wenn Sie sich nur all die Termine und die Verpflichtungen anschauen. Da hängt an jedem Regierungschef ungeheuer viel. Die Angela Merkel macht das mit einer physischen und psychischen Präsenz und Kraft. Das ist wirklich bewundernswert. Und daran merkt man auch, dass sie auf der Höhe ihrer Leistungsfähigkeit ist. Ich halte mich auch noch für ganz fit, weil Sie gefragt haben, woran ich merke, dass sie zwölf Jahre jünger ist. Ich weiß gar nicht … Wenn Sie mich gefragt hätten, wie viele Jahre jünger ist sie, ich hätte nicht spontan gleich zwölf Jahre gewusst, aber dass sie deutlich jünger ist, ist klar. Aber sie ist ja eine sehr erfahrene Politikerin, und sie macht das doch toll.

DIE FIESEN SIEBEN (2013)

Es gibt Leute, die attestieren Ihnen, dass Sie eine »Saugosch« haben, das heißt wohl, dass Sie spitzzüngig sein können.
Ich kann so und so sein.
Welchem politischen Kollegen würden Sie genau so eine Saugosch attestieren, wie Sie sie haben?
Saugosch ist ein schwäbischer Ausdruck, die Badener benutzen den gar nicht. Spontan würde ich mal sagen, die Claudia Roth hat auch so was an sich.
Und das heißt, dass man …
Auf schwäbisch, so eine freche Art hat.

Was ist das schönste Kompliment, das Ihnen die IWF-Chefin Christine Lagarde je gemacht hat?
Ach, das schönste Kompliment ist eigentlich, dass sie sagt: »Du bist wirklich ein guter Freund.« Mehr gibt es eigentlich auch nicht.
Ich habe Bilder gesehen, das fand ich regelrecht entzückend, wie sympathisch Sie miteinander umgehen. Sprechen Sie Französisch miteinander?
Nein, wir sprechen Englisch.
Ach, tatsächlich?
In Französisch habe ich keine Praxis. Ich verstehe Französisch, wenn ich ein paar Tage in Frankreich bin und dabei nur Französisch geredet wird. Wenn aber zwischendurch Englisch gesprochen wird, wenn es zwischen Englisch und

Französisch hin- und hergeht – dann kann ich gar nix mehr. Und sie ist fließend in Englisch, das ist überhaupt kein Problem. Wir reden Englisch. Sie war französische Finanzministerin, da haben wir schon eine enge Zusammenarbeit gehabt. Wir verstehen uns, sie ist eine große Dame. Sie hat vieles, was ich nicht habe. Ich hab ein bisschen politische Erfahrung und … ja … wir mögen uns. Das ist einfach schön.

Warum hat der FC Bayern München nicht gegen den SC Freiburg gewinnen können?
Weil die Freiburger stark sind. Na gut, ich hatte auch den Eindruck, Guardiola hatte das Supercup-Finale am Freitag im Blick gehabt, und er hat ja eine enge Beziehung zu Mourinho, dem Trainer von Chelsea. Die Freiburger konnten gut, nachdem die ersten zwei Spiele nicht so gut gelaufen sind, die Ermutigung brauchen, einen Punkt zu machen.

Welcher der Rücktritte dieses Merkel-Kabinetts hat Sie am traurigsten gestimmt?
Eigentlich jeder einzelne. Also gut, nicht der Wechsel von Rainer Brüderle in das Amt des Fraktionsvorsitzenden.
Franz-Josef Jung, Annette Schavan, Karl-Theodor zu Guttenberg …
Wissen Sie, wenn Sie Kollegen und Freunde, die ja auch Wegbegleiter sind, dann sehen … ich meine, Franz-Josef Jung ist nun ein besonders tragischer Fall gewesen. Der war gerade Arbeitsminister geworden und wäre auch ein guter Arbeitsminister gewesen. Ursula von der Leyen ist auch eine gute Arbeitsministerin, aber das war schon bitter. Und bei Karl-Theodor zu Guttenberg war es ja so ähnlich, ein junger Mann, der so viel Begeisterung ausgelöst hat, so viel

Hoffnung und der ja auch so viel Mut zu politischen Entscheidungen hatte. Und dann kommen da Dinge auf, bei denen man sich fragt, wie kann denn jetzt das sein.

Woran haben Sie, während der Zeit der Großen Koalition, bereits gemerkt, dass Peer Steinbrück nicht das Zeug zum Regierungschef hat?

In der Großen Koalition war er ein ordentlicher Finanzminister. Aber Regierungschefin war damals Angela Merkel, und ich war mir ganz sicher, dass sie besser ist als alle Sozialdemokraten. Das hat sich ja auch so herausgestellt.

Sie waren bis 2000 Vorsitzender der Bundestagsfraktion …

Das war wunderschön, aber natürlich auch ein sehr anstrengendes Amt. Dann hatte ich eine Krise. Nach dem Abgang von Helmut Kohl, das war etwas schwierig. Das hat mich dann mit betroffen, ich konnte auch nicht mehr Partei- und Fraktionsvorsitzender bleiben.

Haben Sie grad gesagt, das war etwas schwierig? Sie waren der Kronprinz von dem Mann! Dem Mann haben Sie gedient und gedient und gedient …

Das ist 13 Jahre her.

»Ein bisschen schwierig«! Sie geben zu, Herr Schäuble, dass es die Sache ein wenig banalisiert.

Das ist die alemannische Art, wir übertreiben die Dinge nicht so. Wir sind nicht so ausschmückend wie die Berliner. Aber die Brandenburger sind ja auch nicht so arg. Wenn man dann eine Mischung aus Berliner und Brandenburger nimmt, dann könnte man schon wieder daraus den Schwarzwälder, auf eine Art, konstruieren.

ILDIKÓ *Sie war und bleibt die Allererste.*
VON KÜRTHY *Das könnte ich ihr auch gern mehr*
(2005) *als einmal sagen. Hört sie gern. Vor allem*
dann, wenn sie gerade ihre fünf Minuten hat. Also die
Hamburger Alster-Schnatze gibt.
Das Königinnenhafte daran, als erster Gast die Sendung
»Thadeusz« mitbegründet zu haben, würde sie mögen. Dann
wird es aber auch gleich gefährlich. Denn diese Sendung
wurde am 5. Dezember 2005 im Fernsehen gezeigt. Ildikó
war damals noch längst nicht 40 Jahre alt. Die Arroganz der

Jugend zeigte sie auch im weiteren Verlauf des Gesprächs
unüberhörbar. Ab wann ein Mann alt sei, fragte ich. Mit
50, antwortete sie umgehend. So schnell kämen dann
auch heute die Fragen: »Aha, Dezember 2005, wie sah ich
aus? Bestimmt schlanker, oder? War meine Haut glatter?
Strahlten meine Augen heller, nun sag schon!«
So leicht könnte ich mich bei ihr mit der Erinnerung an sie
als Allererste auch in Gefahr bringen. Denn sie würde über
meinen Antworten kreisen wie ein Raubvogel.
Sie sah damals anders aus. Sie war noch nicht zweifache
Mutter. Wobei das nicht heißen soll, dass irgendwas, was ich
als Bruder im Geiste von ihr sehen darf, gelitten hätte.
Sie war zwangsläufig jünger, aber was heißt das schon.
Vor mir saß 2005 die Bestsellerautorin Ildikó von Kürthy.
Absolventin der Henri-Nannen-Journalistenschule in
Hamburg. Besser kann sich ein junger Mensch nach wie vor
in Deutschland kaum zum Schreiber ausbilden lassen. Dann
Brigitte-Redakteurin. Schließlich der Stern.
Einer Vertreterin des Rowohlt-Verlages gefällt der Ton, in
dem die junge Frau schreibt. Wie wäre es mit einem Buch,
fragt sie. Der Roman heißt »Mondscheintarif« und wird
ein bahnbrechender Erfolg. Über eine junge Frau, die in
der Verliebtheit zwar nicht Haltung, aber Humor bewahrt.
Ildikós Heldin Cora Hübsch ist eine spöttische, aber auch

zartfühlende Großstadtfrau, die so gut in die Ära der Ironie passt, dass es 2001 bereits den Film zum Buch gibt.

Im Netz befinden sich mittlerweile Studienarbeiten im Hauptseminar »Popkultur und Postmoderne II«, die sich mit dem Werk beschäftigen. Noch wichtiger: Ildikó hat von ihren acht Büchern mittlerweile sechs Millionen Exemplare verkauft. Es gibt Übersetzungen in insgesamt dreißig Sprachen. Aber nicht durch ihren Erfolg gibt sie unserer Premiere im rbb einen übermütigen Glanz. Sondern weil sie schlicht alles mitmacht, was uns in der damaligen Aufgeregtheit als zwangsläufig nötige Aktion erscheint.

Sie muss Schuhe anprobieren, und wir suchen ein Paar scheußliche weiße Stiefel für sie aus. Sie soll mit zwei Puppen eine Sexszene nachstellen, die ich ihr vorlese. Stattdessen reißt sie der Barbie den Kopf ab und steckt ihn auf den Weihnachtsbaum, den sie anschließend schmücken soll. Leider bin ich damals zu unaufmerksam, um zu fragen, was sie eigentlich gemacht hat, als sie merkte, dass ihr Buch ein spektakulärer Erfolg wird.

Hatte das Aachener Mädchen, das sie einst war, eine Vorstellung von einem Leben als Schriftstellerin? Journalisten, die über Ildikó geschrieben haben, bringen immer ihren Vater ins Spiel, wenn es um ihr Beobachtungstalent geht. Ein Professor für Pädagogik, der blind war und sich deswegen auch von seiner Tochter alles Mögliche beschreiben lassen musste. Zudem war Ildikós Mutter Bibliothekarin. Eine Verbindung zum Buch ist also wirklich nicht schwer herzustellen.

Immerhin erklärt sie in der Sendung, warum ihrer Meinung nach so viele Menschen lesen wollen, was sie schreibt:
»Ich bin so normal, dass es mich gewundert hätte, wenn das nichts wird.«

Wir sind zusammen zehn Jahre älter geworden und haben uns zum Glück nicht aus den Augen verloren. Sie hat mir Premieren zurückgeschenkt, denn am Erscheinungstag ihrer Bücher durfte ich daraus Ildikó-Anhängern vorlesen.

Mittlerweile hat auch meine Frau ihre trainierte Radiostimme schon für von-Kürthy-Texte eingesetzt.

Anders als Ildikó habe ich in den vergangenen Jahren Gewicht gewonnen und Haare verloren. Bei einer Lesungsreihe musste ich, in einer Frauenrolle, mit folgendem Ildikó-Satz den Abend eröffnen: »Ich trage figurformende Unterwäsche.« Da ich bei solchen Gelegenheiten auf der Bühne nichts hinzufügen kann, freue ich mich über diese günstige Gelegenheit zum Dementi: Daran ist überhaupt nichts wahr.

DIE FIESEN SIEBEN

Warum kannst du nicht mit Frauen befreundet sein, die längere Beine haben als du?
Es gibt keine Frauen, die längere Beine haben.

Wann hast du dich das letzte Mal älter als 37 Jahre gefühlt?
Heute Morgen.
Heute Morgen? 38, oder wie alt warst du?
(Nickt.)

Warum fühlst du dich von Angela Merkel nicht gut vertreten?
Nächste Frage, das ist mir zu kompliziert zu beantworten.

Für welche Summe würdest du einen Roman unter dem Pseudonym Hera Lind schreiben?
So viel Geld hat die Weltbank nicht zur Verfügung.

Warum hat Günter Grass einen Literaturnobelpreis und du nicht?
Das frage ich mich täglich. Keine Ahnung, ich hab keine Antwort.
Du strebst das natürlich an.
Klar.

Warum sind viele Frauen nicht lustig?

Ja, das stimmt. Das dauert jetzt auch zu lange, um das zu beantworten. Das stimmt leider. Sag du es mir!

**Ich beantworte hier leider keine Fragen. Du beantwortest
die Fragen.**

Weil sie sich, glaube ich, zu ernst nehmen.

Weil sich Frauen zu ernst nehmen. Ja, das glaube ich auch.

KARL MAX *Ich bin anfällig. So viel war vorher klar.*
EINHÄUPL **(2008)** *Tatsächlich gehöre ich zu den*
leichtgläubigen Tuten, die lange annahmen, man könnte
eine schöne Radtour nach Deekelsen machen, um mal den
»Landarzt« aus dem ZDF zu besuchen.
Mittlerweile weiß ich: Die Sendung wurde in Kappeln
gedreht, und selbst dort weiß keiner, wo denn dieses
Deekelsen sein soll. Gibt es nämlich nicht.
Wahrscheinlich sind auch die Leute des Flying Doctor
Service in Australien nicht halb so toll, wie ich sie in der
Fernsehserie fand. Als ich Gaby Dohm gegenübersaß,

hätte ich sie beinahe mit »Schwester Christa« angesprochen.

Obwohl sie das nachweislich hasst und – wenn schon –

auch mit Frau Brinkmann angeredet gehört. Nachdem sie

seinerzeit in der Schwarzwaldklinik Klaus-Jürgen Wussow

geheiratet hat.

Fest steht: Der medizinische Bereich fasziniert mich. Unter

handelnden medizinischen Personen erwarte ich großen

Charakter. Verschwenderische Menschenliebe und dem

Jammer des Gebrechens abgetrotzte Lebensklugheit.

Klischee, Klischee, Klischee, ruft der zum Nörgeln erzogene

Journalist in mir.

Karl Max Einhäupl, erwidert der Moderator einer

Gesprächssendung, der immerhin eine halbe Stunde zum

Kennenlernen mit dem Vorstandsvorsitzenden der Charité

hatte. Auf den die genannten Begriffe nun mal zutreffen.

Zu Komplimenten sagt er, was er wohl ausstoßen würde,

wenn er auf dem Rückweg vom Strand doch nicht den Tram-

pelpfad findet und im Gestrüpp landet. »Koryphäe –na, na,

na«, »bester Neurologe weit und breit, na ja, ach was«, und

so weiter.

Nach unserem Gespräch im Fernsehen traf ich aber immer

wieder Ärzte, die es sogar als Auszeichnung empfinden

würden, dürften sie nur auf Einhäupls Geburtstag Karaoke

singen. Die Wertschätzung ist riesig.

Während Fußballergesichter manchmal auf kompletten
Hochhausfronten beworben werden und für jeden Haar-
schnitt Beachtung erwarten, trägt Professor Einhäupl eine
Fliege und ein Lächeln.

Wir sitzen vor einem Hirnmodell. Er hat sich mit den
kleinsten Verästelungen dieses Organs beschäftigt. Mit dem
»Locked-in-Syndrom«, das den Patienten nur noch mit
den Wimpern schlagen lässt. Er ist ohne Honorar in kleine
Krankenhäuser gefahren, um die dortigen neurologischen
Fachkräfte zum Thema Schlaganfall auf den neuesten Stand
zu bringen. Für das neueste Forschungsergebnis war er als
Leiter der Neurologischen Klinik zuständig. Jetzt als »Chef«
der gesamten Charité muss er die Superlative dieser Einrich-
tung bewahren. Führend in der Wissenschaft, führend in der
angewandten Medizin, größte Uni-Klinik Europas.

Mir sind in der journalistischen Praxis auch schon Medi-
ziner begegnet, die mich behandelt haben wie eine deutlich
übergewichtige Schwesternschülerin.

Nicht dieser Professor Einhäupl. Offenbar unerschöpflich
geduldig und immer noch sanft spricht auch er von »dem
Klops«, als den ich das Hirn zwischendurch bezeichne. Er
zeigt, wo die Liebe sitzen könnte. Er lässt Geschenke für
alle versammelten Schlaumeier da. Wenn er etwa von der
»fronto-basalen Schleife« spricht, die eine Menge mit dem

Fühlen zu tun hat. Oder wenn er klarmacht, dass es für den alten Menschen nicht nur die gefürchtete Demenz, sondern eben auch die »gutartige Altersvergesslichkeit« gibt. Dann ist Opa zwar ein wenig komisch, aber nicht komplett auf dem Weg in den größtenteils dunklen Abgrund.

Es muss ungeheuer entspannend sein, in einem Fachgebiet mehr zu wissen als die meisten anderen. Professor Einhäupl bleibt in jedem Moment ganz locker. Schmettert meine Einschätzung, vom Schlaganfall seien doch nur »Raucher, Trinker, Fettesser« betroffen, ganz locker ab.

In unserem nächsten Gespräch werde ich ihn mit einer Serienidee in die Verunsicherung zu treiben versuchen. Es geht um einen kultiviert ergrauten Medizinprofessor, der von seiner Heimat München in das unwegsamere Berlin zieht. Aber auch dort nach kurzer Zeit als unverzichtbar geschätzt wird. Vorteil meiner Serie: Die Charité findet jeder Tourist auch auf dem Fahrrad.

DIE AKTE EINHÄUPL

Mein Name ist Karl Max Einhäupl. Ich bin 61 Jahre alt, glücklich verheiratet und Vater von drei wohlgeratenen Kindern. *Das ist alles zutreffend.* Mein Deutsch klingt sanft und gewinnend. *Na, das müssen Sie beurteilen.* Diesen Akzent verdanke ich meiner Münchener Heimat. Ich bin, nach mittlerweile 16 Jahren in Berlin, allerdings Vollpreuße. *Ja, das stimmt auch.* Von Beruf bin ich Arzt, und zwar – *das haben Sie jetzt geschrieben* – ein herausragender – *man selbst würde so was nie über sich sagen* –, denn ich leite die Charité, die größte Universitätsklinik Europas. Mein eigenes medizinisches Spezialgebiet ist die Neurologie.

WAS ZU MEINEN GUNSTEN VORLIEGT:

Was ich weiß, wissen nicht viele andere.

Ich bin eine Koryphäe – *na ja, auch das ist etwas, das Sie aufgeschrieben haben* –, wenn es um die Diagnose und Behandlung von Hirnerkrankungen geht.

Ich behalte mein Wissen nicht für mich, sondern gebe es verständlich und einleuchtend an junge Menschen weiter. *Ja, das stimmt. Die Vorlesungen und der Unterricht sind das Thema.*

Wer sich auf die Suche nach der Seele macht, kann mich nach dem Weg fragen.

WAS ZU MEINEN UNGUNSTEN VORLIEGT:

Weil ich mich mit vielen Verwaltungssachen ärgern muss, kommt meine medizinische Arbeit zu kurz.

Ich habe es bisher nicht geschafft, meiner Frau das Rauchen auszureden. *Oh wei, oh wei.*

Ich bin der Meinung, dass München die schönste Stadt Deutschlands ist, gebe das hier aber gewiss nicht zu. *Na ja, über den letzten Punkt müssen wir nachher vielleicht noch mal sprechen.*

DIE FIESEN SIEBEN

Haben Sie beispielsweise in den späten Sechzigerjahren, wo Sie zur Studentenbewegung gehört haben, Ihrem Gehirn durch die Einnahme eigenartiger Substanzen auf die Sprünge geholfen?

Ich habe das nicht getan.

Ganz kurze Zwischenfrage. Nicht, dass Sie sich nachher wundern, dass es mehr als sieben sind. Diese Aussage, Kiffen macht doof, die kann man auch medizinwissenschaftlich unterstützen.

Ich glaube, dass das mittlerweile als belegt gelten muss. Wenn man einmal kifft, wird man nicht gleich doof sein, aber wenn man kontinuierlich dabei ist, und das ist leider damals wie auch heute noch das Problem vieler Jugendlicher gewesen, dann verändert einem das leider die zerebrale und die Hirnleistung. Ich möchte nicht sagen, dass man doof wird, aber der Antrieb ist zum Beispiel weg. Und die Frage ist, ob das dann als irreversibel bleibt, auch dann, wenn man aufhört. Auch diese Frage scheint mittlerweile beantwortet zu sein in der Richtung, dass es zu bleibenden Schäden führt, auch dann, wenn man aufhört. Deshalb kann ich nur raten, den Jugendlichen, dass sie das, nach Möglichkeit, vermeiden sollten.

Wann verlieren Sie als Neurologe die Nerven?

Ach, ich verliere eigentlich ganz selten in medizinischen Situationen die Nerven, aber gelegentlich bringt mich das schon mal auf, wenn jemand ganz konsequent dummes Zeug redet und die Zeit verbraucht, dann werde ich manchmal ungeduldig. Wenn Sie das als »Nerven verlieren« bezeichnen, dann würde ich sagen, das ist eine Situation.

Wie lassen Sie einen Patienten spüren, dass er Ihnen unsympathisch ist?

Ich hoffe, dass er das überhaupt nicht spürt, aber ich bin auch sicher, dass ich das nicht immer ganz vermeiden kann. Das ist Professionalität. Man darf es den Patienten nicht spüren lassen. Man soll ihn das auch nicht zu sehr spüren lassen, wie sympathisch er einem ist. Auch hier muss ein Abstand gewahrt werden, weil man dann, glaube ich, als Therapeut und als Arzt einfach die bessere Performance macht für den Patienten.

Die Charité ist die größte Uniklinik Europas. Welches ist die schönste?

Auch die Charité.

Welches Phänomen hat die größte Chance, als Einhäupl-Syndrom in die Medizingeschichte einzugehen?

Ich glaube, dass ich in meinen Forscherjahren vor allem das Thema der Venenthrombosen des Gehirns zu einem starken Thema gemacht habe. Also, Sie haben ja nicht nur Arterien im Gehirn, die bei einem Schlaganfall involviert sind, sondern Sie haben ja auch eine große Zahl an Venen. **Kopfkrampfadern, eigentlich.**

Eine Kopfkrampfader, wenn Sie so wollen. Aber nicht mal Krampfadern, einfach ganz normale Venen, wie Sie sie überall haben. Ich habe damals, zusammen mit einer französischen Kollegin, Marie Germaine Bousser, das Thema Venenthrombosen zu einem internationalen Thema gemacht.

Also, das könnte dann sein, dass die Venenthrombose im Hirn Einhäupl-Thrombose heißt.
Ich habe es ja nicht als Erster beschrieben, sondern das ist lange vor mir beschrieben worden und in Arbeit gewesen – aber ich habe sicher dazu beigetragen, wenn ich das unbescheiden sagen darf, dass es zu einem Thema in der Neurologie wurde und dass man zu dieser Zeit, als das noch nicht so bekannt war, durch unserer beider Arbeit, dass man die Venenthrombosen … Also, man hat geglaubt, das sei eine ganz seltene Erkrankung, die immer ganz schwer und tödlich verläuft. Man hat auch keine Therapie gehabt. Man hat sich sogar gegen die heutige Standardtherapie gewandt. Da haben wir schon einen ganz guten Beitrag geleistet.

Wann haben Sie sich zuletzt den Satz: »Lassen Sie mich durch, ich bin Arzt« sagen hören?
Ich glaube, das ist mehr als fünfzehn Jahre her. Heute würde man das sicher auch viel weniger aufgeregt sagen und man würde sich den Weg ohne solche Worte bahnen. Ich glaube, ich kann mich noch erinnern, bei einem Unfallgeschehen, wo sehr viele Neugierige herumstanden und man keine Chance hatte, obwohl ein Polizeibeamter nach Ärzten gesucht hat, da habe ich das, glaube ich, mal gesagt.
Und im Flugzeug, da ist das auch nicht so häufig, dass durchgerufen wird: »Ist ein Arzt an Bord?«

Das wird sicher gelegentlich mal passieren, nicht so häufig, aber in der Regel sind dann mehr Ärzte an Bord als gebraucht werden. Man sollte sich dann eher bescheiden im Hintergrund halten, wenn man sieht, dass schon andere Ärzte zugange sind.

Zumal, das wünscht man dem Patienten auch nicht, dass dann gleich noch eine medizinische Kontroverse ausbricht, weil, das gibt es ja: drei Ärzte, vier Meinungen. Das ist Ihnen auch nicht fremd.

Das ist mir nicht fremd. Aber in solchen Situationen, glaube ich, dass Ärzte in aller Regel professionell genug sind, um das mit moderater Geduld zu machen und sich nicht gegenseitig noch den Rang abzulaufen, wer ist wichtiger.

PETER *Manche Politikerpersönlichkeiten sind nicht zu*
STRUCK *ersetzen. Der Blödmann und die Blödfrau*
(2007) *sprechen von politisch Handelnden nur in der*
Verallgemeinerung: die Politiker.

Wäre aber wirklich einer wie der andere, dann würde Peter
Struck nicht fehlen. Tut er aber.

Sagen wir es mal so deutlich, wie es zu seinem Mund-
werk gehörte: Der 19. Dezember 2012 war ein Scheißtag.

Peter Struck tot. Ein schlechter Tag für die deutsche Sozial-
demokratie. Für den Deutschen Bundestag. Für Volker
Kauder. Für viele Soldatinnen und Soldaten. Für Biker und
Pfeifenraucher.

Ich kann mir nicht vorstellen, wie dieser Tag für Brigitte
Struck gewesen sein muss. Der Tag, von dem an sie nach
fast fünf Jahrzehnten ohne ihren Peter sein muss. Sie soll
Gerhard Schröder angepampt haben, nachdem der Peter
Struck mit Rausschmiss gedroht hatte: »Wir brauchen dich
nicht. Für meinen Peter würde ich auch putzen gehen.«
Brigitte Struck ist auch Sozialdemokratin, war stellvertretende Bürgermeisterin Uelzens. Auch wenn sie nicht dabei
war, saß sie bei unserem Gespräch im März 2007 gewissermaßen mit am Tisch.

»Mach es nicht«, hat sie zu ihm gesagt, als Franz Müntefering und Gerhard Schröder ihn im Juli 2002 baten,
Verteidigungsminister zu werden. Peter Struck erzählte,
dass er nach der Bitte der beiden erst einmal aus dem Raum
gehen und seine Frau anrufen musste. Das stressige Amt,
seine angeschlagene Gesundheit, ein Krieg in Afghanistan,
seine Frau hatte gute Argumente. Doch Struck glaubte,
mindestens ein besseres zu haben: Die Bundestagswahl
2002 stand bevor. Die Umfragewerte für seine Partei waren
schlecht, oder – O-Ton Struck in der Sendung – »beschissen«.

Er rechnete also aus, er würde niemals länger als neun
Wochen Verteidigungsminister sein. Denn der kommende
Bundeskanzler würde Stoiber heißen und sein Amtsnach-
folger eben von CDU, CSU oder FDP bestimmt.

Schröder gewann, Rot-Grün blieb, und die Romanze nahm
ihren Anfang. Zwischen dem ungedienten Peter Struck und
den Männern und Frauen der Bundeswehr.

Die Soldaten lernten diesen Politiker schätzen, eben weil
er alles andere als ein »Schnacker« war. Struck entwickelte
sogar ein Gefühl für den Zapfenstreich, dieses preußi-
sche Militärzeremoniell mit Helmen, die im Fackelschein
schimmern.

Der Verteidigungsminister machte seinem arroganten
amerikanischen Amtskollegen Rumsfeld deutlich, dass
nicht nur im Klima der Supermacht Sturköpfe gedeihen.
Aber er ersparte den Deutschen auch nicht die Botschaft,
dass sie nicht eine »der besten Armeen der Welt« bezahlen,
weil man so was eben hat. »Das Einsatzgebiet der Bundeswehr ist die ganze Welt«, sagte er in unserem Gespräch. Mit
einem solchen Satz kann man die empörungswütige deutsche Öffentlichkeit heute noch gehörig aufbürsten. Allerdings
hat das eben kein Mann geplappert, der sich blind an Mili-
tärschlägen begeisterte. In seiner Amtzeit sind achtzehn
Angehörige der Bundeswehr im Einsatz gestorben. Struck

hat keinen Zweifel daran gelassen, dass ihn die Gespräche
mit den Angehörigen mehr verändert haben als alles, was er
vorher in der Politik erlebte. Als Sicherheitspolitiker konnte
er sich vor den Verbündeten allerdings nicht den Luxus
leisten, das weltvergessene pazifistische Mantra von politi-
schen Konkurrenten in Deutschland mitzumurmeln.
Es wäre allerdings kein Gespräch mit Peter Struck gewesen,
wenn wir uns nur im bitteren Großen und Ganzen aufge-
halten hätten.
»Wir wollen doch hier keine Personen durchhecheln«,
würde ein jüngerer Politiker sagen, um vor allem keinen
Fehler zu machen. Nicht so Peter Struck. Renate Künast sei
eine Freundin. Auch mit Joschka Fischer sei die Koalition
eine Liebesheirat gewesen. Beinahe prophetisch ist er, als
er die Talente der jüngeren Sozialdemokraten Olaf Scholz
und Sigmar Gabriel hervorhebt. Der eine hat für die SPD
Hamburg zurückerobert und der niedersächsische Lands-
mann Gabriel ist Chef der Partei.
Sein Verhältnis zur Bundeskanzlerin sei gar nicht so schlecht,
sagt er. Die »macht den Job ganz gut«. Was von Peter Struck
schon ein recht volltönendes Lob für eine Christdemokratin
war. Wahrscheinlich um die Parteifreunde zu erschrecken,
hatte er schon vor unserer Sendung angekündigt, er würde
gemeinsam mit Franz Müntefering die Initiative 70plus

gründen. *Also auch nach dem siebzigsten Geburtstag noch weiter Politik machen. Peter Struck schied schon 2009 aus dem Bundestag aus. Wo es Streit gab, war er oft mittendrin. In der Zweckehe mit der Union gab es zwar ab 2005 eine große Koalition. Aber längst keine Einigkeit. Da auch der SPD-Fraktionsvorsitzende Struck manchmal der Versuchung nicht widerstehen konnte, zum Beispiel der CSU eins aufs Dach zu geben.*

Am 19. Dezember 2012 gab es aber wohl eine sehr große Übereinstimmung im »politischen Berlin«: zu früh. Scheißtag.

DIE AKTE STRUCK

Mein Name ist Peter Struck. Ich bin im Januar 64 Jahre alt geworden. Als ich zwanzig Jahre alt war, habe ich meine Frau kennengelernt und mich in sie verliebt. Brigitte und ich sind seit mittlerweile 42 Jahren verheiratet, wir haben drei erwachsene Kinder. *Hier fehlt: und sechs Enkelkinder.* Mein Geld verdiene ich seit Jahrzehnten in der Politik. *Vieles können wir übergehen.* Seit 1980 bin ich für meine Partei, die SPD, Mitglied des Deutschen Bundestages. Ich war Mitglied des einflussreichen Haushaltsausschusses, parlamentarischer Geschäftsführer und bin heute Vorsitzender der SPD Bundestagsfraktion. Von 2002 bis 2005 war ich Verteidigungsminister, der auch »IBuK« heißt.

Mit meinem CDU-Kollegen Volker Kauder organisiere ich heute die parlamentarischen Mehrheiten, die die Große Koalition zum Regieren braucht. Ich darf mich Europameister (Fußball) nennen. *Das ist eine wichtige Passage.* Denn 1990 habe ich an der Seite von Topspielern – Theo Waigel, Norbert Blüm, Rudolf Seiters – diesen Titel mit der Bundestagsmannschaft gewonnen. Als passiver Fußballfreund bin ich Anhänger von Borussia Dortmund. Ich fahre mit nicht nachlassender Begeisterung Motorrad. Rauche immer noch gern Pfeife, auch wenn mein Arzt davon wenig begeistert ist. *Gut, das reicht.*

DIE FIESEN SIEBEN

Was ist Ihr Platz in der Geschichte?
Ich will keinen Platz in der Geschichte.

Wären Sie noch in der Berufspolitik, wenn Sie Multimillionär wären wie Ihr ehemaliger Amtskollege Donald Rumsfeld?
Politik liegt mir, weil ich wirklich meine politischen Ziele, auch die meiner Partei, durchsetzen will. Geld spielt keine Rolle.
Oh, das ist aber locker gesprochen.
Ja, ich verdiene so viel Geld, dass ich sagen kann: Davon kann ich leben, kann meine Frau leben, meine drei Kinder, meine sechs Enkelkinder. Das reicht dann auch.

Woran merken Sie, dass Sie drei Jahre jünger sind als Franz Müntefering?

Das merke ich eigentlich nicht. Der Münte, also Franz Müntefering, ist eigentlich genau so spritzig wie ich. Wir würden gerne noch Fußball spielen. Da merken wir schon, dass wir älter geworden sind. Wir haben ja zusammen auch in der Abgeordnetenmannschaft gespielt. Er hat früher den linken Läufer und ich Libero gespielt, aber das können wir heute beide nicht mehr.

Das ist wirklich wahr, dass Sie Fußball hauptsächlich mit Christdemokraten gespielt haben, mit Theo Waigel, Norbert Blüm?

Als ich kam, 1980, galt eine Regel in dieser Abgeordnetenmannschaft: Wenn ein SPD-Mann ausgewechselt werden muss, kann nur ein SPD-Mann wieder rein, damit proportional. Da hab ich gesagt, mit anderen zusammen: Das ist totaler Quatsch. Hier geht es nur nach Leistung. Was dazu geführt hat, dass erst mal kein FDP-Mann mehr mitspielen durfte, weil sie es nicht gebracht haben. Und Theo Waigel auch nicht mehr so oft mitspielen durfte. Also wir haben eine super, super Mannschaft gehabt, unabhängig jetzt von den Fraktionen. Eine sehr gute Kameradschaft.

Wann hat Angela Merkel Geburtstag?

Weiß ich nicht.

Das ist Ihre Bundeskanzlerin.

Ja, aber das weiß ich nicht. Wann hat sie denn Geburtstag?

Am 17. Juli.

Aber schenken Sie ihr gar nichts zum Geburtstag, Herr Struck? Wie kommt das denn?

Ich rufe sie an. Sie hat mich auch angerufen, als ich Geburtstag gehabt habe, das reicht.

Ist der Job als Radfahrerpräsident für Rudolf Scharping ein Auf- oder ein Abstieg?

Das ist, glaube ich, aus Rudolfs Sicht ein Aufstieg. Denn er ist unglaublich engagiert beim Bund der Radfahrer gewesen, auch selbst aktiver Rennradfahrer, sagen wir mal. Ich glaube, dass er an diesem Job Freude hat. Nebenbei hat er einen guten Job. Verdient sein Geld in einem Beratungsbüro. Ich habe ihn kürzlich getroffen. Ich glaube, er ist ganz zufrieden.

Sie haben zwei Herzinfarkte und einen Schlaganfall hinter sich, wie wir vorhin schon gehört haben. Matthias Platzeck hat wegen eines Hörsturzes den SPD-Vorsitz niedergelegt. Muss man sagen, dass die jüngeren Sozialdemokraten nicht mehr so hart sind, wie Sie das sind?

Ich glaube, bei mir war vieles sozusagen erbbedingt. Mein Vater hatte auch Herzinfarkte, ist an mehreren gestorben. Dagegen kann man sich nicht wehren, wenn man so etwas über die Gene mitkriegt.

Ja, aber die jüngeren Sozialdemokraten scheiden dann aus. Matthias Platzeck sagt: »Mach ich nicht mehr weiter. Möchte noch mein Leben leben.« Was man gut verstehen kann ….

… das kann ich bei ihm auch verstehen. Ich weiß auch nähere Hintergründe für seine Entscheidung. Das kann ich absolut nachvollziehen.

Wen würden Sie lieber auf Ihrem Motorrad als Sozius mitnehmen: Renate Künast oder Guido Westerwelle?
Lieber Künast.
Weil, alte Rot-Grüne-Koalition.
Ja, alte Freundschaft. Ist klar.
Freundschaft?
Hmm. Ja klar. Wir haben eine gute Freundschaft gehabt, wirklich ein gutes Verhältnis – mit Joschka Fischer übrigens auch. Das war so damals die Liebesheirat 1998 bis 2005. Die heutige Koalition ist wirklich eine Zweckehe.
Es gibt aber auch einen alten Kumpel von Ihnen, der heißt Helmut Kohl. Der redet auch gerne mit Ihnen und dessen Lieblingssozi sind Sie.
Ja, war ich mal, weil er mit mir auch einiges machen konnte. Auch aus der Oppositionsrolle heraus konnte ich einiges bei ihm durchsetzen. Er hat sich, glaube ich, geärgert, dass ich das Thema »Parteispendenaffäre Helmut Kohl« massiv im Bundestag vorangebracht habe. Aber heute würden der altersmüde Kohl und ich eigentlich auch …
Also Sie sehen sich gelegentlich und reden miteinander?
Ja.

CLAUDIA *Warum machen die das? Habe ich mich*
MICHELSEN *gefragt. Und: Wird er sich nicht*
(2008) *schlimm erschrecken, wenn er das sieht?*
Ich ging in Santa Monica, Kalifornien, dort entlang, wo
alle anderen Urlauber auch flanieren. Säuselige Stimmung,
Kalifornien eben. Bis ich das Deutsch sprechende Paar sah.
Beide trugen ein T-Shirt mit dem Konterfei des Schlagersän-
gers Christian Anders. Der wohnte in der Nähe. Würden sie
ihn besuchen? Oder schlimmer: auflauern, aus dem Gebüsch
springen und »Christian, wir lieben dich« rufen?

Am 1. Juli 2008 war ich dann keinen Deut besser. Womöglich hat sich mancher Zuschauer gefragt: Wie es ihr wohl damit geht? Ich saß Claudia Michelsen gegenüber und konnte nur schwer verbergen, dass ich ihr Fan bin. So was lässt sich journalistisch ein wenig wegkrempeln. Herausragende Schauspielerin. Wenn sie spielt, sehe ich sie nicht spielen. Sondern sie ist, wer sie in dieser Rolle sein soll. Selbst wenn sie einen holzschnittartigen Wasserschutzpolizistinnen-Charakter in einer ZDF-Vorabendserie verkörpern würde, könnte ich nicht wegschalten. Als junger Mann hätte ich auf der Party zu ihr rübergeguckt und wäre niemals hingegangen. Um mir dann wahrscheinlich ein »Was glotzt du so?« abzuholen. In der Sendung verberge ich die Anhängerschaft hinter einer gewissen Zickigkeit. Sie wirbt bei uns für einen Film, in dem sie eine vom Alltag ermattete Ehefrau spielt. Ein sehr junger Liebhaber bringt wieder Farbe ins Spiel. Ulrich Tukur als ihr Ehemann ist, wie könnte es bei Tukur anders sein, Extraklasse. Und Claudia Michelsen ist als Frau in der Lebensmittekrise so aufregend durcheinander, dass ich schon quasi das Scheibenwischwasser auffülle. Damit ich auf der langen Fahrt zum südländischen Ort des Geschehens klare Sicht habe. Als Befragte ist sie auf der Hut. Viel zu klug, als dass sie in dieser Fan-Falle von einem Fernsehstudio zu viel preisgeben würde.

Wir besprechen den Film in Details, als säßen wir in einem
filmwissenschaftlichen Seminar. Es ist dennoch sehr schön,
denn Claudia Michelsen ist an diesem Gespräch beteiligt.
Die Stimme ist so behaglich tief. Wie sie guckt, obwohl sie gar
nicht so gucken will. In den Spiegel guckt sie nur ganz selten,
behauptet sie. Wenn sie geduscht hat und die Feuchtigkeits-
creme auf dem Gesicht, dann fühle sich DAS schön an. Ob
sie dann besonders schön sei, bedenkt sie nicht und interes-
siert sie angeblich nicht genug. Sie hätte für so was gar keine
Zeit. Ich möchte mit ihr ihre Erinnerungen an die DDR
besprechen, aber eben nicht mit der »Na, Sie kommen ja
aus dem Osten«-Ansprache ins Haus fallen. Also reden wir
über die Gerüche der untergegangenen DDR, an die sie sich
erinnert. Linoleum und Schulessen. Aber vor allem, wie es
roch, wenn sich der Vorhang im Theater nach zwei Monaten
Spielpause zum ersten Mal wieder öffnete. Theaterkind eben.
Sie ist eine detailgenaue Beobachterin. Wahrscheinlich der
Grund, warum ihr ihre Rollen so präzise gelingen. Schwärmt
der Fan in mir.
Am Ende der Sendung geht es noch darum, ob es sich lohnt,
wegen eines Mannes den Verstand zu verlieren. Gewiss
kein Thema, das sich Claudia Michelsen kurz vor dem
»Auf Wiedersehen« ausgesucht hätte. Doch, es würde sich
unbedingt lohnen, sagt sie. Ein wenig den Verstand verlieren.

Dann grinst sie. Und ich denke mir, dass man ein solches Fan-T-Shirt ja vor allem für sich selbst trägt. Das müssen die anderen eigentlich gar nicht verstehen.

DIE AKTE MICHELSEN

Mein Name ist Claudia Michelsen, ich bin 39 Jahre alt und Mutter von zwei Töchtern. Meine Heimatstadt ist Dresden. Ich war eine erfolgreiche Theaterschauspielerin. Mittlerweile arbeite ich national wie international für Film und Fernsehen.

WAS ZU MEINEN GUNSTEN VORLIEGT:

Ich bin als Schauspielerin so gut, dass ich selbst schwächelnde Geschichten gut aussehen lassen kann. *Hab ich das gesagt? Nee!*
Ich habe einen weiten Horizont und weiß, dass die Welt nicht an Deutschlands Grenzen endet. *Hm, ja. Muss ich das jetzt kommentieren?*
Ich bin aus politischen Gründen Schauspielerin geworden, nicht weil ich unbedingt berühmt werden wollte. *Stimmt.*

WAS ZU MEINEN UNGUNSTEN VORLIEGT:

Ich kann mir keine Witze merken. *Absolut!*

Ich vernachlässige meinen heimatlichen Akzent und spreche anstatt Sächsisch ein geradezu klirrend-präzises Hochdeutsch. *Vernuschelt würde ich eher sagen.*

Ich finde es wichtig, dass sich Kinder gelegentlich langweilen. *Ja, das stimmt auf jeden Fall.*

DIE FIESEN SIEBEN

Warum würden Sie heutzutage niemals mit einem 20-jährigen Kiffer an irgendeinem Strand übernachten?
Habe ich das gesagt?
Ich frage Sie das. Sie können sagen »Oh doch, sehr bald. Mit einem 21-jährigen Kiffer.«
Nein, werde ich nicht. Aber ähm …
Warum würden Sie es denn nicht? Das ist die Frage.
Ich hab den tollsten Mann zu Hause. Brauch ja keinen anderen. Wozu?
Also übernachten Sie gelegentlich am Strand?
Nein, leider nicht. Auch, weil es mir zu sandig ist.

Sie werden in elf Jahren fünfzig Jahre alt, was wird dann an Ihnen noch schön sein?
Oh Gott! Ich hoffe, meine Ausstrahlung.
Das ist doch was.
Meine Füße.
Ihre Füße. Sind Ihre Füße so schön?
Sagt man mir.
Sagt wer?
Mein Mann.

Wann haben Sie im richtigen Leben den Satz das letzte Mal gesagt »Du musst lieb sein zu mir!«? Das ist aus »42plus« zitiert.

Gar nicht.

Haben Sie nie gesagt, du musst lieb sein zu mir?

Nee.

Wer ist aufregender: Ulrich Tukur oder Ralph Fiennes, mit dem Sie in »Der Vorleser« spielen? Also Ulrich Tukur ist in »42plus«, Herr Fiennes …

Das ist so gemein! Beide ganz aufregend!

Nein!

Auf ihre Weise doch!

Sie müssen das entscheiden!

Hm, mit Uli hab ich viel mehr Zeit verbracht, was ich jederzeit wieder machen würde.

Mit Herrn Fiennes würden Sie nie wieder so viel Zeit verbringen?

Mit Herrn Fiennes, nee, weiß ich nicht. Doch, mit dem war's auch ganz toll. Wunderbar. Mit dem würde ich auch …

Der hat so eine schöne Stimme, finde ich. Der spricht so schönes Englisch.

Der ist auch ganz normal und umgänglich und bescheiden … Das kann man nicht vergleichen.

Warum wird die Schönheit von Ostschauspielerinnen oft als »herb« beschrieben?

Stimmt das?

Hab ich total oft gelesen, »Barbara Auer – herbe Schönheit«.

Die ist aber aus dem Westen.

Ach so, ja.

Die kommt aus dem Westen. Also, wir haben sowohl aus dem Osten als auch aus dem Westen herbe Schönheiten.

Empfinden Sie sich als herbe Schönheit? Weil ich empfinde Sie eigentlich als sanfte Schönheit.

Ich empfinde mich gar nicht als Schönheit. Das ist … an den Punkt bin ich noch gar nicht gekommen, zu sagen »Ich empfinde mich als Schönheit«.

Sie empfinden sich als durchschnittlich attraktiv? Oder unterdurchschnittlich attraktiv?

Ich empfinde mich einfach als mich, als mich selber.

Dann erübrigt sich fast die nächste Frage: Zu welcher Zeit des Tages sind Sie denn am schönsten? Für den Fall, dass Ihnen mal einfällt »heute könnte ich ja mal schön sein«.

Ich guck so selten in Spiegel. Ich habe die Zeit gar nicht.

Sie können sich ja eventuell anfassen und denken, ach, das fühlt sich jetzt aber schön an!

Hm.

Jetzt, wo ich drei Wein drin hab, oder in der Badewanne.

Also, es fühlt sich immer gut an, wenn ich Gesichtscreme drauf hab. Also so frisch aus der Dusche, Gesichtscreme drauf, Zähne putzen. Fertig und los! So geht das bei mir. Ich hab ja keine Zeit.

Wegen der Kinder?

Ja.

Sie haben mit 19 schon Ophelia gespielt, die Angebetete Hamlets, die aus unglücklicher Liebe wahnsinnig wird.

Seit wann wissen Sie, dass es sich nicht lohnt, nur wegen einem Mann den Verstand zu verlieren?

Puh!

Möchten Sie Ziffern auf einen Zettel malen?

Ja, genau. Ich hab hier … seit wann weiß ich, dass es sich nicht lohnt, den Verstand eines Mannes wegen zu verlieren?

Die Frage ist natürlich total privat, eigentlich.

Das weiß ich …

Lohnt es sich denn, zwischenzeitlich für einen Mann den Verstand zu verlieren?

Ja!!!

Total? Nur noch Sinne?

Ja, absolut.

Okay gut, also rumheulen?

Ist doch ganz wichtig.

Nachts anrufen …

Nein, ich meine das ja positiv. Wenn man eines Mannes wegen den Verstand verliert …

Ja, was stellen Sie sich denn darunter vor?

Und auch die Vernunft verliert und einfach sagt, ich bin jetzt einfach nur woanders … das ist doch toll! Das ist doch super. Oder etwa nicht? Wenn man den Verstand verliert, und man macht dann dumme Dinge, und einem geht's dann total schlecht … Das wäre natürlich furchtbar.

JÜRGEN *Manchmal bin ich mir peinlich.*
VON DER LIPPE *Noch während die Sendung läuft.*
(2007/2013) *Immer dann, wenn ich ganz brav sein möchte. Wenn ich glaube, ich müsste mich unbedingt an das halten, was für »korrekt« gehalten wird.*

So geschieht es, als mein Gast den Beruf seines Vaters als »wundervoll« beschreibt. Der Papa von Hans-Jürgen Dohrenkamp war Barkeeper in einer Aachener Stripteasebar. So ginge es aber nicht, werde ich zur Gouvernante. Man könne doch gar nicht wissen, welches schlimme Elend diese

Frauen in die Nackttanzerei getrieben habe. Daran sei nichts wundervoll.

Tatsächlich habe ich einmal eine Ex-Stripperin kennengelernt. Die mochte den Job durchaus. Fand dann aber, wie sie es ausdrückte, »ihren Weg zu Gott«. Der sie offenbar woanders nötiger brauchte als im Tanga an einer Stange. Da sich im Verlauf eines Striptease eine allermeist schöne Frau auszieht, finde ich diese Kunst interessanter als beispielsweise das Werk eines schweißenden Bildhauers. Der in seinen zusammengetackerten T-Trägern den Urknall erkennen will und sich in sämiger Wichtigtuerei selbst deutet.

Frauen sollen sich nicht aus kommerziellen Gründen ausziehen. Das reduziert. Haben mir WDR-Redakteure in den frühen Neunzigern eingeschärft. Als der Begriff »politische Korrektheit« noch nicht erfunden war, aber bereits praktiziert wurde.

»Ich verkaufe aber doch auch meinen Körper«, sagt mein Gast, mittlerweile ganz Jürgen von der Lippe. Nicht mehr der Hans-Jürgen, zu dem ihn seine Eltern tauften.

»Aber es ist doch noch nicht vorgekommen, dass Ihnen jemand Geldscheine ins Höschen steckt«, wende ich ein.

»Das hat noch nie jemand probiert. Ich hätte ihn jedenfalls nicht daran gehindert«, lautet die Antwort.

Vom förmlichen »Sie« hat er mich mittlerweile befreit. War
für mich ein »Du« mit Geschenkschleife.
Schließlich gehörte er schon zum Bekanntenkreis, als er nur
auf dem Bildschirm zu Besuch kam. Mit einem Bart, wie
ihn mein freundlichster Sportlehrer trug. Aber gewandter,
listiger, mitreißender als mein Sportlehrer. Einmal durfte ich
dabei sein, als Jürgen von der Lippe ein kleines Publikum
auf die Aufzeichnung seiner charmanten WDR-Show »Was
liest du« vorbereitete. Die Zuschauer waren gekommen, um
sich zu unterhalten, und Jürgen von der Lippe würde diese
Erwartung übererfüllen. Mit einer ganz speziellen von-
der-Lippe-Würde. Mit Blödeln, Feixen und Kalauern. Aber
eben auch mit Geschmack und einem sehr trainierten Gefühl
für Timing. Hin und wieder mit einer »nur« saftig erzählten
Geschichte. Eben nicht wie einer der Comedians, die mir
Sehnsucht nach einem bitterernsten Spielfilm machen. Wenn
sie versuchen, ein Magazin von Pointen in ihre Zuhörer
zu pumpen. Bei »Donnerlippchen« haben in den späten
80er-Jahren manchmal 18 Millionen Fernsehzuschauer
Jürgen von der Lippe ganz für sich allein gehabt.
Ein Mann mit so einnehmend offensichtlichen Schwä-
chen. »Hast du mein Essen aufgefressen? Mensch, ich mach'
doch ›Schlank im Schlaf‹«, raunzt er mich einmal an.
Nachdem ich mich am Rande einer Fernsehsache tatsäch-

lich über einen Teller mit bedrückend drögen Kleinigkeiten hergemacht hatte. Wie andere große Entertainer, vor allem die englischen und amerikanischen, kann Jürgen von der Lippe gar nicht genug über die Welt wissen. Wissenschaftliche Studien, Zitate aus großer Literatur, merkwürdige Tiere und ein Gewürz, das fast keiner kennt. Jürgen von der Lippe interessiert alles, damit er mindestens zweimal Spaß damit haben kann. Zuerst, wenn es seine Neugier anspricht. Dann, wenn er sein Publikum damit kitzeln kann.

Sein Vater hat den jungen Hans-Jürgen vor einem »Nachtberuf« bewahren wollen. Es kam dann zwischenzeitlich noch schlimmer. In seiner Sendung »So isses« trat eine passioniert handarbeitende Hausfrau gegen den amtierenden Strick-Weltmeister an. Allein diese Versuchsanordnung weckt bei Jürgen von der Lippe in der Erinnerung das größtmögliche Entzücken. Dann reichte ihr die Zeit aber nur für eine sehr knappe Woll-Unterhose mit einem Sendungslogo. Selbstverständlich zeigte er sich sofort in dem unvorteilhaften Kleidungsstück. Ohne dass eine einzige Geldnote den Weg in den Saum gefunden hätte. Wie denn auch? In einem letztlich unbezahlbaren Fernsehmoment.

DIE AKTE VON DER LIPPE

Mein Name ist Jürgen von der Lippe, ich bin 58 Jahre alt. Und wenn jetzt eine Frau zuguckt, die mit mir spazieren ging, als ich 16 war, wird sie ausrufen: »Das ist doch der Hans-Jürgen!« Ich hieß nämlich früher mal Hans-Jürgen Dohrenkamp. *Wenn sie mich erkennt, wird sie das ausrufen.* In der Hans-Jürgen-Zeit habe ich mit meinen Eltern in Aachen gelebt. Dort ging ich zur Schule, war Messdiener und wollte zu Gymnasiums-Zeiten auch mal Priester werden. *Eine kurze Zeitspanne lang. Dieses Schicksal teile ich ja zumindest mit den Kollegen Gottschalk und Jauch.* Stattdessen ging ich zum Studieren nach Berlin. *Das hab ich aber erst nach der Zwischenprüfung gemacht, ich hab schon in Aachen angefangen.* Und machte zu meinem Beruf, was man an keiner Universität studieren kann: Ich wurde Unterhalter. Ich habe Drehbücher für Filme geschrieben. *Na gut, für den eigenen.* Und auch in Spielfilmen mitgespielt. *Außer in meinem in noch einem anderen.* Ich habe gesungen und tue es noch. Als die »Gebrüder Blattschuss« gegründet wurden, gehörte ich dazu und habe auch von den »Langen Kreuzberger Nächten« gesungen. Auch wenn ich dieses Lied genauso wenig mochte wie die anderen Jungs aus der Band. Mein musikalischer Hit war »Guten Morgen, liebe Sorgen«. Seit 1980 moderiere ich die Fernsehsendungen »Wat is?« oder »Geld oder Liebe«, die jeder Zuschauer schon einmal gesehen hat. *Ich denke dann eher als an »Wat is?« an »Donnerlippchen«, das war mit etwa 18*

Millionen Zuschauern die erfolgreichste ARD-Sendung des Jahres 1988, ich sag's nur. Auf ProSieben hat meine Show einen englischen Titel, das ist die »Extreme Activity Show«. *Nein, das heißt nur »Extreme Activity«, wie auch das Gesellschaftsspiel. Von dem es jetzt auch eine Extreme Version gibt. Activity gibt es ja schon immer, und jetzt bietet es sich ja an … na ja.* Und dann ist da ja auch noch die Bühne. Ich trat 50-mal, *na, eher 120-mal,* mit meinem Soloprogramm auf. *Dieser Satz »Und dann ist ja da auch noch die Bühne« ist ein bisschen missverständlich. Am Anfang war die Bühne und alles andere war Hobby. Die Bühne ist mein eigentlicher Beruf. Es beginnt übrigens gerade am 3. Februar der Vorverkauf für nächstes Jahr Berlin.*

Also, die Bühne ist jetzt die Hauptsache, das werde ich auch in zwanzig Jahren noch machen. *Das kann man ja jetzt so nicht sagen. Das können jetzt dreißig sein oder nur zehn.* Das ist mein Leben. *Das ist richtig. Und wenn das beendet ist, werde ich auch aufhören.*

DIE FIESEN SIEBEN (2007)

Warum sind Sie nicht, Herr von der Lippe, für die Nachfolge von Sabine Christiansen im Gespräch?
Ja, das ist auch eine gute Frage. Ich weiß es nicht, das müssen Sie die ARD fragen.
Das wäre doch mal interessant, oder?
Nicht wirklich. … Ja, doch es wäre interessant.
Zutrauen würden Sie es sich schon?!
Ja, es würde mich aber, glaube ich, auch nicht interessieren,

weil die Jungs und Mädels da in der Sendung, die spielen auch nur Theater.

Die Politiker. Die tun auch so als ob?

Ja, alles eitel Sonnenschein, on air tun sie dann so, als ob sie sich spinnefeind wären.

Inwiefern sind Sie als notorischer Westberliner ein Bremsklotz für die innere Einheit Deutschlands?

Äh, das bin ich überhaupt nicht. Weder bin ich ein notorischer Westberliner noch ein Bremsklotz, denn die sogenannten Neuen Länder – was ein ziemlich dummer Name ist – gehören seit der Wende genauso zu meinem Einzugsbereich wie alle anderen auch. Ich bin sogar ganz besonders gerne da, weil Hotellerie und Gastronomie in so einer Art und Weise Aufschwung genommen haben, dass es jetzt ein bisschen viel ist vom Angebot, und da wird jetzt um jeden Gast gekämpft. Das ist für den Fahrensmann eine sehr schöne Geschichte.

Warum halten nur Sie und andere Lehramtsstudenten aus den 70er-Jahren an ihrem Vollbart fest?

Das stimmt doch gar nicht. Kurt Beck …

Kurt Beck, das ist ja jetzt ein Schönheitsideal.

Kurt Beck, Wolf Biermann … wer fällt mir denn noch ein? Mario Adorf, ist das vielleicht ein Lehrer?

Aber wieso?

Bud Spencer …

Hatten Sie schon mal ab den Bart?

Ich habe zwei Experimente gemacht in meinem Leben. Ich habe mir immer einen Bart gewünscht. Als ich von der Bundeswehr wegkam, durfte ich ihn das erste Mal behalten.

Dann hab ich die Popelbremse weggenommen, das unten stehen lassen, dann sah ich aus wie der Minister, wie hieß der SPD-Minister? Das sieht ganz schrecklich aus.

Welcher Minister?

Von früher. Der ist jetzt, glaube ich, irgendwie im Europa-Parlament. Ich komm nicht drauf. Ja, und dann habe ich das weggenommen und nur den Bart stehen lassen. Sah auch schlimm aus.

Hat Ihnen nicht gefallen?

Nein.

Was war an Margarethe Schreinemakers, Ihrer Exfrau, das Schönste, als Sie sie kennenlernten?

Das ist keine Frage, die in eine solche journalistische Sendung gehört.

Aber es war schon was schön an ihr?

Absolut.

Was unterscheidet eine Schote, die Jürgen von der Lippe erzählt, von einem Schlüpferscherz, erzählt von einem 30 Jahre jüngeren Comedian?

Das Können.

Technik?

Technik.

Können Sie sich Chancen auf eine ARD-Gala zu Ihrem 70. Geburtstag ausrechnen?

Ich lege keinen großen Wert drauf.

Nein? Wirklich nicht?

Nein, weil ich auf solche Galas überhaupt keinen Wert lege. Das hat jetzt nichts … das sollte jetzt keine Spitze in Richtung ARD sein, eher ein Unbehagen an solchen Veranstaltungen. Ich feiere auch nicht. Ich mag das nicht. Das liegt wahrscheinlich auch daran, dass mein Leben weitestgehend terminlich verplant ist. Und so was wie ein Geburtstag, ich sehe mich immer auf der Bühne stehen. Das habe ich auch schon zu meinem 60sten gemacht, da habe ich schon für gesorgt.

Nennen Sie drei Marotten, die ein Zusammenleben mit Ihnen in einer Wohnung für Ihre Frau unmöglich machen!
Mein grundsätzlicher Unwille, mit einer Frau in einer Wohnung zu leben – das ist aber keine Marotte, das ist einfach ein Erfahrungswert, ich bin launisch, ich bin unordentlich … reicht das jetzt?
Ja, das waren schon drei. Unwille, Unordentlichkeit, Launenhaftigkeit.

DIE FIESEN SIEBEN (2013)

Welche Frau ist lustiger als du?
Meine Frau kann erstaunlich witzige Dinge. Also ein Beispiel: Wir dichten auch zusammen, so Gedichte, wenn wir Wassergymnastik machen im Sommer – wir sind ja beide etwas ältere Menschen. Und so eine Stunde im Pool mit der Nudel, die kennst du?!
Ja, dieses Ding.
Die Nudel. Man macht damit ja verschiedene Ertüchtigungen, und das ist stinklangweilig. Und da machen wir Wort-

spiele, Mnemotechniken auch, und wir dichten. Sie besucht so eine Mnemotechnikgruppe bei sich in Kladow, und sie sagte: »Ich war bei der Mnemotechnik und habe da meinen Schirm vergessen.« Da sage ich: »Das hat ja toll genützt.« Sie sagt: »Ja, wenn ich diese Mnemotechnik nicht machen würde, dann hätte ich nicht gewusst, wo ich den Schirm vergessen hätte.«

Und das heißt Memotechnik.

Mnemotechnik.

Mnemo…

Hmm.

Worum beneidest du schöne Männer? Wenn man jetzt so jemanden wie George Clooney nimmt. Oder Matthias Schweighöfer. Es gibt in Deutschland viele schöne Männer. Ralf Bauer wird immer als schöner Mann genannt.

Also wenn ich überhaupt – Neid ist mir ja eigentlich fern. Aber wenn, beneide ich sie eher um ihren Körper.

Ich finde das ja auch toll. Ich habe einmal gesehen, wie Brad Pitt in so einem Film – da spielt er zusammen mit Robert Redford, er spielt so einen jungen Agenten, und er lehnt sich so vor, als er morgens notdürftig Katzenwäsche macht an so einem Becken, und ich denk so: »Boah, sieht der Typ von hinten super aus.« Aber was hätten wir jetzt davon, wenn wir so wären? Würdest du dir häufiger über dein Sixpack fassen?

Wir hätten davon, dass zwei ältere Moderatoren in irgendeinem Sender sich über uns unterhalten und sagen: »Boah, sieht der Thadeusz von hinten geil aus.«

Was hilft dem Sex im Alter mehr: Viagra oder Humor?

Viagra habe ich noch nicht ausprobiert, weil die Nebenwirkungen – also Viagra kann ja Sehstörungen verursachen. Dann gibt es ein anderes Mittel, was anders funktioniert, und das kann zu Schwerhörigkeit führen, weil es im Ohr Schwellkörper gibt, die darauf auch reagieren. Das heißt, wenn du eine Partnerin hast, die hässlich ist und nur Unsinn erzählt, dann solltest du beide Medikamente kombinieren.

Du hast ja einmal im Rang eines Leutnants der Bundeswehr gedient. Zu welcher militärischen Fertigkeit bist du noch in der Lage?

Ich glaube nicht, dass ich da so in der Formalausbildung …

Lernt man da nicht, sein Hemd auf eine ganz bestimmte Art zu bügeln?

Ja, ja, das hab ich natürlich gelernt. Aber das hat auch dazu geführt, dass ich seitdem nie mehr gebügelt hab, weil ich es absolut abscheulich finde. Also bügeln ist keine – ich mach sehr gerne Haushalt, ich putz auch die Küche, aber bügeln finde ich absolut doof. Ich bügle gar nichts.

Aber könntest du noch eine Waffe reinigen? Weil, das lernt man da doch, glaube ich, auch.

Auseinandernehmen nicht mehr. Nö, ich weiß auch gar nicht, ob es dasselbe Gewehr, ob es immer noch das G3 ist. Keine Ahnung. Es war jetzt auch nichts, was ich auf irgendeine Weise genossen habe.

Wer, Jürgen, ist dein würdiger Nachfolger?

Auf welchem Sektor?

Unterhaltungskünstler, Entertainer, Samstagabendunterhalter.

Nein, das gibt es ja nicht. Dieses Glück, das ich hatte, mich in eine Reihe stellen zu dürfen mit den Leuten, die ihre Sendungen selbst erfunden haben – Frankenfeld, Rosenthal, Gottschalk –, das gibt es heute nicht mehr. Der letzte »Titan«, der am Samstagabend – um eine Formulierung von Carrell zu nehmen – machen kann, was er will, ist Stefan Raab. Und wenn Stefan aufhört, dann wird es diese Leute nicht mehr geben, weil Fernsehen heute anders aussieht. Du hast einen Moderator oder eine Moderatorin, die sicher sehr gut sind, aber die kriegen gesagt, was sie machen sollen. Es gibt keinen Sender mehr, weder privat noch öffentlich-rechtlich, der seinem Protagonisten, wenn er denn solche Ambitionen hat, sagt: »Nun mach doch mal!« Diese Worte habe ich noch gehört von meinem Unterhaltungschef: »Jetzt lassen Sie sich mal was einfallen.« Als ich mit »Donnerlippchen« aufgehört habe. Und dann bin ich mit meinem Kumpel in Klausur gegangen, und da kam dann »Geld oder Liebe« raus.

Gleich der nächste Erfolg.

Das war der nächste. Du weißt das, das gibt es nicht mehr. Die sitzen heute und tagen an Tischen, zwanzig Leute, in der Hoffnung, dass dabei was rauskommt. Das geht natürlich nicht. Unterhalten am Reißbrett funktioniert nicht. Ich glaube, du brauchst wirklich – irgendjemand wird sich vielleicht mal wieder umbesinnen –, du brauchst diesen Genieblitz.

Du hast das vorhin behauptet, es sei Glück. Es ist nicht Glück, dass man sich dort hinsetzt und sich denkt: Diesen Jürgen von der Lippe, irgendwie kenne ich den und

irgendwie mag ich den und irgendwie ist das einer von uns, der gehört zu uns dazu. Der kann halt nur Sachen, die er auf der Bühne macht – aber du überbrückst ja immer die Distanz so leicht, ohne den Eindruck zu erwecken distanzlos zu sein, also ranschmeißerisch zu sein. Und das ist doch kein Glück, das ist ein Können.

Ja, aber dass man diese Gabe hat, ist doch ein Glück. Also ich denke mal – ob das ein Musiker oder ein Maler oder ein Architekt oder ein Mathematiker ist –, die haben doch eine Gabe. Und deswegen muss ich nicht gläubig sein, um das als Glück zu bezeichnen. Wenn du etwas hast, was andere Menschen nicht haben, und du das auch noch gerne machst – es gibt ja Leute, die haben eine Gabe, machen das aber nicht gerne. Wenn das alles zusammenkommt und dann ernährt es dich und deine Lieben noch: Das ist schon Glück.

In welchen Momenten würde dein Vater am deutlichsten merken, dass du sein Sohn bist? Heute.

Och, ich krieg noch einen guten Cocktail zusammengemixt. Mein Vater war damals Barkeeper in einem Nachtlokal. Das war das beste Stripteaselokal Aachens. Weit über die Grenze Aachens hinaus bekannt, denn es war auch ein Schmugglertreff. Aachen im Dreiländereck: Deutschland, Niederlande, Belgien. Und das war so die Zeit mit Zigarette und Kaffee und Gedöns. Die kamen da alle hin. Und auch alle Spitzenreiter. Liegt ganz nah an der Soers, wie auch am Fußballstadion am alten Tivoli. Was ich mit großer Wehmut sage. Denn seit dem Bau des neuen Stadions ist es ja geradewegs den Bach runtergegangen mit der Alemannia Aachen.

Was ist an dir bestimmt noch keine sechseinhalb Jahrzehnte alt?

Es gibt ein paar Kronen, die sind jünger. Aber das ist auch das Einzige.

Aber gibt es Sachen, wo du dir sagst: »Oh, das ist aber sehr jung geblieben an mir«?

Also, Maskenbildner sagen immer: »Sie haben aber eine junge Haut.«

FRANK SCHÖBEL (2010) *1968 sangen und tanzten sich Chris Doerk und Frank Schöbel durch den Film »Heißer Sommer«, ein Musical mit frechen Frauen und verliebten Jungs. Auch heute noch kann man sich den Film prima anschauen, der einen Hauch 68er-Feeling durch die damals noch junge DDR wehen ließ. »Ich hab gesungen wie ein frischer Naturbursche«, sagt Schöbel vierzig Jahre später in der Sendung, und man spürt tatsächlich noch einiges von diesem jungenhaften Charme. Schöbel und seine damalige Frau Chris Doerk waren das Schlagertraumpaar der DDR. Sein Hit »Wie ein Stern in einer Sommernacht« wurde 1971*

eine Art Hymne. Amiga verkaufte 400 000 Platten davon.

Dazu kamen 150 000 Singles im Westen. Der Norddeutsche

Rundfunk lud Schöbel ein – als erster Schlagersänger des

Ostens trat er 1972 im Westen auf, in der Sendung »Musik

aus Studio B«.

Frank Schöbel ist jahrzehntelang DER Schlagerstar der

DDR – was sich im Sozialismus allerdings nicht in Geld

ausdrückt: »An den Plattenverkäufen war ich nicht beteiligt.

Pro Lied hab ich anfangs 100 Mark Gage bekommen, später

dann 400. Einerlei, wie oft die Platte verkauft wurde.«

Das erzählt Schöbel alles ohne Bitterkeit oder Trauer um

verpassten Reichtum. Denn das schöne Gefühl, ein Publikum

begeistern zu können, habe er ja trotzdem gehabt: »Mir war

es immer wichtiger, mit Leuten gut auszukommen. Sicher-

lich, ich wollte bekannt sein. Aber vor allem wollte ich mit

dem Publikum gut auskommen, das war meine Gage.«

Mit dieser Sicht auf seine Profession hat er es geschafft, auch

nach der Wende im Geschäft zu bleiben und die Hallen zu

füllen. Nach dem Gespräch bleibt der sehr sympathische

Eindruck: Frank Schöbel will vor allem gut unterhalten.

Nicht weniger und auch nicht mehr.

DIE AKTE SCHÖBEL

Mein Name ist Frank Schöbel – »*der hat ein Lied für mich geschrieben, der hat schöne Möbel*«, *würde man weitersingen, aber das steht hier nicht.* Ich bin 67 Jahre alt, geschieden und Vater von drei erwachsenen Kindern. Mein Geburtsort ist Leipzig. Mein heutiges Zuhause ist Berlin. Eigentlich war ziemlich früh klar, dass mein Leben der Musik gehören würde. Als Siebenjähriger habe ich im Thomanerchor gesungen – *das allerdings wollte mehr meine Mutter, nicht ich –* immer unterstützt von meiner – *ach, hier steht's auch –* von meiner Mutter, die als Opernsängerin ebenfalls Profimusikerin war. *Ich sage immer, dass sie nicht nur Opernsängerin war, ich sage immer »richtige Sängerin«.* Über 500 Musiktitel hab ich gesungen, davon rund 270 komponiert – *das könnten jetzt auch 280 sein, ich bin gerade dabei, Weihnachten zu machen, und da sind bestimmt wieder …. etliche Lieder zusammengekommen –,* 4 Hauptrollen in Spielfilmen und 29 Langspielplatten – in der DDR gab es kaum einen gefragteren Unterhaltungskünstler als mich. *Das steht hier, ich lese das nur vor –*

WAS ZU MEINEN GUNSTEN VORLIEGT:

Mein Hit »Wie ein Stern« im Jahre 1971 war ein gesamtdeutscher Erfolg, über 400 000 verkaufte Singles im Osten und mehr als 150 im Westen … *150 000, richtig. Wobei* man das im Osten nie wusste, wie viele verkauft wurden, das wurde nie gesagt. Also die Sänger im Osten waren nicht beteiligt an der Platte. An der Westkohle war der Komponist beteiligt. Ich nicht.

Ich bin für das Gelingen des Weihnachtsfestes mindestens genauso wichtig wie der Weihnachtsmann. *Ich sage immer, ich bin der mitteldeutsche Weihnachtsmann.*

Über 1,4 Millionen Mal, *nee, es sind 1,7 Millionen Mal,* ist meine Platte »Weihnachten in Familie« verkauft worden. *Ich muss sagen, das ist unsere Platte, denn da gehören ja noch Aurora Lacasa und die beiden Kinder dazu.*

Ich bin für Fußballerfolg mitverantwortlich – *Wieso?* –, denn ich sitze in folgenden Vereinen im Vorstand: 1. FC Union Berlin – *hä? Nee. Das müssen wir streichen. Ich wäre beinahe Präsident geworden, denn es waren alle ratlos, und mich kannten einige Leute. Der wird das schon irgendwie machen, dachten die. Aber da muss man ja sehr viel Geld haben, das man übrig hat und da reinpumpen möchte. Aber ich bin Anhänger, und ich war auch bei »Bluten für Union« mit dabei, bei einigen Aufstiegsfesten, die es da gab. Mitgesungen und so, na das ist ja klar.*

WAS ZU MEINEN UNGUNSTEN VORLIEGT:

Ich habe in den vergangenen vier Jahrzehnten häufiger schlimme Sachen auf der Bühne getragen – *schlimme Sachen? Aber mit vollem Einsatz habe ich das gemacht.*

Ich konnte meinen Charme mitunter nicht bändigen, meine Exfrau Chris Doerk hat anfangs geglaubt, ich habe ein Augenleiden, so oft habe ich ihr zugezwinkert. *Das hat sie immer gerne gesagt, das stimmt.*

Wenn es darum geht, im Westen zu singen, hege ich eine gewisse Bockigkeit. *Ach nee, das würde ich so nicht sagen. Also wir waren nur einmal im Westen, als unsere Chefin den Karlspreis bekommen hat, das war alles. Na ja, die Veranstaltung war nicht so erbaulich, da saßen alle so im Schlips herum, ich hab nix gegen Schlips … aber das war nicht so mein Ding.*

DIE FIESEN SIEBEN

So, Herr Schöbel, ich konfrontier Sie jetzt mit den Fiesen Sieben.
Ja.

Welchen Satz zur Eröffnung eines Gesprächs mit einer begehrenswerten Frau haben Sie mehrmals verwendet?
Komisch. Ich bin da sehr mundfaul.
Gab es da nicht so einen Standard?
Nee, nee mir fällt da jetzt nichts ein. Ich glaube aber auch eher, dass ich mich ansprechen lasse. Ich würde es über die Augen machen, über Witze und Spaß und überhaupt erst mal über Freundschaft. Welchen Satz? Der Satz könnte gewesen sein: »Wenn Sie mir dann Ihre Telefonnummer geben würden?«

Ach, so würden Sie schon einsteigen, so direkt?
Schon ziemlich frech, aber das ist nicht der Satz zum Einsteigen, um Gottes willen.

Och, eigentlich schon. Es ist sehr kühn, aber warum nicht? »Wenn Sie mir erst mal Ihre Telefonnummer geben, dann können wir uns entspannen.«

Wen beneiden Sie mehr: Ihren Sohn Alex, der in Neuseeland lebt, oder Ihre Tochter Dominique, weil sie am Anfang einer erfolgreichen Karriere als Musikerin steht?
Also, ich beneide natürlich keinen. Ich wünsche den beiden das Glück dieser Welt. Ich find es ziemlich mutig, dass mein Sohn da runtergegangen ist, Englisch gelernt hat und wirklich bei Null angefangen hat. Das finde ich sehr mutig. Das ist kein Neid, ich bewundere ihn. Und ich wünsche meiner Tochter natürlich alles Gute, weil das mein Job ist. Wenn ich ihr helfen kann, werde ich es machen. Aber die will schon alleine gehen. Und das finde ich auch richtig.

Sie ist schon erfolgreich! Sie hat den Titelsong gesungen zu »Verbotene Liebe«?
Nein, das war für »Berlin, Berlin«!

Und sie hat größeren Ehrgeiz, als im Moment gestillt werden kann?
Sie hat mindestens den gleichen Ehrgeiz wie ich, ja.

Warum ist es ungerecht, dass Udo Jürgens mit »Ich war noch niemals in New York« so viel Erfolg hatte, obwohl er, anders als Sie, jederzeit hätte hinfahren können?
Das ist nun mal die Aufteilung in diesem Land gewesen. Ich bin groß geworden im Osten, und wir haben nicht ausgestrahlt bis nach Hamburg, Hannover oder Kassel runter.

Das ist sehr schade, und es tut mir auch leid, dass Leute von drüben – und das mein ich nur geografisch – zu uns in Konzerte kamen und gefragt haben, wieso spielst du nicht bei uns im Westen?

Was war das Delikateste, was Ihnen eine Frau jemals auf die Bühne geworfen hat?
Delikates ist da nicht geflogen, das gab es nie. Sicher Bären, Bärchen. Aber eine Frau, daran erinnere ich mich, die hat nicht geklatscht. Und da denkst du dir »Was war jetzt los?«. Und hinterher, bei der Autogrammstunde, da hab ich sie gefragt. Und sie sagte: »Na ja, es war so schön, da wollte ich mich nicht bewegen.«

Wann waren Sie sich das letzte Mal unsympathisch, Herr Schöbel? Sie haben ja seit vielen Jahren den Ruf, wenn Sie sich hier ins Fernsehen setzen, dass Sie nicht nur hier ein netter Mensch sind, sondern auch im Job …
Auch im Job. Aber im Job bin ich natürlich auch manchmal unsympathisch.
Das kann ich mir gar nicht vorstellen.
Vor einer Woche, da rief mich eine Frau an, und die hatte mir mal einen Satz hinterhergeschickt und nannte mich in einem Artikel »einer, der es nicht im Westen geschafft hat«. Sie hat aber nicht dazugeschrieben oder gesagt, dass es nicht nur an mir liegt, sondern auch an der Arroganz mancher Leute. Und da hab ich dann zu ihr gesagt, wenn es so ist, wie Sie geschrieben haben, dann wundere ich mich eigentlich, warum Sie mich anrufen. Und ich lass mich nicht vorführen für bestimmt Dinge, die Sie gerade möchten. Und da hab ich mich ein wenig selber erschrocken. Ich fand mich mu-

tig, aber ich hab mich selber erschrocken. Vor mir. Ich weiß nicht, ob mir das als unsympathisch ausgelegt wird.

Nein, das ist völlig in Ordnung.

Wann geben Sie bekannt, Herr Schöbel, dass Sie für die Siegernation Deutschland beim Eurovision Song Contest starten?

Ich? Nein, ach. Das hab ich mir mal gewünscht zu der Zeit, als Cliff Richard dabei war. Oder 1989, als ich »Wir brauchen keine Lügen mehr« gesungen habe, das ist wirklich ein wunderschöner Song. Den hätte ich gerne gesungen. Aber da müssen jetzt junge Leute ran.

Warum?

Na ja, gut. Da gibt es ja auch dieses Beispiel aus Dänemark, wo die beiden Älteren gewonnen haben. Das ist schon richtig, aber …

Lena Meyer-Landrut hat ja mit einem englischen Song »Satellite« gewonnen, würden Sie auch unbedingt einen englischen Titel singen wollen?

Nee, nee. Also ich singe wirklich deutsch.

Das würden Sie da auch machen, ja?

Ja, aber ich mach's nicht. Ich glaube, es will auch gar keiner.

Was geschah bei den Dreharbeiten zu »Heißer Sommer« tatsächlich im Heu?

Im Heu … Tatsächlich nichts.

Herr Schöbel!

Chris war im fünften Monat schwanger mit meinem Sohn Alexander, der in diesem Jahr geboren wurde.

1968.

Ja, 1968. Für den Film musste sie vom Zug springen, und

ich musste ihr, weil sie mit dem Rücken zur Fahrtrichtung stand, sagen »Jetzt!«. Und sie musste möglichst den großen Heuhaufen nicht verpassen. Ansonsten ist nix passiert. Ach so, einmal bin ich hinten runtergerutscht. Bestimmt vier Meter, und ich dachte, man erstickt da so leicht im Heu, und die Lampen gehen aus. Und da bin ich dann irgendwie wieder hoch …

Und so, wie ich mir das vorstelle: Sie sind da als junge Leute zusammen und alles ist ganz prickelig und hitzig und Sommer …?

Nee, nee – es war kameradschaftlich lustig.

WOLFRAM UND BARBARA SIEBECK (2008) *Es kam einer Audienz schon sehr nahe, als wir Wolfram und Barbara Siebeck zu Hause auf Burg Mahlberg besuchen durften. Der Mann, der sich zeitlebens darum bemüht hat, den Deutschen Geschmack beizubringen, lebt natürlich nicht grundlos ausgerechnet hier: »Wir wollten den feinen Speisen möglichst nahe sein, deshalb sind wir in den 80er-Jahren hierher gezogen. Denn schon damals war diese Ecke Deutschlands gastronomisch die beste.«*
Ein ganz klares Urteil, und anders kann es bei Wolfram Siebeck auch gar nicht sein. Siebeck ist der Feinschmecker-

papst, große Köche haben gezittert, wenn er, stets gemeinsam mit seiner Frau, das Restaurant betrat. Für Barbara Siebeck waren diese Besuche nicht immer entspannt: »Ich hab oft gedacht: Die Leute sind hier so nett, hoffentlich schreibt er jetzt nicht wieder so was Schlimmes. Wenn ich schon wusste, dass er wieder was besonders Furchtbares schreiben wird, war ich beim Rausgehen besonders nett zu den Köchen.« Wolfram Siebecks Kritiken in der ZEIT waren stets eindeutig und vor allem: Er schrieb mit Abstand am lustigsten übers Kochen und Genießen. Die Leserschaft reagierte gespalten auf Siebecks offensive Lebenslust – die einen empörten sich über den Mann, der angeblich den Geschmack der Massen verachte, die anderen bewunderten ihn und versuchten verzweifelt, seine Weihnachtsmenüs nachzukochen. Als wir ihn besuchen, hat Wolfram Siebeck gerade seinen achtzigsten Geburtstag gefeiert, milde im Urteil ist er sympathischerweise nicht geworden. Und empört sich auch sogleich über den miserablen Zustand der deutschen Küche, die er als Kind erdulden musste: »Was zu Hause gegessen wurde, hat mir nie geschmeckt. Ich habe von Anfang an meine Mutter für eine schlechte Köchin gehalten. Es gab eigentlich nur zwei oder drei Gerichte, die ich gemocht habe. Das waren Saure Nieren vom Schwein, Schellfisch mit Senfsoße und eine Nudelsuppe. Meine Mutter hat ja auch diese furcht-

baren Dinge wiederholt, die hunderttausend Mütter schon vorher ihren Kindern angetan haben. Den Spinat durchgedreht und dann in den durchgedrehten Spinat grob gehackte Zwiebeln reingeschmissen. Die natürlich niemals mehr weich und gar wurden. So was finde ich grauenhaft. Das ist eine küchentechnische Monstrosität.« Darüber kann er sich heute noch aufregen, wie wunderbar. Gute Küche war in den 70ern, als Siebeck sich aufmachte, Freude am Essen nach Deutschland zu bringen, vor allem in Frankreich zu finden. Und auch heute noch schätzt er nach wie vor die klassische französische Küche. Nein, die sei nicht zu wuchtig, man möge halt aufpassen, wann man isst: »Gänsestopfleber beispielsweise – die können Sie nur mittags essen, die liegt doch sonst zu schwer im Magen. Wir essen mittlerweile abends überhaupt nicht mehr.« Ganz zum Schluss möchte der Moderator noch einen küchentechnischen Rat. Er würde immer daran scheitern, eine richtig gute Béchamelsoße hinzubekommen, die würde ihm immer zu flüssig geraten, was man denn da machen könne. »Da tun Sie dann einfach noch ein Pfund Butter rein.« Sagt Siebeck und freut sich über den ungläubigen Blick des ernährungsbewussten Moderators.

DIE AKTE SIEBECK

Mein Name ist Wolfram Siebeck. Ich habe in diesem Jahr meinen achtzigsten Geburtstag gefeiert. Vor beinahe vierzig Jahren lernte ich auf einer Party eine tolle Frau kennen. Wir sind seit 1974 verheiratet und haben höchst selten länger als zwei Tage getrennt voneinander verbracht. *Hmm …* Im Sommer leben wir in Montélimar in Frankreich. Ansonsten hier auf dieser Burg, nicht weit von Freiburg, in Wurfweite von Frankreich.

WAS ZU MEINEN GUNSTEN VORLIEGT:

Ich bin der beste Gastrokritiker Deutschlands.

Ich verschwende nichts, esse also am Tier alles, außer den Haaren. *Und Federn.*

Ich bin arrogant und elitär.

WAS ZU MEINEN UNGUNSTEN VORLIEGT:

Ich habe Paul Bocuse gekränkt, aber auch viele andere Köche, die sich sehr angestrengt haben, aber mir eben nicht gerecht werden konnten.

Ich habe mich niemals bei deutschen Hausfrauen, Müttern, Großmüttern entschuldigt.

DIE FIESEN SIEBEN

An welcher Trüffel würden Sie am liebsten ersticken, wenn Sie schon ersticken müssten?
Ich muss doch nicht ersticken, beschwören Sie das doch nicht *(grinst)*. Aber wenn, dann natürlich an schwarzen Trüffeln, nicht an weißen.

Welches Ihrer eigenen Gerichte war nicht essbar?
Da habe ich natürlich den Mantel des Vergessens darübergedeckt. Das weiß ich auch nicht mehr. Aber da gab es welche, da können Sie sich darauf verlassen.

Welches Tier haben Sie noch nicht gegessen?
Oh, also, ich kann mich nicht verbürgen dafür. Wer weiß, was einem so untergeschoben wird in gewissen Erdteilen und in exotischen Küchen. Das weiß ich nicht. Ich habe bestimmt noch keinen Elefantenrüssel gegessen, und ich habe noch keinen Krokodilfuß gegessen. Solche Dinge habe ich noch nicht gegessen. Und ich glaube, noch keine Heuschrecken, aber …
Aber Schweinefuß soll man unbedingt essen.
Jaja, aber Schweinefuß ist etwas, das etwas umständlich zu essen ist. Der hat ja drin noch viele kleine Knöchlein, so runde Gelenkknöchelchen …
… die man dann ablutschen muss?

Deshalb esse ich das nur in erstklassigen Restaurants. Da hat der Koch die schon abgelutscht.

Wie schmeckt Katze?
Wahrscheinlich wie Kaninchen.

Als großen Romantiker, der, zum Glück, seinerzeit, 1969, mit der Frau an seiner Seite durchgebrannt ist, frage ich Sie jetzt mehr nach allgemeiner Lebensweisheit:
Gibt es einen Rotwein, mit dem man noch toller die Nacht verbringen kann als mit einer schönen Frau?
Ich würde behaupten, es gibt kein Getränk, welcher Art auch immer, das eine schöne Frau schlüge. *(schmunzelt)*
Und Sie, Frau Siebeck, würden Sie sagen, es gibt ein Getränk, das eine Nacht noch erquicklicher macht als …?
Och, könnt schon sein. Ich glaube schon, so einen herrlichen Bordeaux aus einem wunderbaren Jahrgang. Obwohl, so allein trinkt man die Flasche dann auch nicht gern.

Herr Siebeck, welchen Koch haben Sie noch nicht ausreichend beleidigt?
Oh, ich war zu vielen Köchen »sehr freundlich«.
Aber gibt es noch jemanden, bei dem Sie sagen: Oh Freundchen, dich habe ich im Fadenkreuz. Wenn du so weitermachst …
Nein, ich habe gegen gewisse Stilrichtungen in der großen Küche Bedenken, die ja alle nur durch Köche personifiziert werden. Da habe ich sehr viele Bedenken, die ich auch immer wieder äußere. Ohne den einen oder den anderen Koch zu nennen, das wäre unfair, weil es immer zu viele sind, die einer dummen Mode hinterherrennen.

Diese Molekularküche, die jetzt ganz berühmt ist, dass man so ein Pinchen vorgesetzt bekommt mit irgendeinem Schaum und dahinter verbirgt sich wer weiß was für ein Geschmacksgewitter – das halten Sie für, ich glaube, Sie haben es mal »geniale Idiotie« genannt.

Sagen wir mal, die Erfindung, also der Erfinder, ist genial. Der das erfunden hat, ist wirklich ein Genie, weil er etwas absolut Originelles erfunden hat. Nur, er hat das erfunden, es ist keine Weiterentwicklung von etwas Gewesenem, sondern er hat es erfunden.

Das sind nicht die Stilrichtungen, die Ihnen missfallen, bei denen Sie sagen, damit haben Sie Schwierigkeiten …

Nein, nein. Diese Molekularküche ist so unerheblich – in der Quantität –, als dass ich mich da weiter drüber aufregen würde.

Erheblich ist dagegen was? Erheblich und störend und erheblich störend?

Dass es überall gleich ist. Die Speisekarten klingen gleich, es sind dieselben Produkte nach ungefähr denselben Techniken hergestellt – ob Sie in Deutschland sind, in England, in Frankreich oder in Skandinavien. Sie kochen ja alle dasselbe. Ein Lammrücken, der in einen Bröselmantel, Kräutermantel, wie auch immer, eingebappt ist … was soll das? Solche Sachen, gedankenloses Nachahmen irgendeines erfolgversprechenden Rezeptes, mit dem Köche nur einer Mode nachlaufen.

Wenn wir uns die Welt des Kulinarischen als ein Rind vorstellen, Herr Siebeck, welches Körperteil dieses Tieres sind Sie dann?

Ich?

Die ganze Welt des Kulinarischen ist ein großes Rind, ein wirklich tolles, gepflegtes, beinahe schon Kobe-Rind. Wo gehören Sie dann hin? Es gibt die ganz besonders feinen Stellen – sind Sie vielleicht das Filet?

Ah non. Ich bin der Schwanz, mit dem man wedelt.

ROGER WILLEMSEN (2006/2012) *Analverkehr ist kein Thema für eine seriöse Fernsehsendung. Womöglich für ein Medizinmagazin. Wobei sich auch da einwenden ließe, dass es doch Themen gibt, die lieber mit dem Arzt hinter verschlossenen Türen besprochen werden sollten.*

Roger Willemsen hat mit mir in der Sendung über Analverkehr gesprochen. Es war sehr seriös.

Kein Schmuddel, kein Igitt, kein Pornovokabular. Stattdessen setzte Roger das Geschehen in Verbindung mit einer

Kredenz. Kannte ich vorher nicht. Eine Anrichte. In Rogers Familie ein in Ehren gehaltenes Möbelstück. Er durfte es mitnehmen, in seine Studentenbude nach München. Auch weil niemand vorhergesehen hat, dass während eines Hochamts der Wollust eine Kerze in die Antiquität kippen und das Holz entzünden könnte. Genau das geschah. Obwohl noch blutjung, stand Roger schon vor einem herausfordernden Dilemma: Mit der Sünde fortfahren, oder die Kredenz vor den Flammen retten? Als Mann des weiten Horizonts entschied er sich für die Leidenschaft, gegen den lediglich weltlichen Besitz.

Es gibt nichts, was ich mit Roger nicht besprechen würde. Am Anfang unseres letzten Treffens im Fernsehen fragte ich ihn, ob er auch glaube, dass der Musikgeschmack von Männern über vierzig sich automatisch in Richtung Zahnspangenteenager zurückentwickeln würde. Denn mir würde mittlerweile Katy Perry sehr gut gefallen. Darauf sah er mich zwar vergebend an, sagte dann aber: »Es tut mir leid. Davon kann ich dich nicht erlösen.«

Wir Willemsen-Anhänger erwarten ehrlicherweise nicht viel weniger von ihm. Wenn schon nicht Erlösung, dann soll er mindestens alles in Leichtigkeit aufgehen lassen. Wie es ihm immer wieder gelingt. Es kann darum gehen, wo Lastelefanten in Bangkok übernachten. Oder wie es damals war,

als sich der Spätpubertist Roger im Gemach einer lebens-
klugen Prostituierten wiederfand. Auch wenn er über die
rhetorische Ödnis spricht, die im Deutschen Bundestag
herrscht, wird er niemals blass referieren. In allem entdeckt
er einen Funken Entzücken, den er liebend gern auflodern
lässt.

Mit Roger Willemsen 29 Minuten Fernsehsendung
verbringen zu dürfen, ist ein Spaß. Als dürfte ich wieder eine
Sommerwiese runterkugeln.

Wie er auf Formulierungen wie »zwerghafte Stapfe« kommt.
Über die »Bitterstoffe der Liebe« bis zu Sophie Marceau. Mit
der er drei Wochen lang vor einem Ferienhaus Basilikum
zupfen würde, und es wäre mehr als genug »Wallung«. Wir
waren überall und nirgends. Warum er sich gegen Heidi
Klum wehren muss und warum er notieren muss, wenn ein
Kellner sagt: »Fischmäßig hätte ich Hummer da.«
Eigentlich hätten wir zum würdigen Abschluss des Spektakels
eine Kredenz in Brand stecken müssen.

Letztlich aber zu unseriös. Zum Schluss bekannte er, dass er
den Roman nicht schreiben könne, den er schon lange von
sich erwartet. Im Interesse seiner anderen Fans hoffe ich, er
wird sich bald von dieser Last erlösen.

DIE AKTE ROGER WILLEMSEN

Mein Name ist Roger, Roger Willemsen. Ich bin fünfzig Jahre alt, habe keine Kinder, bin unverheiratet *und finde es genau so richtig.* Nachtwächter, Kellner in einem China-Restaurant, Pantomime in einer Fußgängerzone, Reiseleiter: Ich kenne verschiedenste Möglichkeiten, Geld zu verdienen aus eigener Erfahrung. Meinen Doktortitel habe ich mit einer Arbeit über den Schriftsteller Robert Musil erworben. Mittlerweile schreibe ich aber nicht mehr über andere Schreiber, sondern arbeite selbst als Autor. Ich habe im vergangenen Jahr einen Roman herausgebracht. *Würde ich nicht als Roman bezeichnen, sondern als Monolog, aber ist egal.* Das Neueste von mir ist eine Sammlung von Interviews mit ehemaligen Guantánamo-Häftlingen: »Afghanische Reise«, ein Buch über ein Abenteuer in einem fernen Land, das unsere Aufmerksamkeit verdient. Ob es die spannendste Reise meines Lebens war, kann ich nicht sagen, denn ich habe auch schon einmal in einer Affenstation auf Borneo gelebt und musste häufiger aus beruflichen Gründen zum ZDF auf den Lerchenberg nach Mainz. Ich war jahrelang im ZDF als Gastgeber in einer Gesprächssendung zu sehen, habe denen aber irgendwann 1,5 Millionen Mark zurückgegeben, weil ich fürchtete, meine Seele an das Fernsehen verkaufen zu müssen. W*ie schön ist das geschrieben! Und so wahr!*

DIE FIESEN SIEBEN (2006)

Bist du bereit zuzugeben, dass du die Sendung im ZDF nur gemacht hast, um tolle Frauen kennenzulernen?

Das stimmt. Da sind so großartige Frauen gewesen, Béatrice Dalle und Isabelle Huppert und Nathalie Baye und wie sie alle heißen … Sophie Marceau. Und man sagt »Die will ich treffen« und man findet immer einen Vorwand dafür. Klar, würdest du auch machen.

Aber du hast dich doch auch verliebt in die eine oder die andere?

Ja, oder ich hab so getan.

Uhh, du gibst sogar zu, dass du das nur vorgetäuscht hast! Vorgetäuschte Gefühle.

Ja, aber weißt du, warum? Weil ich immer davon ausgegangen bin, dass jeder Sprechtyp einer Sendung letztlich interessant ist. Wenn jemand wie ich, der in diesem Augenblick absolut nicht begierdefähig ist, wenn der sich in der Sendung an Béatrice Dalle ranmacht, und die Frau ist hochtätowiert und hat diesen großen Mund und sagt: »Was willst du denn? Was redest du denn hier vom Glück?« Das ist dann etwas für den Betrachter, das Wallungswert hat.

Ich mochte auch die gescheiterten Gespräche, weil ich gerne beim Scheitern zugucke. Das gibt dann keine Gespräche nach Ja-Nein-Impulsen.

Ist Wallungswert ein Willems'scher Begriff?

Von manchen Begriffen weiß ich gar nicht mehr, woher die kommen.

Das hat Erkennungswert. Und du warst nicht begierde-fähig?

Ach, nicht gegenüber Béatrice Dalle, ich bin ja auch nirgends tätowiert.

In welches Teil deines Körpers bist du verliebt? Das ist eine Willemsen-Frage.

Ist das sicher?

Ich weiß nicht mehr, wem du sie gestellt hast, aber ich glaube einer französischen Pornodarstellerin.

Da war sie auch berechtigt. Aber ganz ehrlich: Ich bin in kein einziges Körperteil von mir verliebt. Mein Hedonismus endet beim eigenen Körper. Versteh das bitte! Ich würde es sagen, wenn es etwas gäbe, das ich als besonders geglückt empfinde, aber nee …

Haben dich die Frauen zum Beispiel nicht um deine Beine beneidet?

Ich fordere sie manchmal dazu auf, indem ich in hochhackigen Schuhen am Bahnhof auf und ab laufe.

Wann hast du dich das letzte Mal älter als fünfzig Jahre gefühlt?

Ähm, im Moment eigentlich. Aber nicht deinetwegen, sondern weil ich eine erschöpfende Zeit hinter mir habe. Ich merke, dass Vitalität irgendwo ausfließt, wenn zurzeit eine Tür zu laut ins Schloss fällt oder wenn ich zu laute Hintergrundmusik habe, merke ich es stärker. Und dann denke ich, vielleicht tritt der Alterungsprozess durch die Nerven ins Leben ein.

Das heißt, du rastest dann auch leichter aus? Du hast ja bis heute keinen Führerschein gemacht und fährst dann häufig mit öffentlichen Verkehrsmitteln oder mit dem

Taxi, d. h. wenn der Taxifahrer nicht da ranfährt, wo du möchtest, rastest du auch schon mal aus?

Nee, das kann ich nicht. Da liegt mir der Taxifahrer zu nahe. Ernsthaft, ich bin auf Taxifahrer angewiesen. Ich finde sie viel besser als ihren Ruf. Ich mag sie wirklich gerne. Sie erzählen mir immer blendende Geschichten, und ich bin dankbar für jede gute Geschichte.

Ein Fernsehkritiker des ZDF hat deinen Weggang mit dem Satz begleitet »Friede seiner Masche«. Wenn ich dir anbieten könnte, du könntest ihn straffrei mit Schäferhunden bedrohen oder sonstwie peinigen, ohne Folgen befürchten zu müssen – würdest du das tun?

Ich finde das gar nicht so schlecht. Weil das ja ein Wortspiel ist, was nicht ganz schlecht ist. Also »Alles Roger« konnte ich irgendwann nicht mehr lesen. Aber »Friede seiner Masche« ist schon in Ordnung. Der nächste wäre dann »Komm zurück, alles sei vergessen« oder so. Das ist in Ordnung.

Es gibt tatsächlich niemanden, der dir richtig zugesetzt hat? Es gibt ja Leute, die schreiben ja wirklich gehässige Sachen. Die schreiben dann »Der Roger Willemsen ist ja schlimm, das gefällt uns alles nicht«. Ich will das jetzt nicht alles zitieren, aber du hättest keine Lust, mal zu sagen »So, Freundchen, jetzt zeige ich es dir mal!«? Also wenn man dir das legal einräumen würde? Kann man wirklich so groß sein?

Ich will mich nicht größer machen, als ich bin, aber ich lese einige Sachen einfach nicht mehr. Das ist immer so kokett, wenn man das sagt, aber das kommt ganz selten mal vor, dass du gesagt bekommst »das musst du mal lesen, denn das ist ernst, oder du musst es gegendarstellen«.

Welche deiner Schmähungen würdest du gerne zurücknehmen?

Oh, das ist eine gute Frage! Spontan muss ich dir sagen, ich hab ganz früher mal eine Kolumne über Berti Vogts geschrieben. Und zwar nachdem Berti Vogts zu irgendwem sagte – das war, nachdem ein kolumbianischer Spieler nach einem Eigentor erschossen wurde während der Weltmeisterschaft – und da sagte Berti Vogts: »Wer weiß, was mit mir passiert wäre, wenn ich bei dieser Meisterschaft nicht weitergekommen wäre oder in der Vorrunde ausgeschieden wäre.« Und darüber habe ich mich dann in der Kolumne lustig gemacht. Ich hab aber damals die mediale Situation, in der er gesprochen hat, völlig unterschätzt. Und ich habe Berti Vogts später sehr schätzen gelernt.

Als er dich 1996 zum EM-Finale mitgenommen hat?

Ja, er hat mich '96 mit zum EM-Finale genommen. Und ich hab ihn als so ehrlichen und gradlinigen Menschen kennengelernt, dass ich heute den Text zurücknehmen würde, weil ich heute eher die Situation sehen würde, in der so ein Satz fallen kann, aber damals war ich wöchentlicher Kolumnist, er hat es mir verziehen, ich hab es mir verziehen. Also … zurücknehmen würde ich es trotzdem.

Wenn du 23 Jahre alt wärst, und du wärst bei der Bundeswehr. Würdest du dich freiwillig für Afghanistan melden?

Nein. Mit aller Bewunderung für die, die das tun. Das ist eine hochgefährliche Mission. Das ist ein ganz hohes Maß an Altruismus, das damit verbunden ist. Und ich kann nicht diesen Altruismus für mich in Anspruch nehmen. Ich hatte

da das Glück als Schaulustiger dabei zu sein und wieder ab-
zureisen, wann ich will. Die tun mir in gewisser Weise sehr
leid.

DIE FIESEN SIEBEN (2012)

**Weil du die Fiesen Sieben schon mal bekommen hast,
weil du schon mal hier warst, bekommst du heute die Fiesen Alternativen.**

Jazz oder coole Musik?
Nein, definitiv Jazz.

**Auf einer Insel für ein Jahr. Mit Karl Lagerfeld oder mit
Heidi Klum?**
Was für eine Alternative! Bei dem einen komme ich nicht
zu Wort, bei der anderen will ich nicht zu Wort kommen.
Ähm, Heidi Klum dann nur als Erinnerung daran, wie das
andere Geschlecht aussieht. Außerdem hätte ich vor Karl
Lagerfeld Angst auf einer Insel.
Warum?
Weil wir nicht lange beide zusammen überleben könnten.

Hand oder Mund?
Mund.

Licht an oder aus?
Uuuhh (*neigt Kopf unentschlossen hin und her*) … Funzel.

Du bist pleite und hast die Wahl. 50 000 € vom Fernsehen oder 100 000 € von einer katholischen Anti-Abtreibungs-Beratungsstelle. Wo arbeitest du?

Fernsehen! Doch, das muss Fernsehen sein! Da hilft nichts.

Du darfst mit Sophie Marceau drei Wochen platonischen Urlaub auf Korsika machen oder eine Nacht mit allem Drum und Dran in einem Spandauer Hotel verbringen. Was wählst du?

Die drei platonischen Wochen, speziell, weil es Sophie Marceau ist.

Tatsächlich? Das ist eine Fehlentscheidung, Roger, das kann ich gleich mal sagen. Drei Wochen platonischen Urlaub, und du bist gepeinigt von der Wollust. Diese Geißel …

Aber diese Pein mag ich. Also, wenn ich überhaupt Wollust empfinde, dann ist es gut, wenn sie lange dauert. Sophie Marceau gehört zu den ganz wenigen Leuten, die ich getroffen habe, die besser in Wirklichkeit aussehen als im Fernsehen. Nimm das mit! Die hat einen so schönen Teint.

Ja, und dann geht sie die ganze Zeit vor eurem Ferienhaus auf und ab, zupft Basilikum …

Ich bin jetzt in dem Alter, in dem mir das reicht.

Tatsächlich?

Ja. Grade das Basilikumzupfen hat für mich einen so hohen Wallungswert, das kannst du dir gar nicht vorstellen. Alles andere überfordert mich.

Kennst du das französische Wort für »begierdefähig«?

Nein, ich werde es nachgucken müssen.

Oder du rufst ihr noch was Deutsches zu: »Du zwerghafte Stapfe! Zupf noch ein wenig am Basilikum …«

Das bringt sie zur Besinnungslosigkeit.

Du wirst im nächsten Leben als Sportler wiedergeboren, du musst dich allerdings zwischen zwei Sportarten entscheiden: Wählst du Springreiten oder Stabhochsprung?

Stabhochsprung. Definitiv. Sehr elegant, sehr schön, sehr komplex, weil es elf verschiedene Handlungen gibt, die man vom Anlaufen bis zum Überqueren …

Woher weißt du das jetzt, woher weißt du das jetzt?

Das interessiert mich. *(lächelt verschmitzt)*

Das bringt mich zur Verzweiflung. Du kennst doch die Fragen nicht. Woher weißt du jetzt, dass es zum Stabhochsprung elf Elemente braucht?

Zum Umgreifen und so … ich fand das immer äußerst elegant, sehr graziös, man muss vollkommen im Unbewussten sein. Man muss aber gleichzeitig so viele … beim Laufen läufst du los – mehr oder weniger – und richtest dich nach vierzig Metern auf und nach 60 Metern musst du führen oder so. Aber beim Stabhochsprung sind das so viele verschiedene Aktionen, die alle synchronisiert und alle perfekt ausgeführt werden müssen. Und dann bricht manchmal sogar der Stab. Man soll das nicht unterschätzen, es sind schon mehrere Sportler ums Leben gekommen beim Stabhochsprung.

Daraus lerne ich, dass du einen hohen Enthusiasmus mitbringst für alle möglichen Sportarten.

Vor allem für Leichtathletik.

Als Zuschauer.

Als Zuschauer, ausschließlich.

FRANZ *Ich habe mir für ihn was Schönes angezogen.*
MÜNTEFERING *Wie andere Moderatoren, die*
(2010) *ihrer Jugend nicht nachtrauern, trage ich*
üblicherweise einen dunklen Anzug. So auch in der Sendung
mit Franz Müntefering. Aber nur für ihn eine rote Krawatte.
Hatte er einmal sacht spöttisch hervorgehoben, als ich bei
einer SPD-Veranstaltung die einzelnen Redner ansagte:
»Sogar einen roten Schlips hat sich der Herr Thadeusz für
uns umgebunden.«
Franz Müntefering ist groß.

Zuerst einmal »groß« im Sinne von erwachsen und reif.

Sollte man mit siebzig Lebensjahren auch sein, lässt sich

einwenden. Aber längst nicht jeder öffentliche Mensch wird

mit Würde älter.

Wenn andere schon den Ball flach halten, rollt er bei Franz

Müntefering noch ein wenig tiefer.

Er erzählt von dem kaufmännischen Lehrling im Sauer-

land, der er früher war. Der das Lesen für sich entdeckte

und anschließend alles falsch machte. Jedenfalls aus der

Sicht der Eltern, denen große Ambitionen unheimlich

waren. Vater Müntefering sah seinen Sohn schon höchst

ungern in die Bundeswehr einziehen und Panzergrenadier

werden. Als Teilnehmer am Zweiten Weltkrieg hatte der

»die Schnauze voll«.

Auch den zweiten Rat seines Vaters ignorierte der junge

Franz: »Geh niemals in eine Partei!«

Dann auch noch die SPD. Sozialdemokraten hätte man

damals im Sauerland vor allem als »evangelische Flücht-

linge« wahrgenommen. Also als Leute mit dem definitiv

falschen Glauben und definitiv nicht »von hier«.

Franz Müntefering ist auch deswegen groß, weil er aus dem

aktuellen Getümmel herausragt. In unserer Sendung sitzt

er ohne weitere Ämter im Deutschen Bundestag. Nicht als

»einfacher« Abgeordneter. Das ist ihm wichtig, denn die 631

Parlamentarier werden nicht nach »einfach« und »besser als
einfach« unterschieden.

Während andere Sozialdemokratinnen und Sozial-
demokraten in der Öffentlichkeit gerne jeden verstehen, der
auch nur behauptet, es schwer zu haben, spricht Müntefe-
ring von seinem Sauerland als Region von Gründern. Als er
jung war, habe sich beinahe »unter jedem Treppenabsatz«
jemand selbstständig gemacht. Franz Müntefering vertritt
eine Sozialdemokratie, wie sie war, bevor in den 70ern
Lehrer und Sozialwissenschaftler einflussreicher wurden.
Vereinfacht gesagt: Jeder möge sich zuerst selbst anstrengen.
Wer sich nicht helfen kann, dem wird geholfen. Ludwig
Erhard darf in Frieden ruhen. Denn jemand wie Franz
Müntefering hat und hatte zweifelsohne eine klare Vorstel-
lung von sozialer Marktwirtschaft. In der »Wirtschaft« aber
eben auch vorkommt.

Franz Müntefering ist groß, weil er sein Bild in der Öffent-
lichkeit mitbestimmt. Vor unserem Gespräch erzählte mir
eine Parteifreundin von Franz Müntefering in Lübeck, dass
der sich mit seiner angeblichen Einfachheit eine Art Mimikry
zurechtgelegt habe. Es sei ihm ganz recht, wenn er nicht
als der strategisch denkende Intellektuelle wahrgenommen
würde, der er in Wahrheit ist. Stattdessen ist er gern der
knorrige Franz, der genervt ist, wenn ihm irgendwo ein

Schnickschnack-Latte statt einer anständigen Tasse Kaffee angeboten wird.

In einer Zeit, in der auf allen Kanälen Menschen ihr Innerstes nach außen kehren und sich ständig selbst leidtun, ist Franz Müntefering ein Meister der Contenance. Oder wie das bei ihm in unserem Gespräch heißt: »Man darf auch mal heulen, nur eben nicht hysterisch werden.«

Nichts, was sich mit Franz Müntefering weniger in Verbindung bringen ließe als das entfesselte Chaos der Gefühle. Als er sich seinerzeit über die »Heuschrecken« des verantwortungslosen Kapitalismus echauffierte, war das selbstverständlich keine blinde Rage. Sondern aus seiner Sicht nötig, angebracht, rechtzeitig.

Im Herbst 2007 legt Franz Müntefering seine Ämter nieder. Er verbringt die ihr verbleibende Zeit mit seiner todkranken Frau Ankepetra. Dazu frage ich ihn nichts, weil ich nicht weiß, wie ich es anstellen soll. Drei Jahre nach unserem Treffen im Fernsehstudio sitzen wir in einer Gesprächsrunde der Deutschen Hospiz-und Palliativstiftung. Ein würdiges Lebensende bedeutet nicht automatisch den assistierten Selbstmord, ist die Botschaft dieser Stiftung. Müntefering engagiert sich für den Verein. Selbstverständlich schildert er nicht im Detail, was er in den Monaten und Wochen erlebt hat, bevor seine Frau starb.

Aber er sagt, dass sich niemand Illusionen machen solle. Für
eine solche Begleitung würde Liebe allein nicht ausreichen.
Sondern Vorbereitung sei nötig. Jeder bräuchte dabei Hilfe.
Auch ein Mann vom Format eines Franz Müntefering.

DIE AKTE MÜNTEFERING

Ich bin siebzig Jahre alt, zum dritten Mal verheiratet, Vater dreier erwachsener Töchter. *Aber auch Freund der beiden Kinder meiner verstorbenen Frau, insofern auch dreifacher Großvater von angeheirateten Enkelkindern, Tom, Anika und Ben.* Meine Heimat ist das Sauerland, dort bin ich aufgewachsen, dort habe ich mich zum kaufmännischen Angestellten ausbilden lassen. Dort bin ich auch 1966 in die SPD eingetreten. *Eigentlich 1965, aber es musste ein paar Monate dauern, bis sie mich aufgenommen haben. Sie mussten erst gucken, ob ich ein U-Boot war, ja oder nein.* Im Auftrag meiner Partei war ich Landesminister in Düsseldorf bei Johannes Rau, Bundesminister im Kabinett Schröder, aber auch an der Seite von Bundeskanzlerin Angela Merkel in der Großen Koalition, stand der SPD-Bundestagsfraktion vor, war gleich zweimal Vorsitzender der ältesten Partei Deutschlands, der SPD. Nach der katastrophalen Bundestagswahl im vergangenen Jahr habe ich alle Ämter niedergelegt und sitze heute als einfacher Abgeordneter im Deutschen Bundestag. *Einfache Abgeordnete gibt es nicht, es gibt nur Abgeordnete, das ist das Wichtigste überhaupt, nach Artikel 20 unserer Verfassung. Die Staatsmacht*

geht vom Volke aus. Also sind alle Abgeordneten nicht ein-
fache, sondern richtige Abgeordnete.

WAS ZU MEINEN GUNSTEN VORLIEGT:

Ich gehörte zu den wichtigsten Sozialdemokraten der Nachkriegszeit. *Weiß ich nicht.*

Ich bin ein Freund klarer Worte. *Stimmt.*

Genieße auch in der Anhängerschaft meiner politischen
Gegner große Sympathien. *Scheint so.*

WAS ZU MEINEN UNGUNSTEN VORLIEGT:

Ich konnte das Debakel für die SPD und ihren Spitzen-
kandidaten Frank-Walter Steinmeier im vergangenen Jahr
nicht verhindern. *Ja.*

Ich bin krass stur. *Das würde ich so nicht sagen.*

Die SPD hört nicht mehr auf mich. *Das ist nicht zu mei-*
nen Ungunsten. Das ist zu Ungunsten der Partei. Die wollten
nicht mehr auf mich hören, bei der Rente ab 67 oder so.

DIE FIESEN SIEBEN

**Was werden Sie der Bundeskanzlerin in die Weihnachts-
karte schreiben?**

Ich werde ihr auf jeden Fall eine schreiben. Und das Wichtigste reinschreiben: Mut zum Blick nach vorn. Frau Merkel hätte, sie ist eine intelligente Frau, wahrscheinlich, wenn
sie sich ganz auf Physik konzentriert hätte, auch den Nobelpreis kriegen können. Kanzlerin ist nicht zwingend der ide-
ale Job für sie. Und … ähm … mein Problem mit ihr war
immer, wenn man sich vorstellt, man ist bei ihr im Flugzeug und sie lenkt das, dann muss man keine Angst haben,
dass man abstürzt, aber man weiß dann nicht, wo man landet. Und ich würde ihr einfach empfehlen, nach vorne zu
gucken und das große Konzept zu wahren. Es ist zu klein-
kariert, was gemacht wird. Wir haben wirklich genug Fakten für die nächsten zwanzig, dreißig Jahre, und was wir
jetzt bräuchten, wäre ein mutiger Schritt nach vorne.

**Wer ist der beste Minister im Kabinett Merkel momen-
tan? Sagen Sie nicht, Herr Müntefering, warum die alle
nicht so gut sind. Ich weiß, es sind keine Sozialdemokraten dabei.**

Das ist schon klar. Der Beste … weiß ich nicht mal. Ich
würde aus alter Anhänglichkeit Schäuble sagen.
Weil Sie den sehr respektieren?
Ja, es hängt damit zusammen, dass wir früher zusammen
Fußball gespielt haben in der Bundestagsmannschaft. Er ist

auch der Einzige, den ich duze da auf der anderen Seite. Er ist ein schwieriger Hund, ein harter Brocken, und er macht natürlich längst nicht alles richtig. Neulich, das war ja hundertprozentig falsch, als er sich da mit seinem Sprecher angelegt hat. Ansonsten hat er meinen Respekt, ja.

Warum haben Sie das Rauchen erst angefangen, als Sie schon über fünfzig Jahre alt waren?
Ich war 56. Ich fand das früher nicht gut, ich fand das eher langweilig, und dann war ich Sportler. Außerdem hat Fritz Walter nicht geraucht, da haben wir dann auch alle nicht geraucht. So ging das alles los in den 50er-Jahren. Angefangen habe ich mit 56 auf Aschermittwoch im Freischütz in Schwerte nach einer Veranstaltung, als ich sagte: »Ich wette, dass wir die Bundestagswahl 1998 gewinnen«, und da hat ein Journalist dann gesagt »Nein«. Und die Wette war: »Sie rauchen jetzt eine, wenn Sie das glauben.« Und das hab ich dann gemacht. Völlig absurd, Quatsch. Und dann haben wir ja 1998 gewonnen, und dann konnte ich ja nicht wieder aufhören.

RTL hat behauptet, Sie hätten Kontakt zu Uwe Barschel im Jenseits aufgenommen. Was würden Sie Willy Brandt fragen, wenn das Gleiche mit ihm möglich wäre?
Willy Brandt, wenn ich zu ihm Kontakt aufnehmen würde?
Wenn Sie über ein Medium Kontakt aufnehmen könnten. Ich meine, das war totaler Stuss, was RTL da behauptet hat, aber nehmen wir mal an, das ginge.
Wilde Frage. Ich würde nix fragen. Das, was jetzt getan werden muss, weiß er ja auch nicht besser. Also das ist ein großer, verehrungswürdiger Mann, ich hab viel gelernt bei

ihm. Übrigens: Als er ging, als Parteivorsitzender, hat er eine große Rede gehalten, die ist nicht lang, die ist ziemlich dünn. Die können auch die nachlesen, die nicht so viel lesen. Da gibt's nur eine ganz wichtige Sache. Der eine Satz heißt: »Wenn ihr mich fragt, was das Wichtigste ist neben dem Frieden, dann sage ich euch, die Freiheit.« Das war sein großes Motiv, das sozialdemokratische Motiv. Und diese Freiheit als Grundwert, als Selbstgestaltung, aber auch das Wissen, dass meine Freiheit die Grenze hat, die Grenze des anderen. Das war Willy Brandts großes Motiv, und das hat mich auch tief in die Sozialdemokratie reingebracht. Ich hoffe, dass uns das nicht verloren geht, auf der Strecke nach vorne. Es geht nicht darum, Kleinigkeiten zu machen, sondern wir müssen den Menschen helfen, sie selbst zu werden. Dazu gehört, dass wir das Thema »Arbeit« als Thema Nummer eins setzen und nicht die Höhe der Transfers.

Was war eigentlich Ihre beste Rede? Schließt da eigentlich an.

So viele gute hab ich gar nicht gehalten. Das kann ich wirklich nicht sagen. Da hab ich noch nie drüber nachgedacht.

Was ist das Jugendlichste an Ihnen, Herr Müntefering?

Das Jugendlichste? Dass ich neugierig geblieben bin und Spaß habe an kleiner Ironie, an Kinderspielen. Ja, das. Die mich kennen, sagen »der ist ein alter Knacker«, aber auch manchmal »wie ein kleiner Junge«, das hör ich auch manchmal. Das bin ich auch, ja.

Wer ist der reichste Sozialdemokrat, den Sie kennen?

Es gibt keine reichen Sozialdemokraten.

Stimmt nicht, das ist doch nicht wahr.

Wer denn?

Rosenthal, lange Zeit. Na gut, der ist tot mittlerweile.

Der ist tot, ja.

Aber der war ja auch Unternehmer. Ist es ehrenrührig für einen Sozialdemokraten, reich zu sein?

Nein, ist es überhaupt nicht. Der Philipp Rosenthal war ein ganz toller Kerl. Der war ja mal Staatssekretär bei Karl Schiller. Und alle sagten, das sei doch nur ein Missverständnis. Der Schiller hatte gedacht, er hätte einen Kapitalisten als Staatssekretär, und Philipp Rosenthal dachte, er wäre bei einem Sozialdemokraten Staatssekretär.

Was würden Sie dem Wahlkämpfer Klaus Wowereit raten, damit er seine Außenseiterchance hier wahren kann gegen so eine starke Gegenkandidatin wie Renate Künast?

Er muss einfach nur wirklich so sein, wie er ist. Ich halte ihn wirklich für einen starken Typen. Er muss aktiv sein. Er muss einfach sich zeigen, er muss reingehen, er muss sich melden, er muss mit den Menschen sprechen. Wenn die sehen, dass er da ist und dass er was machen will, wird er das auch wieder schaffen.

BARBARA SUKOWA (2010) *Ein Fernsehmann sollte in seinem Medienleben mindestens drei Dinge tun:*

1. Einmal eine Showtreppe herunterkommen.

2. Einmal »unsere Zuschauer in Österreich und der Schweiz« begrüßen dürfen.

3. Mit der echten Brooklyn Bridge und New York City im Hintergrund »Herzlich willkommen, meine Damen und Herren« in eine Kamera sprechen.

Womöglich fällt Ihnen auf, dass diese Regeln willkürlich sind. Nur aufgestellt, damit ich mit dem New-York-Ausflug der Sendung prahlen kann. Ich hatte mir den Moment, in dem ich meinen Ballonkopf in Manhattan in ein Objektiv halte, allerdings würdevoller vorgestellt. Die Klamotte war das Problem. Mein Anzug moirierte. Sah in der Kamera so verschwommen aus, dass jedem Zuschauer komisch zumute werden musste. Zu enge Längsstreifen. Anfängerfehler. Und das in New York, vor einem internationalen Team.

Das hastig bei Banana Republic eingekaufte Sakko saß, und wahrscheinlich fühlte sich Barbara Sukowa durch mich an die Bremer Sparkasse erinnert. Also an den ganz grauen Teil ihrer hanseatischen Heimat. So gerne ich allen möglichen Redaktionen teuerste Dienstreisen aus dem Kreuz leiern möchte: Rein bildlich hätten wir auch in Delmenhorst sitzen können. Denn von diesem New Yorker Steakrestaurant war nur eine Backsteinwand zu erkennen. Robert de Niro, der an diesem Ort immer gepflegt abgehangenes Rindfleisch nascht, fehlte unentschuldigt.

Was aber letztlich zweitrangig war, denn Barbara Sukowa war da.

Draußen ist es warm, »muggy« nennen die Amerikaner dieses schwüle Wetter. Frau Sukowa ist ganz und gar frisch. Wahrscheinlich New Yorker Sommerroutine. Anfang der 90er-Jahre folgte sie ihrem Mann an den Ort, den viele Menschen nach wie vor als unerklärte Welthauptstadt begreifen. Mittlerweile hat sie auch die amerikanische Staats-

bürgerschaft angenommen. Sie wollte wählen gehen dürfen.

ls sie Deutschland verließ, war sie als Schauspielerin ganz oben. Eine Fassbinder-Schauspielerin. Sie habe nicht zu der »Original-Gruppe« um den Regisseur gehört, schränkt sie akkurat ein. Doch 1981 war sie Fassbinders »Lola«. Traktierte Mario Adorf als mafiösen Baulöwen Schucker mit Sätzen wie: »Lass ihm ein Stück von deinem Arsch zukommen, kann er sich 'n Schweinebraten draus machen« Für einen solchen Satz hätte sie sich an ihrer Bremer Schule wahrscheinlich wirklich den Mund mit Seife auswaschen müssen. Damals, Ende der 50er-, Anfang der 60er-Jahre, ein strenges Mädchengymnasium. Barbara Sukowa beschreibt sich als Mauerblümchen mit rätselhaften Angewohnheiten. Sie las passioniert Todesanzeigen. Wegen der Namen der Verstorbenen. Eine Frieda Wimmerschinken, geborene Dreckdampfer, will sie damals gefunden haben.

1966 reiste sie als 16-Jährige mittenrein in den legendären »Summer of Love« nach Hippie-Kalifornien. Der Flug dauerte 96 Stunden. Sie lernte einen aufregenden Mann kennen. Fuhr mit ihm auf dem Motorrad. Küsste ihn auch leidenschaftlich, aber – Bremer Mädchengymnasium eben – ließ sich dann nicht noch weiter verwirren. »Eine Unschuld vom Lande«, freut sie sich heute noch. Nach der Rückkehr gab sie sich stattdessen dem Pflaumenkuchen der Mutter ganz und gar hin.

Mittlerweile sind ihre drei Söhne erwachsene Männer, die sich über die Jahre an ihren Beruf gewöhnen konnten. Für einen der drei war es allerdings etwas zu viel, als die Mutter mit 58 Jahren in der Uwe-Timm-Verfilmung »Die Erfindung der Currywurst« die aufregendste Trümmerfrau aller Zeiten spielte. Die einen jungen Marinesoldaten »in kleinen Schlucken trinkt«, wie es der FAZ-Kritiker nannte. Der Sohn verließ das Kino. Barbara Sukowa kichert darüber, als wäre sie durchaus stolz auf sich.

Mit ihrer Freundin, der Regisseurin Margarethe von Trotta, hat sie große deutsche Frauen porträtiert. Rosa Luxemburg, Hildegard von Bingen, Hannah Arendt.

Damit sie nicht immer für sechs Wochen Drehzeit aus New York verschwinden und ohne ihre Familie sein muss, begann sie wieder mehr zu singen. Unter anderem in der Carnegie Hall, zu der wir zu Fuß gehen könnten. 2008 wird sie mit dem Klassik-Echo für ihr Album »Im wunderschönen Monat Mai« ausgezeichnet. Ein Erfolg, der sich ganz gewiss nicht einstellt, wenn man nur aus Pragmatismus singt.

Es ist so schön, mit ihr an diesem Tisch zu sitzen und sich von ihren Antworten beinahe kitzeln zu lassen. Besser wäre, das Treffen würde noch mehrere Stunden dauern, Wein auf den Tisch kommen – und was ist eigentlich mit den Steaks? Aus dem großen Fenster sehen die Häuser und die Autos

und alles andere dann doch anders aus als in Delmenhorst.
Irgendwann darf ich das graue Jackett ausziehen, während
das Team die Lampen, Stative und Kameras wieder
einpackt. Ich trete auf die Straße, es ist immer noch warm
und um mich herum dieses schlimm-schöne New York.
Sehr eindrucksvoll. Aber größer: Eben war da noch Barbara
Sukowa.

DIE AKTE SUKOWA

Mein Name ist Barbara Sukowa. Ich bin sechzig Jahre alt,
Mutter von drei Söhnen und seit anderthalb Jahrzehnten
glücklich verheiratet. Mein Mann ist US-Amerikaner. Hätte
ich ihn nicht getroffen, würde ich wahrscheinlich nicht
mehr in New York leben. Geboren wurde ich in Bremen.
Das ist eigentlich eine Großstadt. *Hmm, o. k.* Weil mich
meine Eltern auf ein sehr strenges Mädchengymnasium geschickt haben, war ich sehr lange eine Unschuld vom Lande.
Berlin ist eine wichtige Stadt für mich. Ende der 60er-Jahre
habe ich mich an der Max-Reinhardt-Schule zur Schauspielerin ausbilden lassen. 1980 war ich die Mieze in Fassbinders Verfilmung von »Berlin Alexanderplatz«. Ich habe
nach wie vor eine Wohnung in Charlottenburg.

WAS ZU MEINEN GUNSTEN VORLIEGT:

Ich kann Brot backen. *Stimmt.*

Ich kenne mich mit Jungs im Teenageralter aus. *Hmm.*

Ich bin naturschön. *Danke.* Überhaupt nicht schönheits-operiert.

WAS ZU MEINEN UNGUNSTEN VORLIEGT:

Ich stand hier in New York schon vor Gericht.

Ich war während des »Summer of Love« in San Francisco und bin trotzdem als Jungfrau nach Deutschland zurück-gekehrt.

Ich zeige den Amerikanern die kalte Schulter und will nicht ihre Staatsbürgerschaft annehmen. *Das stimmt nicht, ich habe sie jetzt angenommen. Ich wollte doch mal wählen.*

DIE FIESEN SIEBEN

In dem Film »Die Entdeckung der Currywurst« ist Ihr Filmliebhaber 25 Jahre jünger als Sie. Wie jung dürfte ein Mann höchsten sein, um Ihr Liebhaber sein zu können? Hmmm.

Also bis zu welchem Alter würden Sie einen Liebhaber akzeptieren?

Wenn ich jetzt Witwe wäre, meinen Sie, oder wenn ich geschieden wäre?

Zum Beispiel wenn Sie geschieden wären. Oder wenn keine bürgerliche Moral Ihnen im Wege stehen würde.

Ja also, er müsste schon volljährig sein. Sonst wäre es ja strafbar.

Volljährig.

Ja, volljährig.

Hildegard von Bingen, die Sie auch schon dargestellt haben, will göttliche Inspiration empfangen haben. Wann hat Gott in Ihrer Kunst am deutlichsten ein Wort mitgesprochen?

Ich nehme an, der spricht immer ein Wort mit.

War das eigentlich ein kirchliches Mädchengymnasium da in Bremen?

Nein. Aber ich mach ja nicht so die Unterscheidung zwischen Glauben und Wissen. Denn das, was wir glauben zu wissen, das ist ja eigentlich auch nur Glaube. Denn wissenschaftliche Erkenntnis ist ja immer zehn Jahre später wieder was ganz anderes. Also war das, was man glaubte zu wissen, sowieso nur ein Glaube an etwas. Also nehme ich an, wenn es einen Gott gibt, dann spricht er, glaube ich, immer mit.

Nach dem gängigen New-York-Klischee aus Woody-Allen-Filmen verbringen New Yorker viel Zeit bei ihrem Psychiater. Wie viele Stunden in der Woche verbringen Sie auf der Couch?

Gar keine. Jedenfalls nicht beim Psychiater.

Sondern Sie gehen zum Heiler, Guru …

Nee, auch nicht.

Nichts New-York-Typisches.

Wenn ich auf der Couch liege, dann zum Lesen.

Der Regisseur Steinbichler hat Ihnen Liebesbriefe geschrieben, damit Sie in seinem Film »Hierankl« mitspielen. Wann haben Sie Ihren letzten Liebesbrief geschrieben und an wen?

Mein letzter Liebesbrief? Ach, das ist noch gar nicht so lange her. Vielleicht drei Wochen. An meinen Mann.

Was an Ihnen ist schon immer liebesszenentauglich gewesen?

Liebesszenentauglich …

Liebensszenentauglich, Frau Sukowa. Was war schon immer so, dass man sich denkt: huch?

Das kann ich nicht beantworten.

Doch, natürlich können Sie das beantworten. Als Schauspielerin wissen Sie doch alles einzusetzen auf Wirkung hin.

Vielleicht, dass ich mir jeden Menschen als Liebhaber vorstellen kann.

Was können die Amerikaner von Deutschland lernen, Frau Sukowa?

Zu sitzen. Die Amerikaner können nicht sitzen.

Sondern sie müssen immer rumrennen?

Ja, und ein bisschen spontaner zu sein vielleicht. Aber vor allem mal zu sitzen, mal zu reden.

Mit »spontaner sein« meinen Sie, sich einfach gehen lassen, ein Moment Müßiggang …

Ja, mal nicht zu planen. Die Amerikaner planen zu viel. Oder die New Yorker, ich will ja nicht über die Amerikaner reden. Es gibt so verschiedene Amerikaner. Ich meine diese typischen New Yorker oder die Amerikaner, die ich kenne. Hier leben ja so viele verschiedene Kulturen. Ja, und das Sitzen. Die Deutschen können das doch prima. Wenn ich nach Deutschland komme, sitzen die immer in den Cafés und abends nach dem Essen wird noch – wenn man in ein Restaurant geht mit Freunden, sitzt man noch zwei Stunden nach dem Essen. Es kommt keiner und schmeißt einen aus dem Restaurant.

Es gibt auch keine Einladungen, wo draufsteht: Ihr seid von 19.00–22.00 eingeladen. Das ist eine Sache in Amerika, die auch eigenartig ist.

Woran kann man Sie eher als Deutsche erkennen: an einem Hang zum missmutigen Gesichtsausdruck oder an einer neidumspannenden Rechthaberei?

Ich würde denken, an meiner Pünktlichkeit kann man mich als Deutsche erkennen.

Weil das Ihrer Meinung nach eine deutsche Sache ist? Eine deutsche Eigenschaft?

Ja. Ich glaube nicht, dass ich missmutig bin. Und mit der Rechthaberei, das habe ich mir ein bisschen abgewöhnt.

Dank an:

Isabell Slisz, die sich für die Sendung körperverletzte.
Sebastian Pfotenhauer, der sich immer wieder über ein »Absurd!« freute.
Sandra Gärtner, die sich sogar zu einem kleinen Fernsehspiel als Rütli-Schülerin überreden ließ.
Birgit Thater, die Köln gegen Berlin tauschte.
Henrike Schulz, die »Fettes Brot« im Malen unterwies.
Bernd Sürken, der weiß, was Männerschmuck ist.
Rainer Retzlik, der ein Treffen im Café Einstein arrangierte.
Dominique Dufner, die weiß, wie Toleranz gelebt wird.
Anka Graefe zu Baringdorf, die wider Willen die Interessen des Hochadels vertritt.
Denise Dismer, die mehrfach über ihren Schatten sprang.
Dr. Tobias Wolk, der sogar weiß, wie Lippen richtig zu schürzen sind.
Philipp Dietrich, der eine Doktorarbeit nach der nächsten schreibt.
Nadia Ihring, die gestisch eindeutig vermitteln kann, wann wirklich Schluss ist.
Stephan Clausen, der bei uns auf Heber verzichtet.
Geli Fuchs, die wahrscheinlich auch die Sonne im Studio scheinen lassen könnte.
Stefan Langstädtler, der die Milchstraße besser ausleuchten könnte.
Daniel Berlin, der DEM doch vorher so oft gesagt hat, wie er es nicht machen soll.
Madeleine Grahmann, die es vorliegen hat.
Jörgen Radach, der oft leise lächelt.
Marion Burczyk, die womöglich zur Begrüßung gar nicht immer geküsst werden möchte.

Katrin Mandel, die auch bei der vierhundertölften Sendung nicht »elf« sagen wird.

Justus Kaufhold, der in der Baugruppe wahrscheinlich unbarmherziger auftritt.

Heiner Heller, der schwierige Geburtstage parat hat.

Jörg Leben, der zwischen Krawattenknoten und Luftröhre immer was zum Abschnüren findet.

Dagmar Reim, die zum Schmuckdesign ermunterte.

Unser Dank gilt ausdrücklich und von Herzen allen Kameraleuten, Kabelhelfern, Beleuchtern, Cuttern, Bildmischern, Toningenieuren, Maskenbildnern, Bühnenbauern, Schriftenerzeugern, kurz: allen, ohne die unsere Sendung noch nicht einmal Radio wäre.

Und wo bliebe im Studio die Zärtlichkeit, ohne Gabi und Gabi?

Wir fühlen uns von der Unterstützung durch rbb-inforadio und RadioEins geehrt.

Wir danken allen Beteiligten im Verlag Kiepenheuer & Witsch für ihre Geduld. Und dem Herrn für Helga Frese-Resch (in Stefans Fall richtet sich dieser Dank an das Universum, da es seiner Meinung nach keinen Gott gibt).

Wir danken jedem unserer Gäste.

Ohne Sie wären wir weniger als nur allein.

Vielen Dank, dass Sie sich alle Zeit genommen haben.

Folgende Einleitungstexte stammen aus der Feder von Jörg Thadeusz: Barenboim, Berben, Brandstätter, Einhäupl, Frier, Joop, Knieriem, Künast, Kürthy, Lohse, Makatsch, Michelsen, Müntefering, Roth, Sawatzki, Schäuble, Schöneberger, Stich, Stoiber, Struck, Sukowa, Vogts, Von Beust, Von der Lippe, Von der Leyen, Wackernagel, Wilfing, Willemsen, Wowereit.

Und Stefan Frohloff schrieb die Einleitungen zu: Berkel, Funke, Genscher, Gysi, Hetzer, Horwitz, Kaiser, Krassnitzer, Matthes, Mitscherlich, Mueller-Stahl, Nehberg, Quasthoff, Reich-Ranicki, Reiter, Ruge, Schöbel, Siebeck, Südhof, Thieme, Weizsäcker, Witt.

Weitere Titel von Jörg Thadeusz
bei Kiepenheuer & Witsch

Leseproben und mehr unter www.kiwi-verlag.de